令和三年二月十六日御正当

日蓮大聖人御生誕八百年慶讃《記念出版》

本書は大正八年九月までに東京の大鐙閣から刊行された『聖訓要義』を現代語に改めたものである。

編者

近代の教傑本多日生（にっしょう）上人

慶応三年姫路藩士国友堅次郎の二男として生まれ、菩提寺の本多日鏡の嗣子となる。哲学館（後の東洋大学）に学ぶ。宗門の積弊不振を嘆き、二十四歳教務部長となり教学布教に振るうも、宗門内の怨恨をかって、突如剥牒処分となる。正義貫徹のため、顕本法華宗義弘通所を各地に開設し東奔西走す。各宗協会から師を宗門に復帰させよとの声起こり、僧籍に復し妙満寺派綱要を編す。顕本法華宗と宗名を改す。仏教界の退廃と日蓮門下の分裂を憂い、各教団有志を募って統一団を結成。後、各界の名士からなる天晴会、その他講妙会、婦人のための地明会、労務者のための自慶会等を創す。日蓮聖人の唱える本仏・釈尊中心の仏教と、人生に勇気と慈悲を以て歩む信仰の感激を全国に展開し活躍す。明治から昭和期にわたる日蓮門下の偉大な存在である。

昭和六年、六十五歳寂

序

この度、日蓮聖人御生誕八百年に発刊することを得た『日蓮聖人五大部要義』は、顕本法華宗（旧称・日蓮宗妙満寺派）の開祖日什《にちじゅう》正師の御生誕七百年（二〇一三年）に発刊した本多日生上人講述『明解法華経要義』（海鳥社）に引き続くものである。本書は大正八年に発行された本多日生上人の講義録『聖訓要義』の重要な五大部について、筆者が編集・加筆した。この二巻によって、現代社会に活かされる優れた法華経の哲学とその実践力を養う日蓮聖人の思想が、近代日本の仏教界のみならず思想界をも統率した本多日生上人の講述を通して十分に学べることを期する。本多日生上人は、国柱会・田中智学居士と共に「日蓮主義」を掲げて、戦前のナショナリズムに加担したと一部の宗教学者から激しく批判されたが、それは真の仏教に基づいて国民を善導しようとした日生上人の思想を知らない者の全くの誤解である。宗教学の立場から釈尊を中心として仏教の統一を図り、西洋思想・哲学と比較しながら仏教の近代化をいち早く成し遂げ、また危機的状態にあった仏教界の改革と思想善導の社会教化に取り組んだ本多日生上人の功績には計り知れないものがある。

仏教徒として確かな信仰をもって人生を切り開き、その功徳を社会に回向することが出来る悦びを、是非とも読者の一人一人に味わって頂きたいと願っている。また昨年度は、発刊に先立って、本多日生上人の趣意継承のために、仏教の啓蒙活動を行う非営利の一般社団法人・顕本法華宗義弘通所を設立した。仏教界の衰退に憂いを抱き、本書を通して社会教化のために集まれる方々との、今後の活動を大いに楽しみにしている。

令和三年一月一日

一般社団法人顕本法華宗義弘通所

末弟　土屋信裕

日蓮聖人　五大部要義　目次

立正安国論

本書の概要

平成二十三年に甚大なる被害を及ぼした東日本大震災に続いて、平成二十四年には尖閣諸島領有における中国の度重なる挑発、そして昨今は北朝鮮の核開発とミサイルによる活発な挑発が続いた後、令和二年には新型コロナウイルスの感染が世界を不安に陥れました。丁度日蓮聖人の当時においても、大地震と疫病の流行、それに引き続く他国侵逼《しんぴつ》の危機がありました。そして、日蓮聖人が駿州の岩本実相寺に入って一切経を御覧になり、この国難の根源を突き止めてお記しになったのが、この立正安国論です。立正安国論は日蓮聖人三十九歳の時の御著作で、時の執権北条時頼に提出されたものですが、七百年後の今日に至っても、今なお国民に大なる警告と指導を与える尊い御遺文と言えましょう。

立正安国論は、一往は大地震と疫病の流行という所から著されたものですが、日蓮聖人には、もう一つのお考えが既にありました。それは、当時の坊さんが人生の実生活と離れ、また国家の興廃存亡を余所に見て、ただ自分は心静かに仏道修行をしようと山の中に籠もっている者が多かったことによります。当時の日本は承久の乱により、後鳥羽上皇が鎌倉幕府の北条泰時のために京都を追われて隠岐の島に、土御門《つちみかど》天皇は四国の土佐、順徳天皇は佐渡島に流され、そして朝廷に仕える臣下は悉く鎌倉に呼び寄せるという名の下に、東海道にて皆撃ち殺され、京都の勢力は全滅という状態でした。この幕府が皇室を襲って暴虐の限りを尽くすという、日本史以来の大事変が起ころうとする以前から急速に広まっていたのが、黒谷の真如堂に籠もって朝から晩まで「南無阿弥陀仏」と唱え、末法においては称名念仏だけが相応の教えであるという「選択《せんちゃく》本願念仏集」を著した法然上人の浄土宗であったわけです。

「国亡び人滅せば、仏を誰か崇《あが》むべき、法をば誰か信ずべきや。先ず国家を祈りて、すべからく仏法を立つべし」

この問答式の立正安国論において、客は「国が亡び、人が滅せれば、仏法を弘めるも何もないのだから、国の安泰を祈ることが先ではないか。したがって、まずは国家の災難を除く方法があれば知りたい」と尋ねます。これに対して家の主人は「様々に方法はあるようだが、仏教において考えるならば、まず正法を謗る者を禁じ、そして正法を信じている人を重んじれば、天下は泰平になる」と答えます。日本の国が蒙古にやられてしまい、民心は腐敗してただ「ナンマイダー」の声のみ盛んになった所で、それが一体何になるのか、当時の宗教家が宗教の本義を忘れてしまっていることを、所謂《いわゆる》一般の知識人を代弁して日蓮聖人は指摘しているのです。釈尊が世に出られた真の目的が地に墜ちて衆生済度の目的が亡びている、死んでから救われるなどということを結構なことに思うのかも知れないが、どうにも当てにはならない所がある。生きている間に非常に困っていても構わずに、疫病で死のうが国が亡んで死のうが、「阿弥陀様確かにお救い下さい」と引導を渡せば極楽に行けると言うだけの話では、本当に行ったかどうかは分からない。そういうことは本当の坊主のすることではない、お釈迦様の教えとは、そういう呑気なことを言っているのではない。生きている人の人生において、様々に起きる苦痛を、今日只今より根本より救ってやろうというのが衆生済度の目的である。人は色々と悪いことをして罪を持っているが、この人間の汚れている精神を矯《た》め直して、そして生きている今日の日々の活動の中に徳を積ませて、清い精神にしてやろうと釈迦如来は奮闘されたのである。それを忘れてしまって、死んで浄土に行ってからなどという、そういう考えは駄目だということを日蓮聖人は論じています。

宗教と政治との関わりについてもよく考える必要があります。日蓮聖人の時代に劣らず現在の日本においても、「釈迦も釈迦の教えも役に立たない、願いが叶うナンミョーホーレンゲキョー」などと宣伝して、他を邪宗と罵倒してきた宗教団体が日本最大となり、組織票をカードにして、その政党が政権与党にいるわけですから、宗教的立場からすれば何時日本に危難が起きても不思議ではありません。憲法第二十条に「いかなる宗教団体も、国から特権を受け、または政治上の権力を行使してはならない」とあるにもかかわらず、彼等に権力を持たせれば、政治は右往左往するばかりで、国家の大事な指針が一向に決まらなくなります。政治の本義は、まずは国の在り方を根本に立てることにあります。今日は国民の利益を優先した議論ばかりが盛んですが、国民の利益幸福を全うするためには、まず日本は如何にあるべきか、美しい日本とは何かということを宣揚しなければなりません。欧米の多民族で構成されているような国家は多少事情が違うかも知れませんが、日本の国は、日本人としての理想、日本国の理想ということを柱として組織立てられるべき国家です。日蓮聖人の出でられた鎌倉時代も、やはり多数民心を収攬《しゅうらん》さえすれば良いと、政治の根本を忘れている状態にありました。執権・北条時頼は人民の租税を免じて色々な社会事業を行い、あるいは真言律宗の良観を招いて癩病《らいびょう》を救ってやるとか、行き倒れ人を助けてやるとか、貧民を救済してやると言って、非常に社会政策的な民政を施したので、それを喜ぶ人民は、北条様は偉い、実に結構な天下だと言っていました。ところが、その北条氏が何をしたかと言えば、天皇を流し者にし、京都の勢力を破壊して、国家の体制を混乱に陥れていた訳です。それにもかかわらず、当時の坊主はその提灯を持った、北条が勢力を得ると、今まで京都の方で朝廷のために宝祚《ほうそ》万歳を祈っていた真言や天台の坊主が、京都は最早《もはや》駄目だというので見切りを付けて、鎌倉武士の機嫌を取って武運長久を祈ったのです。宗教は天下に対して正邪の標準になって行かねばならないのに、鎌倉に勢力が移れば、京都の朝廷のために力を尽くした坊主が鎌倉に来て、尻尾を振って武運長久を祈っていた。それが生き如来だというような顔をしているから、日蓮聖人は「このガラクタ坊主が」と悲憤されたわけです。安国論において最も痛切に論じてあることは、宗教家が政治家と結託して国の在り方を壊している、一方の政治家も国の在り方を壊してでも、権力を維持するために宗教家を利用しているということです。この悪政治家と悪宗教家を懲らしめなければ、国家は立たぬというのが立正安国論における議論です。この状況は、今日と実によく似ています。ところが当時から坊主は皆黙従していた、徳川三百年の間も、本当に真面目であった者は迫害されたり流されたりと酷い目に遭っていましたが、日蓮門下の坊主も大抵は眠っていた、そしてそれは残念ながら現在の今も殆ど変わっていないのです。

この立正安国論は、単に一時の天変地夭《ちよう》のために書かれたものではありません。政治とは、内には国内民心の向かう所を定め、外には世界の大勢に応じて行き、そうして国を立てる理想を明らかにしなければなりません。国家が如何なる理想を持つかというのは重要な論点であって、国が盛んになっても、その国の理想が低ければ、その国家は駄目だというのが、今日現れている所の世界的風潮です。ただ国が大事、国が大事と言っても、我欲を突っ張るために国を強くして、力で引っ手繰って自分がうまい汁を吸おうというのでは、餓鬼の団結となります。そうではなくて、世界の平和のために貢献する、人道のために援助を惜しまない、そのような国家の理想を持たなければなりません。日蓮聖人は、国を愛するには正しき法を立てて国を靖んじなければならないと叫ばれましたが、これが今日の世界に活きている思想なのです。この書物を書かれたのは日蓮聖人が三十九歳の時ですが、その時には立正安国の論旨において、心に抱かれた全体を尽くしてはいません。正法とはどういうものであるかを明らかにするについても、また人心を如何に統一するかについても、未だ尽くさざる所があります。後年次第にこの立正安国の精神を発揮して闡明《せんめい》にせられるわけですから、立正安国論という一冊の本はありますが、日蓮聖人の御遺文の全体を総括して立正安国論と言ってもよい程です。正法を立てるのは何のためかと言えば、それは国家を安らかにするためです。故に開目抄には「日蓮は日本の柱にならん」と誓われ、観心本尊抄には「一閻浮提《いちえんぶだい》第一の本尊、この国に立つべし」と宣言されたのです。そして、日蓮聖人晩年の御書に至るまで、人々を慈しんで、理想に向かわさんと、立正安国の事を論じたのです。国を救うには、まず正法を立てなければならない。それは仏法に限らず、政治の本義においても、道徳の方面においても、きちんと道理の通った主義主張を立てて、そして民心を統一していかなければなりません。政治の上において、ただ力の強い者が勝ち、間違った事をやっていても国内の人心が従って行く、坊主もその中に入って行き、勢力のある所に頭を下げて宜しくやっていくというようなことであれば、永遠に安国は得られません。だからこそ、まずは、ガラクタ坊主と悪政治家を覚醒しなければならない。このガラクタ坊主とは、今日においては頑迷固陋《がんめいころう》な思想家と軽挙妄動《けいきょもうどう》な思想家に相当します。そして、それに付いていく所の鰯みたいな民衆も覚醒しなければならないのです。

日蓮聖人は立正安国論をもって鎌倉幕府に対して三度の諫暁《かんぎょう》をし、そして入滅に先立つこと僅か二十日ばかり前、池上の開堂供養において最後に説法をされたのも立正安国論でした。即ち、日蓮一代の主張は立正安国であって、それを生涯の使命とされたわけです。そのようなことから、日蓮聖人の滅後においても、心ある人が当時の政治家を諫める時には、何れも安国論一冊と、そして別に自分の意見書を添えて出されたのです。天台宗から改宗した顕本法華宗の開祖日什上人も、公家に三度武家に三度、前後六回の奏聞《そうもん》をする時には、必ず安国論を手に闘いました。そして日什上人が死んだ後にも、弟子達が安国論を持って行き、そして非常な迫害を受けることになったのです。そのように、歴代の日蓮門下の真の高僧碩徳は皆、立正安国論を手から離したことはありません。今もその通りで、生きた法華の坊さんの議論の中には、必ず立正安国の主義が旺盛にみなぎっている、決してこの思想から離れることはありません。斯くの如くに、立正安国論は重大な御書として位置付けられているのです。

「但し法師は諂曲《てんごく》にして人倫に迷惑し、王臣は不覚にして邪正《じゃしょう》を弁ずることなし」

「法師は諂曲にして人倫に迷惑し」とは、坊主は道徳に欠けている、そして「王臣は不覚にして邪正を弁ずることなし」とは、政治家が正しい宗教を知らないことを誡《いまし》めています。即ち、立正安国の「立正」とは正しい法を立てるということですが、今の言葉にすれば、正しい道徳と正しい宗教を立てるということに解釈されます。その正しい宗教、正しい道徳を宣示することを、日蓮聖人は「実乗の一善」と言われて、「汝早く信仰の寸心を改めて、速かに実乗の一善に帰せよ」と述べられたのです。したがって、法華の信者はただ信心だけをしていれば良いというものではありません。日本の理想というものを理解しなければなりません。立正安国論は、愚なる政治家、誤れる宗教家は互いに寄り合って法を破って国を破る、良き宗教家、良き政治家は相助けて正法を立てて国を安らかにすると主張しています。故に法華の行者は、信仰において正しかるべきは無論のこと、道徳においても正しかるべきです。そして、如何なる政治家が出て来ようと、如何なる学者が出て来ようと、日蓮聖人の主義に奉ずる以上は、立正安国のために健全なる思想をもって、不健全なる思想と闘うことに満身の熱誠と勇気を奮い起こさなければなりません。

「謗法《ほうぼう》の人を禁《いまし》めて、正道《しょうどう》の侶を重んぜば、国中安穏にして天下泰平ならん」

宗教というものは、正しいということを離れては空虚なものとなるのですから、誤った宗教・思想を奉じる者達が、国の政治に影響を及ぼしているような状況を放置してはなりません。この日蓮聖人が命懸けで主張されたことは、七百年後の今日においても非常に大事なことです。国を安らかにするということは、文字通り天下泰平とか国土安穏ということですが、この安らかには二つの意味があります。一つは国内の人々の物質及び精神の方においての幸福利益であって、まず国民が「生前を安んずる」ために、この世の中を暮らしていく上で食う物着る物に困らぬように、そして心にも希望を満ちさせるようにと、形の方と心の方と両方に幸福を得せしめることです。国を安らかにすると言っても、人民を捨てて国はありませんから、国安らかとは人民の安寧《あんねい》幸福を増進する必要があります。

そしてもう一つは、国家の仕事です。国家は内の人間だけを保障しているのではありません。国が寄り合って世界を形成しているのですから、その国家の働きが世界の人類の上に与える影響を考えなければなりません。内の人間さえ良ければ良いということになれば、無闇に軍備を拡張して、相手方の財産を奪う泥棒のような国が栄えることになります。また、捏造した事実を拡散して、相手を貶《おとし》める嘘つきのような国が得をすることにもなります。しかしながら、そのような国が安らかになることは決してありません。日蓮聖人は、そこを言うのです。国が盛んになって安らかになるということは、その国の外に向かっての活動が正しくなければなりません。顕仏未来記に「日は東より出でて西を照らす。仏法もまた以つてかくのごとし」と言われるように、日本は世界の闇を照らしてやらなければならないのです。何でもかんでも西洋の思想や風俗習慣を有難がって、それに従っていれば良いのではありません。西洋のように、一にも理屈二にも理屈と、同じように権利の突っ張り合いのようなことをしていれば、日本の親子の関係、夫婦の関係、家庭の関係などは皆壊れてしまいます。寧《むし》ろ日本の善き思想・文化を手本として、世界に広めるべきことは沢山あるはずです。そして、世界の上に日本が光を与えて行くようにと、日本という名前が付けられているのですから、日本人はただ自分の我欲を以てのみ国を運営しようと思ってはなりません。十分に働いて国の力が充実すると共に、世界の文明に貢献していくという天職を全うしなければなりません。そのためには、国家は経済力の上にも安全保障の上にも、他から圧迫されぬだけの注意をしておく必要があるのです。

「汝早く信仰の寸心を改めて、速かに実乗の一善に帰せよ」

この安国論全体に亘《わた》っているところの思想は、正法を立てて国を安らかにするということが主眼です。そして正法の中身は何かと言えば宗教と道徳です。その宗教の問題として、日蓮聖人は無論仏教を本位とするわけですが、その仏教は調和と統一を説く宗教であるからこそ、排斥主義に立つ宗旨に対しては批判が起こります。それ故に、その矛先は先ず一向専修の行を開いた法然上人の念仏思想に向けられました。一向専修というのは、阿弥陀如来を信じるならば、他の仏様のことや神様のことは一切考えてはいけないということを強く言います。捨閉閣抛《しゃへいかくほう》といって、法然上人の「選択本願念仏集《せんちゃく》」には、捨てよ、閉じよ、閣《お》け、抛《なげう》てと、菩薩行とか難しいことは皆捨て去ってしまって、ただ信心という一つを取らなければならない、その信心についても阿弥陀仏のみが有り難いというように段々と狭くしていきます。そうして誰にでも出来る易行道であることを主張します。この行き方の正反対に現れているのが日蓮聖人の主張であって、一切入用ならざるものはない、一切を包容して秩序を立てて、そして統一的なる信仰に向かわなければならないことを説きます。それを日蓮聖人は「実乗の一善」と称しています。だからこそ、本尊に現れて来ては諸仏諸尊を配列している曼荼羅となるわけです。所謂《いわゆる》、宗教学上で言えば、単一と統一の違いです。

浄土門は、悪人でも愚人《ぐにん》でも救われる凡夫に相応しい教えだ、法華経は難行道だ、そんな難しいことは駄目だ、こっちは誰にでも出来る易行道だと言いますが、そういうことは道徳上も宗教上も根本の着想が間違っています。何か物を買うのであれば、安い方が良いかも知れませんが、宗教はそういうものではありません。人間の精神は無限の霊性を持っています。形の上からすれば貧富の別があり、位に高下の別がありますが、善良の精神においては、貧富によって差別はない、貴賤によって優劣はありません。そして、その霊性の無限の価値を見出すところに、道徳なり宗教なりがあるわけです。宗教の信仰においては決して区別がないから、「長者の万灯より貧者の一灯」と言って、金持ちが見栄を張って儀礼的に多くの寄進をするよりも、貧しい人が真心を込めてする寄進のほうが尊いというのです。物質の方においては、貧しき者は金持ちの前に頭が上がらない、身分の低い者は位の高い者の前に閉口しなければなりませんが、宗教の信仰には何の遠慮も要りません。汝の真心は、例え大博士と一緒に行こうが、大金持ちと一緒に行こうが、信仰の前には少しも後ろに退く所はないという勇気を与えるのが宗教です。法華経は智慧第一の舎利弗《しゃりほつ》を諭して、お前が賢いから覚れたのではない、信仰を持っていたから覚れたのだと信心の大事を説いていますが、浄土門のように「聖道門の法華経は上根上機の者がやるものであって、下根下機の一般の凡夫には手に負えない」と脅かすようなことは大きな間違いです。法然上人のように、馬鹿な者にはこれ、賢い者にはこれという、そんなことは信仰においてありません。だから日蓮聖人は、実乗の一善として教えを立てられたのです。

仏教は、悟りを得ようとの偉大なる発心が基となっているのですから、最上の法を与えるというのが当然です。そこを遠慮して「私共は、あかん者ですから一番善いのは歯が立ちません」というようなことでは駄目です。日本に生まれたる者が、そのような劣等な考えを持ってはなりません。それ故に日蓮聖人は、法華取要抄《しゅようしょう》にも「宝山に来り登つて瓦石《がしゃく》を採《ひろ》い取り、梅檀《せんだん》に歩み入つて伊蘭《いらん》を懐き収《とら》ば恨悔あらん」と、私達は一番尊い教えを会得すべきであって、宝の山で瓦や石ころを拾うような、あるいは一番善い匂いのする梅檀の林に入って、伊蘭という臭き草を取るような態度ではいけないと述べているのです。また、ただ食えさえすれば良い、物価が安くて酒が飲めて、寝転んでいればそれより他に望みはない、道も徳も正義もへちまもあるものかというような、そういう一番安くて一番横着する所に人間の心を置こうものならば、社会は堪《たま》ったものではありません。人間は一歩でも進んで自ら任じて善を行い、徳を積まなければならない、自ら任じて尊い光を日本から打ち立てようとするところに始めて力が起こるのです。ただ易いところに甘んじて、安らかに暮らそうなどという態度ではいけません。日蓮聖人は「我れ日本の柱とならむ、我れ日本の眼目《がんもく》とならむ、我れ日本の大船《たいせん》とならむ」と誓われましたが、これは決して慢心から来るものではありません。俺が背負って立たなければという、実に立派な精神から宣言されたことです。私たちも、そういう考えを持たなければなりません。少々辛いことがあっても、筋を立てて行かなければならない。飽くまでも人間は自ら背負って立つ所がなければなりません。独立自尊などと、威張っていても何もなりません。人間の世界はそういうものではない、一人歩きが出来るという位のことでは一人前ではありません。嫁ができれば、子供ができる、少なくとも三人も四人も背負って行くという者が寄り合って、始めてこの社会はどうにかこうにか成り立って行くのです。それを日蓮聖人は成るべく多く引き受けろと言われた、大勢の人を引き連れて背負って行く、助けて行くという所に人間の本領があることを私たちは忘れてはなりません。

本書の内容

この立正安国論は十段に分かれて、問答形式で記述されています。「旅客来たって嘆いて曰く」と筆が起こされ、旅人が色々と尋ねることについて、日蓮聖人が主人となって答えられるという書き方です。そして、九つの問答が終わって第十の所で、その旅客が非常に感心をし、貴方の仰せられる通り、その立正安国の精神を実現することに私共も努力する、天下の人も皆そうでなければならないということを述べる一段となります。

一、災難の由来

「天変・地夭《ちよう》・飢饉・疫癘《えきれい》、遍《あまね》く天下に満ち、広く地上に迸《はびこ》る。牛馬巷《ちまた》に斃《たお》れ、骸骨路《みち》に充てり」

世間の人は天変地夭その他の災難を嘆いて、弥陀の名前を唱えたり、薬師の名前を唱えたり、また法華の経文を読んだりと色々するけれども、「ただ肝胆を摧《くだ》くのみにしていよいよ飢疫逼《せま》る」というように、どうしたら良かろう、こうしたら良かろうと心配するばかりで、事実災難は益々強く現れて来ます。最早鎌倉の町などは、道を倒れている人を片付けることも出来ない、沢山の行き倒れがありました。その時の疫病の状況は如何にも酷いもので、飢饉が続いて食べる物は無い、死んでいる者を夜密かに食う者があったという位で、その悲惨な有様は目も当てられないものでした。これは一体どうしたことだろうか。天の日月に変わりは無く、五つの星も正しく連なっている。仏法は未だ廃れた訳ではなく、当時の鎌倉には、禅宗、念仏皆盛んである。そして応神天皇即ち八幡大菩薩の百王守護の誓いがあるにもかかわらず、この日本は最早衰えようとしている。そこで旅客は、この禍の原因は一体何れにあるのであろうかということを尋ね、主人即ち日蓮聖人がこの問に対して答えられます。屡々《しばしば》経文を紐解いて研究もし、そして充分に考えて見たが、これは世の中の人が正しき道に背いて誤った教えに流れて行くが故に、善神が国を捨てて顧みなくなり、代わって悪魔が来たって色々と禍を起こしているのであろう。人の徳が衰えるが故に善神は国を護らず、悪魔は力を得て災いが競い起こっているのである。これは逆に言えば、正しき法を信じ、悪い事を止めて、徳を積んで、諸天善神の守護を得るようにして行けば、即ち災難を逃れるということです。個人について言えば、一生涯を貫いて人間は善いことをして悪いことをせぬように、されば神仏が守護を垂れて、この世も幸福、未来は成仏するということは永遠の真理であり、また国について言えば、国が正義を守って、その国民の道徳を発揮して行くならば、天佑《てんゆう》下って国が栄えることは、何時の時代も変わらないことです。そこで立正安国論は、表面は災難に対する答えであるけれども、その裏には万世不易の真理が教えられていると古来より言われるのです。

二、災難の経証

これは日蓮が勝手に言うのではない、釈迦如来の教えに依るのである。釈尊の教えは世の有様を照らす鏡である。その仏の経典を鏡にしてこの世を照らせば、日本国の災難の状態はありありと分かるということを説明しているのが第二段の所です。客人が言うには、天下の災い国中の難、これは私一人が嘆いているのではなく、心ある者は皆等しく悲しんでいることでございます。それについて如何なる事か、しっかりとした考えを持っている者は誰も居ないのかと案じておりましたが、今こうして貴僧の部屋を訪ねて教えを伺うことにより、漸く世の中の有様のことが少し分かりかけて参りました。仰せの通りに諸天善神が国を去るが故に、悪鬼入れ代わって災難が起こるということは、ご尤《もっと》ものように思いますが、そのようなことを説かれた御経がありましょうかと尋ねます。

「その文繁多《はんた》にして、その証弘博《こうはく》なり」

この問いに対して、主人は無論一切経の中には沢山の証拠があるがと述べた上で、その中で主なる四つのお経を挙げます。その第一に引かれているのが金光明経です。仏教のことを余り学んでいない人は、お経とは坊さんが呪文のように読んでいるもの位にしか考えていませんが、釈迦如来の説かれた教えというものは、天地の真理を教え、人生の法則を教えているものであり、そこに人間の道徳、人間の心得るべき人生観、一切のものがあります。幾ら学者が出て来ても、この東洋の文明に、大にして言えば人類の文明において、未だにお釈迦様ほどに立派な安心立命を与える教えを説く者は無いのです。ならば、お釈迦様の教えを人生より除き去れば、人は光明を失い、進むべき進路を失うのは明白です。お釈迦様の尊い教えが世に在るにもかかわらず、これを信じず、仏教は詰まらぬというようなことを言って投げ出す、また信じるといっても方便に捉われて、真実の正しき教えを聴聞することを願わないということは実に悲しいことです。聴聞とは、仏様の本当の教えの意味合いを聴こうと、耳を澄まして手を合わせて考えるということが根本です。そういう気持ちがなかったならば、幾ら仏教が有難いと言っても、何時まで経っても仏法は分かりっこありません。たとえ仏教は盛んのように見えても、上っ面の形式的なものとなってその精神は亡びてしまうことになります。したがって金光明経には、諸天善神が呆れ果てて、「斯様な結構な教えがあるにもかかわらず、これを振り捨てて間違った事ばかりをするとは、不都合な奴どもだ、斯様な者達は守ることは出来ぬ」と言って見捨ててしまい、その後に悪魔が入れ代わって戦争ばかりが盛んになり、他の国からは泥棒がやってくる、国民は諸々の苦悩苦痛を受けて人生に頼むべきものが無くなるということが説いてあります。それから次に挙げられた大集経には、仏教ありと雖も仏教の本義が隠れたその時には、色々な災難が起こる、諸天善神はそのような穢れ果てたる濁悪の国を捨てて他の国へ去ってしまう、誰も守る者が無いから、悪魔が勝手放題に働いて、国に禍が起こることが説かれているのです。

「国土乱れん時は、先ず鬼神乱る。鬼神乱るるが故に万民乱る」

そして仁王経には、善神が国を捨て去り悪魔が勢力を得るが故に、人民の心が悪い方へ悪い方へと流れて行くことが説かれています。善い話をして聞かそうとしても善いことは聞かない、悪魔にけしかけられて詰まらぬ事の方へと滔々《とうとう》と流れて行く、その結果は「賊来りて国を劫《おびや》かし」で、人間の心が腐敗するが故に、そこに付け込んだ他国が侵略して一挙にその国は滅亡してしまうと説かれているのです。そして次に引かれた薬師経には、正法を大切にしない場合には、国に様々な災難が起こる、先ずは疫病が起こり、他国から攻められ、国内に反乱が起こり、天候が狂って飢饉が起こると説かれています。この他国から侵攻されるという他国侵逼《しんぴつ》と、国に謀反人が出るという自界叛逆《はんぎゃく》の二難が必ず来るというのは薬師経の明文であり、ここが立正安国論の骨子となります。日蓮聖人の生まれる前年には、前代未聞の承久の乱によって朝廷が北条義時に武力で倒され、後鳥羽上皇などは隠岐島に配流されてしまいました。そして、日蓮聖人が佐渡に流された翌年には、北条時輔が京都で反乱を起こして鎌倉方と合戦し、三年後には蒙古が来襲することとなります。蒙古の来襲は、立正安国論の予言から九年後とはいえ、その一二年後には既に日本侵攻を企てて準備をしていたと言えましょう。日蓮聖人の安国論における最も大事な所は、仁王経の七難の最後に「四方の賊来りて国を侵《おか》し、内外の賊起り」と説かれているように、今の疫病が流行っている位のことは、まだ序の口である、災害があり飢饉があり、様々な事がある挙げ句に、他国侵逼《しんぴつ》が起こるということに他なりません。そして更に大集経を引かれて、もし国王が仏法の滅びようとするのを見捨てて、これを護ろうとしなければ、三つの不祥なる禍が起こる、一つには穀実《こくじつ》といって飢饉が起こり、二には兵革といって戦が起こり、三には疫病が流行って国民は安らかざることになると諫言されたのです。

「それ四経の文朗かなり。万人誰か疑わん。しかるに盲瞽《もうこ》の輩、迷惑の人、妄りに邪説を信じて、正教を弁えず。故に天下世上、諸仏衆経において、捨離の心を生じて、擁護の志なし。よつて善神・聖人、国を捨て所を去る。是を以て悪鬼外道、災をなし難を致すなり」

日蓮聖人は、これ等四つの経典、金光明経、大集経、仁王経、薬師経の立派な経文があっても、あたかも目の不自由な者のように、耳の不自由な者のように、邪説を妄信して正しき教えを弁えない人が沢山いることを嘆かれています。この邪説の中には、阿弥陀仏のみを信じて他の仏は捨てよ、法華経も他の経典も一切捨てよと盛んに言った法然上人の念仏が含まれます。浄土門は日蓮聖人に攻撃されて、また今は大学であれば仏教史を常識として学びますから、表立って同じことを強く主張することはありませんが、法然上人が立てた選択集には、ただ阿弥陀仏ばかりを念じよ、「雑行《ぞうぎょう》雑修をふり捨てよ」と、お釈迦様が有り難いとか、法華経が有り難いとか、そういう考えは起こしてはならないことが説かれています。仏教はすべてお釈迦様が説かれた教えとされますから、教主であるお釈迦様を捨てることなど到底出来ません。それを捨てるというのは仏教の本旨に背くのみならず、東洋文明の和合的な精神にも背くものです。日本には八百万の神があるように、仏教には諸仏・諸天善神があって、これらをすべて集めて、そうして統一的に信じることが求められます。また東洋では汎神の思想が文明の根本をなしているが故に、一切衆生は皆仏性があり、一切衆生は皆成仏するということを言いますが、西洋の思想では神様は唯一人であって、他の者は誰も神に成れない、天国に行って神の僕《しもべ》とはなるけれども神には成れないと考えます。ところが法然上人は、仏教を信じていながら、阿弥陀様より他は見てはいかぬと言う、浄土門は、法華は随分と酷いことを言うと憎みますが、寧《むし》ろ自分達が酷いことを言って来たことを反省しなければいけません。彼らは一切の仏を捨て、一切の経を捨てて、「なんまいだー」と言うばかりで、法華経もいかぬ、釈迦もいかぬと言ってきた、そこを日蓮聖人は強く批判したのです。そのような狭隘固陋《きょうあいころう》な者が出て勢力を得たが故に、悪鬼羅刹《らせつ》の輩が付け込んで来る。「仏教を信じると言いながら、お釈迦様を捨ててしまえ、法華経も捨ててしまえ、広大な仏教を捨てて、南無阿弥陀仏と言う、これは面白い奴らが蔓延《はびこ》って来た」と、悪魔が彼らに味方をして押し寄せて来たのだと言われたのです。そうであるのに、あろうことか「釈迦も、釈迦の説いた法華経も役に立たない、ただ南無妙法蓮華経だ」と日蓮を本仏と担ぐ宗教団体が、現代に強大な勢力を得ていることに憤慨せぬというのであれば、最早日蓮門下を騙《かた》る資格など全くありません。立正安国論の議論は決して過去のものではありません。今も今後も取り組まなければならない、非常に大きな問題です。そのようなことを放置しておけば、次から次へと邪な宗教や劣悪な思想が出て来て人を迷わし、あるいは人々は道徳の根本である宗教信仰を捨てて国を危うくしてしまうのです。

三、破法・破国

坊さんでありながら仏法を破るようなことをするのは、一方では国を破ることになります。お釈迦様の考え、日蓮聖人のお考えからすれば、正法《しょうぼう》が盛んになれば国は栄えて人民も幸福になる、正法が衰えれば国も乱れ民も苦しむことになります。それは女房が善ければ亭主も良くなる、亭主が善ければ女房も良くなる、女房がふて腐れるならば亭主も自棄《やけ》になるというような訳で、破仏法・破国の因縁は一つのものだということです。日蓮聖人の時代には、別に坊さんの他に思想家らしい者も学者らしい者も居なかったわけですから、今日に当て嵌《は》めれば、学校の先生でも、政治家でも、思想家でも、およそ国民の思想を論じる者は、皆これ当代における一種の坊主です。そこで坊主が悪いということは、今の言葉にすれば、宗教家に限らず、教育家が悪い、政治家が悪い、思想家が悪いということになります。

「法師《ほっし》は諂曲《てんごく》にして人倫に迷惑し、王臣は不覚にして邪正《じゃしょう》を弁ずることなし」

「客色をなして曰く」で、客人は顔色を変えて怒ります。見渡す限り叡山でも、奈良でも、円城寺でも、東寺でも、日本中には津々浦々に至るまでお寺があり、沢山の坊さんも信徒も居るではありませんか。仏教はなかなか盛んであるのに、一体どこが廃れたと言うのでしょうか。ところが主人が諭して言うには、なるほど寺は軒を並べ、経蔵には経典が立派に備えられて、坊さんも沢山居る。今でも京都あたりに行こうものなら、あっちも坊主、こっちも坊主で、一見仏法は盛んなように見えますが、当時の坊さんもただ古い経を読み、鐘をカンカン叩いているのみで、人倫に迷惑していたと言うのです。人倫とは、君臣・父子などの間の道徳的秩序であって、人として守るべき秩序を意味します。ところが坊さんは、朝廷が衰微して鎌倉が盛んになれば、飯の食い上げになったら困ると、天子様の大切なことを忘れて、今度は鎌倉結構と「武運長久」

の御祈祷をやる有様でした。そこで「法師は諂曲《てんごく》にして人倫に迷惑し」と、名誉や利益のために権力者に近づくような宗教家は、必ず法を破り、国を滅ぼすような教えを説く、そして「王臣は不覚にして邪正を弁ずることなし」で、政治家は宗教の正邪を弁えないから、そういう輩を信じて勝手な法制を作る、これが仏教を破り、国を滅ぼすことになると日蓮聖人は警告されたのです。坊主が節操無くして、どうして人を導くことが出来ようか、政治を行う者が、宗教の正邪を分からずして、どうやって国家を安泰に出来ようかと言われているのです。本が立正安国の精神から出た宗旨ではありませんから、一方はお布施さえ貰えれば祈祷をする、一方は座禅に涼しい顔で聖者を気取る、一方はただ極楽往生を願って木魚を叩く、そのような坊さんのために、徳川時代には人倫は儒者の手に移って、終に明治維新の際には、仏教破却すべしということにまでなってしまいました。そうして今日には、思想の問題において非常に大事なことが押し寄せている、自己の利益のためには一国の大事を忘れるような考えが盛んになり、身勝手な殺人や悪質な詐欺が横行するなど真に心すべき時であるのに、今の日本の政治家は「まあまあ、宗教は放っておいても悪い事もすまい」というような生ぬるいことを言って、いかがわしい宗教団体から選挙の票を回して貰うことばかりを気にしている有様です。そんなことは、到底許されることではありません。国家というのは、宗教思想のことについても、しっかりした考えを取らなければなりません。今のように自由だの〝へちま〟だのと言って、何でも好きなようにやって良いというのでは、碌《ろく》なことが起こらない、国は根本から覆ってしまう危険性があります。

今は国民に向かって、日本国は斯くあるべし、日本人は斯くあるべしという思想の根拠を教えて、そしてしっかりとした精神を与えていくべきであるのです。

涅槃経には、次のように説かれています。如来の経典の文章を抜き出して、位置を変えたり、意味を変えたりするような悪僧は魔の仲間である。また、悪象に踏み殺されても地獄・餓鬼・畜生の三悪道に墜ちることはないけれども、悪知識、悪い思想家に導かれれば、身体を損するばかりではない、魂を破壊されて、永遠に悪道に墜ちることになると。悪知識というのは、今にして言えば思想を誤るところの人で、政治家でも教育家でも、思想家でも宗教家でも、評論家でもジャーナリストでも、知った顔をして人に間違ったことを言っている者があれば、皆それは悪知識です。また法華経には、悪世の比丘《びく》は邪な知恵があって根性が拗けている、正しき法を弘める者の悪口ばかりを言って、決して自分達はやらぬということが説いてあります。何時の時代でも坊主はそうで、却って善いような顔をしている輩の方が、腹の中では碌《ろく》な事を考えていない、宗教家ほど誤魔化しの多い者は無いのです。だから涅槃経には、形ばかりは、僅かに経を読んで袈裟《けさ》を着けているが、三百六十五日一遍も法を説かず、実は飲み食い執着して、猟師が目を細くして獲物に近づく如く、猫がネズミを狙うが如くであるのに、煩悩を断ち切っているかのように装う坊主がいる、そのような沙門にあらずして、沙門の形を現じている者が、邪な考えを盛んにして正法を誹《そし》ると説かれているのです。そこで、どうしてもこの悪い思想家、悪い宗教家を戒めん限りにおいては、世の中には善いことが起こらない、従って国も安らかにならないと日蓮聖人は言われたのです。国家を安泰にし、国民の幸福を図るには思想が本であって、思想を教える者は善知識で無ければならないから、昔ならばガラクタ坊主を退治しなければならない、今で言えば悪い思想家を退治することが、国家を安泰にする根本であると論じられたのです。

四、法然の破法

「如《し》かず、彼の万祈《ばんき》を修せんより、この一凶を禁ぜんには」

ところが客は、なお怒って言います。あなたは随分と酷いことを言う。悪僧を王が信じるわけがありません、立派な人たちが仰ぐわけがありません。龍の如く、象の如き偉い坊さんが沢山居るにもかかわらず、そのような悪口を仰るのはどういう訳ですか。一体誰が悪僧だと言われるのでしょうか。そこで主人は一つの例として、浄土宗を開いた法然上人を挙げます。親鸞上人の師匠様ですから、法然上人と親鸞聖人は大体同一であって、浄土宗も浄土真宗もこの点においては同じです。したがって、法然上人が悪ければ親鸞聖人も悪いことになります。世間の人は、浄土門の批判をするのは余計なことだと思うかも知れませんが、国のためにも、道のためにも、一切衆生のためにも、この邪説は粉砕しなければならないと日蓮聖人は考えられたのです。そこで主人が言われるには、聴けよ、後鳥羽天皇の時に法然という坊さんが出て「選択集《せんちゃくしゅう》」という書物を二巻作った。選択集には、どういう事が書かれているかと言えば、まず道綽《どうしゃく》禅師の説を引いて、聖道《しょうどう》と浄土の門を立てて、聖道門というのは善い事をして行こうと考えているが、善いも悪いも無い、どうせこの世の中では碌《ろく》な事は出来ないのだから、人生を向上せしめようなどという希望は捨てて、ただ南無阿弥陀仏と言って浄土門に飛び込めばよいと言う。それから曇鸞《どんらん》法師による「往生論註」という書物の難行・易行《ぞうぎょう》ということを引いて、少しでも善いことをせねばならぬといえば難行だと言う。「何もしなくても救ってやる」と言われているのだから、ただ南無阿弥陀仏と唱えれば良いと言うのだ。何も善い事をすることはない、悪い事をしても構わぬという。そんな詰まらないことばかりに力を入れて、ゴチャゴチャと言っている。人間というのは、そういう事ではいけない。国民には道徳観念というものがなければならない。やれてもやれなくとも、やろうという所がなければならない。善い事が出来ようと出来まいとも、必ず人間は善い事をしなければならないという決心を持たなければならないのである。出来るか出来ないかは二の次です。それを最初から出来ぬものだと言って、「善いことはしなくても宜しい。ただ阿弥陀仏様に救って貰って極楽浄土へ往くことだけを考えれば良い」などというのは、明らかに宗教として間違っています。日本の有識階級が仏教を捨てたのは、そのような退嬰《たいえい》的な思想が発展的なる日本の国民性と矛盾している、現実から逃げているものだと感じたからです。日蓮聖人の言うとおり、仏教の積極的なる意義を宣揚すれば斯かる非難はなかったはずです。日本人はよく聞き分けて、あれは法然上人の誤りだった、仏教それ自身は活き活きとして積極的なものであり、愛国的なものであり、立派なものであるということを了解して、そのような邪説は捨てるべきであったのです。そうであるのに、仏教を捨てる時分には一概に仏教は辛気臭い、陰気臭いと言い、一方では知った顔をして、そんなことを仏教者同士で批判するのは良くないと言うのでは全く話になりません。そういう事を聞き分けぬくらいなら、思想も学問も議論も何も要らなくなります。

それから、もう一つ「選択集」に引用されているのが、善導和尚が立てた五通りの正行・雑行です。第一に読誦雑行といって、法華経であろうが、華厳経であろうが、涅槃経であろうが、浄土の三部経より他の経を読むことは駄目である、そういう御経を読む者は浄土に往生できないと言うのです。そして第三の礼拝雑行では、阿弥陀様以外の仏や神様は一切拝んではいけない、お釈迦様でも、伊勢の大廟《たいびょう》でも拝んだならば、それは雑行であるという訳です。それから観察雑行では、阿弥陀様や極楽浄土以外を有り難いと考えてはならない、称名雑行では唱え言葉は南無阿弥陀仏に限る、南無釈迦牟尼仏などと言ってはならない、讃歎《さんたん》供養雑行では阿弥陀仏以外は仏であれ菩薩であれ、諸天であれ一切讃歎供養してはならないと説いているのです。法然上人の選択集は、この道綽・曇鸞・善導の誤れる釈を引いて、聖道・浄土の二門を立て、それから雑行・易行、次には正行・雑行を立てて、この三つの誤った事を根本にして、法華真言総じて釈尊一代の大乗六百三十七部、二千八百八十三巻、一切の仏菩薩等、および諸天善神をば、悉く捨てよ、閉じよ、閣《さしお》け、あるいは抛《なげう》てよと、「捨閉閣抛《しゃへいかくほう》の四字」以て一切の人を迷わしている、そこを日蓮聖人は責めているのです。阿弥陀如来の他はお釈迦様であろうが皆捨てよ、一切経であろうが法華経であろうが、これを捨てよ、閉じよ、閣けよ、抛てよという四字を以て、印度・中国・日本三国一切の高僧の言われた事を破り、十方の仏を投げ出しているのです。しかしながら、それは阿弥陀如来の十八願にある但し書き「唯、五逆と誹謗正法を除く」、五逆罪といって父母を殺すなどの地獄に墜ちる大罪を犯す者や、正法を誹謗《ひぼう》する者は助けることは出来ないという誓文に背いているのではないか。また、一代五時の肝心である法華経第二の譬喩品《ひゆほん》には、「此の経を毀謗《きぼう》すれば、其の人命終わって阿鼻獄に入る」と説かれている。それ故に、これを憂いて日蓮聖人は念仏無間を叫ばれたわけです。ところが、つばを吐きかけたり、石をぶつけたり、陰から讒言《ざんげん》をしたりで、矢面に立って正しき議論をもって向かった者は一人も無く、悪辣なる手段によって日蓮聖人は襲われ、結局は権力に捕らえられてしまいます。そして日蓮聖人に続いた先師もまた、血を飲み涙を飲んできたのです。しかしながら、今や信教自由の時に至ったのですから、信じることのみならず批判することも自由です。これを権力や暴力によって阻止することは出来ません。この仏法を正しき意味に戻して、どうしてもお釈迦様の御本意を世に盛んにするようにしなければなりません。釈迦如来の尊い教えがあるにもかかわらず、娑婆世界の教主を捨てて西方極楽世界の阿弥陀如来を盛んにしたことは最も愚かな間違いである、これを改めなければ日本の思想の根本は改まらないと日蓮聖人は叫ばれました。聖徳太子が法華経を第一とし、伝教大師が法華経を中心に仏教を統一したにもかかわらず、法然上人の議論によって、阿弥陀如来のみが大多数の人に尊ばれるようになったため、今なお日本の仏教は正義に復帰していません。そして「心の教育」の必要性が叫ばれるようになった昨今においても、仏教が分裂していたがために、公立学校では宗教の教育は禁止されているのです。更に今、仏教を混乱させているのは何も法然上人の念仏だけではありません。こともあろうに、日蓮聖人を騙《かた》って「釈迦の仏法を用いれば生活に破綻をきたす」などと宣ってきた創価学会が、日本最大の宗教団体となって政権に与し、至る所で教育や文化活動に携わっているのです。立正安国論を講じれば、日蓮聖人の折伏の精神を論じなければならない。今日は新たに、釈迦如来の教えの正義を発揮するために、国民的大運動を起こさなければならぬ時が来ているのです。

五、選択集の非

客人は一層顔色を変えて、そうは仰っても浄土の三部経というものは、お釈迦様が説いたものではありませぬか、それを軽んじて先師を誹《そし》り、更に近年の災いは法然上人にあると罵るのは、一体どういうことかと怒って帰らんとします。その時に主人が止めて微笑んで言うには、蓼《たで》食う虫も好き好きといい、臭きを溷厠《こんし》に忘るといって、蓼のような辛いものを喜んで食べる虫もあれば、便所の臭さに慣れてしまえば臭さも分からぬということがある。善い言葉を聞いても悪いように聞こえ、間違った事を言う者が正しいように見えるのは如何にも哀れなことである。そのように迷いを深からしめた根本の罪は軽からぬことであろう。心静かに考えて見よ。釈尊一代の説法の中には権教《ごんきょう》、実教《じっきょう》というものがあって、まずは人々を導くために方便として仮の教えを説き、そして最後に真実の教えが説かれる。ところが法然などは、権経である浄土の三部経を実教とし、法華経を権経と見るのである。阿弥陀経などは方便の教えであって、宇宙西方の果てに極楽浄土が実際にあるわけでもなく、阿弥陀如来が実在するわけでもない。要するに彼らは仏教の淵底を探らざる者である、仏教をやったと言っても上っ面から見ているのである。さもなければ法華経に対して、捨閉閣抛などということは恐ろしくて言えるものではない。これは法然一人の勝手な解釈であって、仏様の教えではない。仏陀出現の真目的は法華経にありということを、十分に注意せられているにもかかわらず、その迷いが醒めぬというのは不届きなことであろう。しかしながら、残念なことに人は皆その妄語を信じて選択集を貴び、浄土の三部経だけを崇めて、極楽世界の阿弥陀仏だけを拝むようになったのである。

「彼の院の御事《おんこと》は既に眼前にあり。然《しか》れば則《すなわ》ち大唐に例を残し、吾が朝に証を顕わす」

そして主人は二つの譬えを引かれます。天台大師の摩訶止観、並びにその注釈書である「弘決《ぐけつ》」には、国難が起こる時には、世の中に礼儀を構わない者が出て、それを真似る若者が増えるなどの前兆が必ずあると言われている。また慈覚大師の「入唐求法巡礼行記」には、弥陀念仏の教えを弘めると戦乱が続き、仏教を排斥した皇帝は乱を治めることが出来ずに命を落としたとある。人心が腐敗し、下らぬ議論によって思想が乱れ、詰まらぬ輩が勢力を得るようになると、遂に国家が滅びるような事が起こってくるのである。我が国においても論より証拠、法然は後鳥羽上皇の時代、建仁年中の人である。そして後鳥羽上皇は痛ましいことに隠岐の島へ流し者にされたのである。念仏が日本全国に流行っている最中、京都の朝廷は鎌倉の兵隊に打ち破られたのである。疑ってはならない、怪しんではならない。凶を捨てて善に帰し、災いの源を塞がなければならないと、釈尊を捨てた法然上人の念仏が亡国の教えであることを日蓮聖人は推断されたのです。

六、詰責の上奏文

「予《よ》少量たりといえども、忝《かたじけな》くも大乗を学す。蒼蠅《そうよう》、驥尾《きび》に附して万里を渡り、碧羅《へきら》、松頭《しょうとう》に懸《かか》りて千尋《せんじん》を延ぶ。弟子一仏の子と生まれ、諸経の王に事《つか》う」

客は少し和らいで、およその趣旨は理解しましたが、仏門におられる立派な方でさえ未だ進言していないというのに、貴方のような身分の卑しい者が上奏するなどというのは到底理解できないと難じます。そこで主人は答えます。蝿でも千里の馬の尻尾に付いていれば一日に一万里も飛ぶ、蔦《つた》も松の木に頼れば高き所に登る。学問が無くとも、お釈迦様の本当の子として、一切経の王である法華経に仕えているのである。それ故に身は卑しくとも遠きに至り、高きに上ることも出来るのである。したがって、この仏教の衰微を見て、悲しまずにはおられない、黙っている訳にはいかないのである。しかも日蓮のみならず、法然がいけないということは、元仁年間に延暦寺と興福寺より奏聞があり、勅宣・御教書を申し下して選択集の板木を取り上げ、比叡山の大講堂の前において三世の諸仏の御恩を報じるために焼き払い、そして法然の墓は感神院の犬神人《いぬじにん》に仰せ付けて壊させ、その骨は加茂川に流したのである。また法然の弟子である隆観・聖光・成覚・薩生という者は、その罪を問うて遠国の島に流されたが、その後未だに御勘気を許されたということは聞いていない。当時は弟子として知られるほどではなかったのか、御遺文の中には名前が挙がっていませんが、親鸞上人が越後に流されたのもその罪を問われたからです。このように、お釈迦様を拝んではならないとか、伊勢の大廟を拝んではならないとか、極楽往生のためには、ただ愚鈍の身になりきって念仏をひたすら唱えよと主張した法然上人を批判することは、日蓮聖人が初めてではないことが述べられます。

七、災妖をはらい除く法

「それ国は法に依つて昌《さか》え、法は人に因つて貴し。国亡び人滅せば、仏を誰か崇《あが》むべき、法をば誰か信ずべきや。

先ず国家を祈りて、すべからく仏法を立つべし」

客は大分態度を和らげて述べます。法然上人が経典を軽んじたり、僧を誹ったりしているかどうかは分かりませんが、確かに大乗経六百三十七部、二千八百八十三巻、並に一切の仏、一切の菩薩、一切の善神を捨・閉・閣・抛の四字を以て斥けたことは、選択集の文に明らかです。しかしながら、これをもって貴方が法然上人を誹謗することが正しいことかどうかは分かりかねます。迷って言っているのか、覚って言っているのか分かりませんが、災難が起こる原因は選択集にあるとする貴方の考えだけは十分に理解しました。天下泰平・国土安穏は、すべての人が願うことであり、国は仏法によって栄え、そして仏法は人に貴ばれます。しかしながら、国が亡びてしまい、人が滅びてしまったならば、仏を崇むことも仏法を信じることも成り立ちませぬ。されば先ず国家を祈って、それから仏法について考えるべきでないでしょうか。何か災難を除く術《すべ》があれば聞きたいと思います。この客の問いは、国家の存亡と仏法とは切っても切り離せない関係にあるという日蓮聖人の考えを鮮明にするために、ここに敢えて設けられたものです。

「謗法の人を禁《いまし》めて、正道《しょうどう》の侶を重んぜば、国中安穏にして天下泰平ならん」

その時に主人は涅槃経を引いて、人に施すということは非常に結構なことだが、ただ一人だけにはいかぬ、殺生・偸盗《ちゅうとう》・邪淫・妄語の四重禁を犯したり、父母や阿羅漢《あらかん》を殺し、仏を傷つけ、あるいは僧団の和合を破る五逆罪を犯したりしても、怖れることもなく懺悔《さんげ》する心もなく、正法を誹ったり見下したりする者にだけは施してはいかぬ、即ち法然のような者を助けることが、日本の罪の根本であると日蓮聖人は論じられたのです。それから色々な経を引かれて、仏教は釈迦如来入滅の前において国王に付嘱《ふぞく》されたことが述べられます。勿論坊さんには仏教のことを託しているけれども、これは政治家も心ある者は仏法のことを考えねばならぬという意味です。宗教家に悪い奴があったならば政治家が罰を与えて正さねばならぬと、政治の力を認めて仏法を付嘱せられた、だから今日のように誤った宗教が政治権力を持っているような時には、なおさら政治家は眼を覚まさなければならないのです。そして涅槃経を引かれて、覚徳比丘という良い坊さんが悪い坊主に刀杖をもって迫害された時、有徳王が命懸けで戦って覚徳比丘を助けたこと、これは涅槃経の最も大切なところであると述べられて、悪い坊主と正しい坊主の見分けがつかぬような政治家は駄目だ、政治家となった以上は、宗教の正邪善悪を知らねばならぬと言われたのです。宗教家の中には二通りあります。数は少なくとも善い者と、多くとも悪い者がいます。それを坊主は善いとか、坊主は悪いと思うのは間違いです。政治家もすべて善いとは言えません。政治家の中にも腐った奴がいます。だからこそ、国民が政治に参加する時には、善き政治家と悪しき政治家を見分けなければ、立憲政治は発達しないのです。信教の自由が保証されているのですから、法律をもって宗教を圧迫することは出来ませんが、政治家が宗教の善し悪しを判断せず、宗教は要るものか、要らぬものか、そんなことは関係ないというような薄ぼけた頭では駄目です。要るとなったならば、害のある宗教を政治に利用し、力を貸すようなことは、あってはならないことです。そこを日蓮聖人は言われているのです。それが、法華経、涅槃経の金言です。政治家はしっかり聞けよというのが、今の言葉なのです。立正安国論は法然上人を攻撃するが如くでありますけれども、目標は北条氏の鎌倉幕府にあります。そこで政治論が、ここに入ってくるわけです。

八、謗法《ほうぼう》退治の方法

客は驚いて言います。では貴方が引かれた涅槃経に説かれたように、謗法の者を絶つためには、その頸《くび》を斬ってもよいと言うのでしょうか。他の経典によれば、その是非を問わず、自戒・破戒にかかわらず、僧侶であれば供養を捧げなければならないとあります。ですから、仏の教えに背いて僧侶に危害を加えるなどというのは、とても信じがたいことです。これに対して主人は、涅槃経に書いてあることは釈迦如来が世に出られる以前のことである、過去の有徳王・覚徳比丘の時はそういう坊主の頸を斬ったけれども、お釈迦様以後の教えでは、ただ施《ほどこ》しを止めればよいのだと答えます。即ち、ガラクタ坊主は飯を食うために坊主になっているのだから、そういう所にお布施を持って行ったり、食べ物を持って行ったりしなければ坊主を止めるに違いない。彼らはその主義主張を信じているのではなく、住む寺があり食い扶持《ぶち》があるから、その中に入り込んで飯を食っているのであって、食えなくなれば自ずと散じてしまうというわけです。

「然らば則ち四海万邦一切の四衆は、その悪に施さず皆此の善に帰せば、何なる難か並び起らん、何なる災か競い来《きた》らん」

ここに非常に深い意味があります。立憲主義を言うならば、国民の方に正論を聴いて善き政治に与《くみ》し善き政治家に与するということが無ければなりません。国民の方に聞き分ける力が無く、多数多数といって間違った方へでも行け行けとなったならば、終に国家は覆滅してしまうことになります。だからこそ、偏向的な思想やマスコミに安易に誘導されることなく、善悪を聞き分けて、そして善い方に賛成して、悪い方へは行かぬということが、国民の自覚の根本になければならないのです。

九、謗法退治を促す

ここで客はいよいよ襟を正して、「仏教のことは広くもあり、よく分かりませぬが、法然上人の選択集は現在も書物としてあり、貴方の仰る通り、あらゆる仏、あらゆる経、あらゆる善神、すべてを捨閉閣抛せよとの文は、顕然として今なお残っております。それがために仏法盛んなるに似て、却って仏法の正義が地に墜ちていると仰るのも実にご尤もなことです。斯様な間違ったものを矯め直すならば、国は必ずや安らかになろうと思います」と述べます。そこで主人は喜んで言われます。

「汝、蘭室《らんしつ》の友に交りて、麻畝《まほ》の性となる。誠にその難を顧みて、専らこの言《ことば》を信ぜば、風和ぎ浪《なみ》静かにして、不日《ふじつ》に豊年ならんのみ」

誠に嬉しいことである、中国の故事に「鳩化《か》して鷹《たか》となり、雀《すずめ》変じて蛤となる」ということがあるが、貴方にように初めはプリプリしていた者も、私との議論によって遂に了解されたか。「蘭室の友に交りて、麻《ま》畝《ほ》の性となる」と言って、蘭の室に入って善き友と交われば、その身は香り高くなり、麻のように真っ直ぐな心となるようである。考えてみれば薬師経の七難の内、五つの難は既に起こり、残る二難は他国による侵略と国内における反乱である。大集経の中の三つの災いの内、飢餓で穀物が高騰し、疫病が流行るという二つは既に現れて、残る一つは戦争によって国が破られるということである。既に二つが来たのだから、この一つが来ないとは言えまい。金光明経に説かれた様々な災難は一通り起こったが、他方の怨賊《おんぞく》が来て国内を掠奪《りゃくだつ》するということが一つ残っている。仁王経の七難においても、六難は既に盛んに現れているが、四方の賊来たりて国を侵すという難が残っている。その仁王経には「国土乱れん時は先ず鬼神乱る」とあるが、既に今の日本は全くそのような有様で、実に狼狽《うろた》えた状態にある。この時期に今申した国家の一大事が起こったならばどうするか。国家が亡びるとか破れるとかいう問題は、如何なる政治家と雖も一大事だということを知らなければならぬ。国民にも自分の商売さえ上手く行けば良い、自分が達者でさえあれば良いと思う者が多いようだが、国民は国家の保護の下に幸福を得ているのである。故に国民の生命と財産を守る国家が破れたる時には、その国民は決して幸福を得ることは出来ない。ならば四方より賊来たってこの国を侵し、国内に反乱が起こるということになっては、どんな無神経な者であっても驚かずにいられないはずである。国を失い、家を滅ぼしてしまえば、何れの所にか世を遁《のが》れることが出来ようか。

「汝すべからく一身の安堵《あんど》を思わば、先ず四表の静謐《せいひつ》を祷《いの》るべきものか」

自分一人の安泰を思うにしても、先ず国家の安泰を考えなければならぬ。然るに今や正法は地に墜ち、国はまさに他国より侵されようとしている。この場合に本心に帰らずして、何時までも間違った信仰や間違った政治を取っているならば、必ずやその災いは目前に現れるのであると、日蓮聖人は客に見立てた鎌倉幕府の執権・北条時頼に諫言《かんげん》しています。そして、この客が分かったと言うにもかかわらず、貴殿が分からないようであれば、「早く有為《うい》の郷《さと》を辞して、必ず無間の獄《ひとや》に堕ちなん」、本当に早死にして無間地獄に墜ちてしまうと言われたのです。果たせるかな、時頼はこれが分からなかったために本当に早死にしてしまいました。後に時宗の時になって、日蓮聖人は讒言《ざんげん》のために喚問されて、「貴様は、時頼殿は地獄に墜ちたということを陰で言っているそうだが、どうだ」と責められた時、「いや陰では申してはおらぬ、時頼殿存命の時分に目の当たり申したことである」と答えていますが、それは安国論のこの文を指してのことです。

「汝早く信仰の寸心を改めて、速かに実乗の一善に帰せよ。しかればすなわち三界は皆仏国なり」

　主人は多くの経文を引証して、謗法の罪が如何に重いものであるかを説かれ、一刻も早く信仰の寸心を改めなければならないことを忠告します。仏法を信じると言っても、千切れ千切れの小さな信仰は捨てて、薬師様も有り難い、お地蔵様も有り難いというような信心は改めなければなりません。道徳も宗教も、政治も生活も、すべてが一つの大精神の下に一致している、このような仏教を信じて、これを基にして、国民の精神を作り、文明の基礎を作り、建国の理想を実現して行かなければなりません。日蓮聖人は、「一切世間の治生産業《ちしょうさんごう》は皆実相と相違背せず」と法華経の経文を引いて、「宮仕えを法華経と思し召せ」と言われたように、お題目を唱えるばかりが法華経の信仰ではありません。法華経の信仰を基として、一切のことが調和を保って進んでいくならば、この世界というものは元々仏様が守っておられる所の国である、決して斯くの如き災難が競い起こるべきものではない、必ず国は栄えて行き、そこに居る人は幸福を保ち得るものであると説かれたのです。

十、謗法《ほうぼう》対治の了解

「先ず生前を安んじ、さらに没後を扶《たす》けん。ただ我《われ》信ずるのみにあらず、また他の誤りを誡《いまし》めんのみ」

客は述べます。段々の御教訓によって今までの迷いはスッカリと醒めました。私の愚痴の心も開けました。速やかにこの謗法を対治し、誤った思想を撃退して、天下に大法を弘めなければなりません。そうして、人々の今の人生を幸福にしてやり、死んだ先も救うというようにすべきです。自分が一人信心するばかりではなく、この正しい思想をもって誤れる者を戒め、この法華経の思想、日蓮の主義をもって、天下の誤りを撃退することに努力したいと思います。国民の思想を支配するものは道徳と宗教です。そして日本の哲学、日本の道徳、日本の宗教を代表しているのは仏教です。したがって方便の教えなどに何時までも執着することなく、早く真実の教えに目覚めなければなりません。そうして宗教も道徳も生活も一切を一つにして、迷信であったり悲観的であったりする信仰に陥らず、活き活きとした力となる信仰を得て、立派な精神となって全き人格を備え、国民としては思想を誤らないようにし、この人生に希望を持って働き、生命が終われば立派に成仏して、再び菩薩として生まれ変わって来るように心掛けなければなりません。「末法には釈迦の法華経など役に立たぬ」と吹聴する邪な輩は、撃退しなければなりません。日蓮聖人の叫んだ法華経の正義、これが破れてしまった時には、最早お釈迦様の教えは無きに等しくなる、大蔵経は庫《くら》に一杯あっても、法華経を抛《なげう》つようならば、あとに残るのは滓《かす》のごときものとなってしまいます。この意味において立正安国論の精神を奉戴して、日蓮聖人の御恩に報いるがために、各々力に応じて、自らも信じ、また他人の誤りを誡める活動が大切となるのです。(完)

開目抄

本書の概要

日蓮聖人の御遺文において、まず大事なものを挙げれば、五大部と称して立正安国論、開目抄、観心本尊抄、撰時抄、報恩抄があります。その中において、第一に大切な御書が開目抄です。これをお著しになったのは文永九年、聖人御歳五十一歳で、その二月に完成しています。文永八年の九月に龍口の法難があり、依智に暫く滞在せられて、十月に佐渡流罪ということになり、十月の末に佐渡に着かれました。そして着かれると直ぐに筆を執り、雪降りしきる中、墓場に面した板間も合わぬような塚原の堂において、前後四ケ月を経てこの開目抄を完成されたのです。これを書かれた趣旨は色々ありますが、第一は日蓮聖人が本化《ほんげ》・上行《じょうぎょう》菩薩の再誕であることを証明するため、第二には仏教の統一を宣言するためです。その宣言とは、ただ漠然とした仏教の統一ではなくして、これが仏教の中心の教義である、この中心の教義を本として考えて見れば、こういう具合に一切経は疎通される、更には仏教ばかりでなく、儒外内《じゅげない》（儒教ならびに仏教以外の思想と仏教）の三道を一貫して、小にしては日本の柱、大にしては世界文明の基礎を為《な》すべきものを発表されたのです。そして第三には後来の記念とするということで、「日蓮は佐渡の流罪において助からぬかも知れない。何時やられるか知れぬから、これを書き終わらなければならぬ、自分の畢生《ひっせい》主張を後代に留め置く」という考えで書かれています。もう一つ第四は、それと丁度反対の意味のようですが、「諸天等の守護神は仏前の御誓言あり」と、法華経の行者は本仏によって守られ、諸天善神によって守護されているならば、必ずや生きて鎌倉に帰る、法華経の行者には不思議なる感応があることを実証する予言として書かれたのです。

「我身法華経の行者にあらざるか。この疑《うたがい》はこの書の肝心、一期の大事なれば、処々《しょしょ》にこれをかく上、疑を強くして答をかまうべし」

この法華経の行者という言葉には、広い意味の一般的法華経行者ではなくして、日蓮聖人が釈尊に法華経を付属された上行菩薩であるかどうか、上行菩薩ならば如来の滅後において仏法を統一する所の大権を付属されている、故に仏の勅使として仏教の紛乱を開顕《かいけん》統一しなければならないということです。法華経の勧持《かんじ》品《ほん》において、八十万億那由他《のくなゆた》の菩薩が「我不愛身命但惜無上道《がふあいしんみょうたんじゃくむじょうどう》」と受難の覚悟をもって法華経の弘通《ぐづう》を誓いましたが、釈尊は「止みね善男子」とそれらの迹化《しゃっけ》の菩薩を制止されました。何故ならば、誓うだけならば迹化の菩薩でも出来るが、それを本当にやり遂げようとするならば、本化の菩薩でなければ無理である、即ち本化の菩薩の自覚に至らなければ到底出来ないからです。見渡すところ、勧持品の二十行の偈《げ》の如くに法華経を弘めている者はいない。今までに日蓮は、法華経の勧持品に説いてある所の、法華行者の受けるべき所の法難、迫害は残らず受けた。頸《くび》の座にも坐り、寺をも追い払われ、焼き討ちの難にも遭い、流し者にもなり、悪口罵詈《あっくめり》、三類の敵人《てきにん》悉く現れている。ただし、勧持品の「数々擯出《しばしばひんずい》せられん」ということが残っていた。「日蓮、法華経のゆえに度々ながされずば数々の二字いかんがせん」と、伊豆に一遍流されただけでは「数々」の二字は読めない、この度佐渡に流されることによって、いよいよ日蓮が本化・上行菩薩であることが推量せられるであろうということを述べています。そして上行菩薩ならば、仏教を統一する権能を持っている、それ故に「求めて師とすべし、一眼《いちげん》の亀の浮木《ふぼく》に値《あ》うなるべし」と言われたのです。

それから第二に仏教統一の、その中心意義が開目抄に現わされています。法華経によって諸経を統一する、日蓮の主義によって諸宗を統一すると言った所で、統一する所の意義、旗印、宣言がなければなりません。内容のない形式に流れて、ただ彼方《あちら》は南無阿弥陀仏だ、此方《こちら》は南無妙法蓮華経だというようなことで争っていては意義をなしません。日蓮の主義には斯くの如き尊い意味があって、これをもって統一を号令するのであるという所がなければなりません。戦いの上においては、その大義名分が最も大事であるように、仏教の上においても、その戴《いただ》く所とその主張を明らかにしなければなりません。開目抄においては、そこを言われているのです。表面は流罪であるけれども、佐渡の土にしようということは、幕府も考えているし、反対者も考えていたから、生きて再び鎌倉に帰ることは難しい。それ故に富木殿御返事に「法門の事、先度四条三郎左衛門尉殿に書持《しょじ》せしむ。其の書よくよく御覧あるべし」と、佐渡を訪れた鎌倉の四条金吾の使者に託して早速弟子たちに書いて送ったのが、この開目抄です。何時やられるか分からないが、やられても心残りのないように、大事の法門を書き留めておくというのです。この文からも、この御書が最も大切であることが分かります。第三の後来の記念とすることには、種種御振舞御書《しゅじゅおふるまい》に「去年の十一月より勘へたる開目抄と申す文二巻造りたり。頸《くび》切られるならば日蓮が不思議とどめんと思ひて勘《かんが》へたり」と述べられているように、頸を斬られるのは構わぬけれども、その前にどうにか真実を語っておきたいと考えた日蓮聖人が、「これは釈迦・多宝・十方の諸仏の未来日本国当世をうつし給う明鏡《めいきょう》なり。形見ともみるべし」と開目抄に言われた通りです。そして第四の感応《かんのう》の証明ということは、法華行者は今言う通り何時やられるか分からないけれども、一方に信仰から言えば決してやられるものではない。本仏が見守って下さり、諸天善神《しょてんぜんじん》の守護があるならば、必ずや生きて鎌倉に帰るはずである。日蓮が法華経の行者であるならば生きて帰る、法華経の行者でなければ佐渡島の土となる。日蓮が生きて鎌倉に帰ったならば、一重にも三重にも上行菩薩であったという証明になるというのです。生きて鎌倉に帰れなければ、「我れ日本の柱とならむ、我れ日本の眼目《がんもく》とならむ、我れ日本の大船《たいせん》とならむ等とちかいし願、やぶるべからず」との誓願を果たすことは出来ません。ここに法華行者の非常な力がある信仰を現わしています。それだからこそ開目抄は、日蓮は法華経の行者なるか、ならざるかという所に力を入れているのです。必ずや法華の威力を現し、大手を振って鎌倉に帰って、殿中において「悪《あ》しく敬《うやま》はば国亡ぶべし」と諫言する機会があるに相違ない。「佐渡島の土にしてやると計っても、この通り日蓮は帰ってきた。今までの無礼に似ず頭を下げてもその位のことではいかぬ。どうしても日蓮の言う正しき教えを聞け」という、実に男子快心の意味合いを込めて開目抄は著されているのです。

「開目抄」の表題である「目を開く」というのは、心の目を開くということです。釈迦牟尼仏が「仏知見《ぶっちけん》を開かんが為《ため》の故に世に出現せり」と言われたように、細かいことの一々までは同じようにはいきませんが、自分の本体に関すること、宇宙の根本に関することなど大事な事柄は、本仏釈尊の絶対の覚りと私達の信仰とは一つであるということに目を開くのです。その開いた目で見ようとするのは、一切衆生の尊敬すべき主・師・親の三徳を備えられた絶対者です。そして、その意味を更に進めて絶対界の問題に入るのです。絶対界の問題というのは、自分の魂は今度生まれて来てからの魂ではない、この度生まれて誰の太郎兵衛という名前があるかも知れないが、それ以前の自分というものがある、この魂というのは、この度死んだとしても消えない永遠の生命であるということです。前の生、後の生などというと笑う者がありますが、前の生、後の生より考えなければ、人間の生命の無限は分からない、現在生きているところの価値も分かりません。魂というのは、訳も分からないところからポコンと出来た泡のようなものではありません。神様から吹き込まれた息のようなものでもありません。無限の価値があり、そして生命があるものです。この無限の生命、宇宙の絶対と自己の絶対を結びつけて考える、そこに無限なる信仰を打ち立てるところに宗教は存するのです。

本書の内容

一、儒教・外道《げどう》・仏教

「それ一切衆生《いっさいしゅじょう》の尊敬すべき者三つあり。いわゆる主《しゅ》・師《し》・親《しん》これなり。また習学すべき物三つあり。いわゆる儒《じゅ》・外《げ》・内《ない》これなり」

一切衆生が尊敬すべき者に主・師・親がありますが、それは究極すれば主・師・親の三徳を備えた宇宙の絶対者となります。そして学ぶべきものには、儒教と、仏教以外の宗教・哲学、そして仏教がありますが、この絶対の主師親を説くことに最も整っているのは仏教です。しかしながら、仏教も他の教典ではよく分からない、分からないから阿弥陀様を有り難がったり、観音様を有り難がったりする訳です。この一切経の中においては法華経、法華経の中においては如来寿量品《じゅりょうほん》、この寿量品がなければ真の絶対の主師親を見ることは出来ません。広くは儒外内の三道を統一し、帰着する所は法華経の眼鏡を通して、真の絶対者を見ることを教えたのが開目抄です。それ故に日蓮聖人は、「この寿量品ましまさずば、天に日月無く、国に大王なく、山河に珠《たま》なく、人に魂のなからんがごとく」と、あるいは「寿量品を知らざる諸宗の者は畜《ちく》に同じ」とまで結論されたのです。開目抄は、まず開目抄全体の組織を一言し、儒教と仏教との関係を明かし、次に仏教以外の宗教・哲学と仏教との関係を明かし、それから仏教全体の価値を説明し、更に進んで仏教の浅深勝劣を判断するために色々な思想を挙げます。そして二乗作仏と久遠実成《くおんじつじょう》という二大教義を掲げ、いよいよ久遠実成の一つ、釈迦如来の顕本《けんぽん》の一大事をもって、仏教の中心主義となすことが示されるのです。それから他の宗旨が仏教を間違えたことを述べて、法相宗などは仏性論において分からぬ所がある、華厳宗や真言宗は本仏論において分からぬ所がある、毘盧遮那仏《びるしゃなぶつ》とか大日如来を崇《あが》めて寿量品の釈迦如来を信仰せざるを論じ、それから仏教の種々に雑乱していることを嘆いて、ここに仏教の統一を期して大誓願が起こされます。今は世乱れて日蓮の主張を聴かないが、日蓮は如何なる迫害に遭っても、この誓願力、この慈悲の力によって打ち克《か》って法華経の予言を実行する、そして如何に迫害が強くとも法華行者は守護を受けるであろう、法華経によって救われた二乗や菩薩は法華行者を助け、諸天善神も法華経の教えによって威光勢力を増しているのであるから、必ず味方をするであろうことが説かれます。更に再び本仏を明らかにして、一切の分身の諸仏悉く釈尊の下に統一されること、また法華経行者が各宗高僧の中においても一番尊いことを説き、最も大事なる法華経の寿量品を挙げて、ここに法華経の行者の帰依すべき仏法僧の三宝、仏宝については本仏、法宝については寿量品、僧宝については本化の菩薩を決定されたのです。

それから、いよいよ釈尊と私達は親子の関係である、子供が自分の親を捉《つか》まえて、自分の親は非常に偉い方であるのに、自分の親は詰まらぬ者だと思うようなことは第一の親不孝であるということを論じていきます。寿量品を知らざる者は、自分の頂く有り難い主・師・親の三徳の本仏の尊きことを知らない。大日如来を信じるというが、大日如来はこの世に出て来て説法をしたわけでもない。それにもかかわらず、釈迦が説いた以外の教えがある、大日経という余所《よそ》の世界で説いた教えがあるなどというのは、大いに矛盾した話であると日蓮聖人は嘆いて言われます。そこから段々と進んで、法華経の行者は必ずや守りを受けるのであるから、如何に三類の敵人《てきにん》があってもビクともしない。三類の敵人とは、第一に俗衆増上慢《ぞくしゅぞうじょうまん》と言って、正法の弘通者に対して悪口《あっく》や罵詈《めり》し、危害を加えようとする在家の人達、今の北条政府のようなものである。道門増上慢とは、正法の弘通者を軽蔑し、俗衆を煽動して邪魔をしようとする心が曲がった多数のガラクタ坊主達である。そして僣聖《せんしょう》増上慢と言うのは、良観房のように生き仏のように装って尊敬されている偽善者で、正法の弘通者を誹謗し、権力者を唆《そそのか》して迫害を加えさせる者である。これらが連絡を通じて、何としても法華経の行者・日蓮は生かして鎌倉には帰さぬと言っても、こちらは諸天善神を始め二乗、菩薩、本仏を味方として必ずや鎌倉に帰ってみせるのだという、実に勇ましい信念が述べられています。そして法華経の有り難い意味を述べ、法華経はその人の心を映し、その心についての前の生も未来も映す、一切の深い事柄を映す所の鏡である。その鏡に照らせば、今の世に現れている日本の有様は斯様なものであると言って、そこに大誓願を立てられた、人はどうあろうとも、この国家と世界第一の正法たる法華経を合一して、世界の文明を開く所まで仕遂げねばならない、それには日蓮は誓って日本の柱となって、必ずやこの日本の国を倒すようなことはさせないと誓ったのです。実に遠大なる志願ではありますが、この意気なかるべからずということは、日本国民の尊き精神を代表しているものですから、日本人である以上は皆、この日蓮聖人の精神を我が精神として、我れ日本の柱とならん、我れ一人居る限りにおいては、日本の国家は倒さぬという大志願がなければなりません。そういうことを段々に書いて、しかしこの思想の戦いについては折伏《しゃくぶく》なかるべからずで、人の顔色ばかりを見ていては駄目である、正しきを正しきとして、誤りを誤りとして、正々堂々とやっていかなければならない。今日の日本人のような曖昧な態度はいかぬ、宗教の必要性を認めたならば認めたと言わなければいかぬ。そして宗教の中においても善悪があるから、どうしても善いものを選ばなければならぬ。「大いにそうだ」というのならば、もっと鮮明にやらなければならない。何やかんやと誤魔化しを述べて、誤った教えを説く者と宜しく親しむようなことではいけない、彼等の悪を除いてやるようでなければならないと説かれたのです。

そして注意すべきは、なまくらな精神や狭隘固陋《きょうあいころう》の精神があってはならない、また詰まらぬ宗派内の地位に拘《こだわ》ったり、利養のために寺に執着したりと、何か為にするところがあってはなりません。「天下の広居《こうきょ》に居り、天下の正位に立ち、天下の大道を行ふ」という公明正大な精神をもって、そして熱烈なる折伏を実行しなければなりません。法華経行者の進むべき道は、先ず道念を磨いて、そして昔の立派な人の跡を追って行くものであって、それは大きな寺を建てるというようなことではありません。それ故に日蓮聖人は、釈迦如来が人を救うために出現され、鳩摩羅什《くまらじゅう》は経典の翻訳に一生を捧げた、聖徳太子が仏法興隆のために尽くされた、天台・伝教大師等が法華経のために尽されたというようなことを挙げて、そして日蓮もこれに劣らぬようにやって見せる、故に日蓮の弟子檀那《だんな》もこれに続けよと戒め、正義の戦いには色々と困難があるけれども、如何なる時も喜びの心に生きて、如何なる迫害の中に立っても、決して失望してはならない、信仰のある者は超越的な楽天主義を取るべきであると励まされたのです。この超越的な楽天主義とは、人生の苦しい時においても南無妙法蓮華経、嬉しい時にも南無妙法蓮華経、人の悲しむべき場合においても、如何なる場合に処しても感謝と喜びを失わないということです。日蓮聖人は頸《くび》を切られようとする時においても、「これほどの悦びをば笑へかし」と言われた、そして今は佐渡島の雪の中に居るのは辛いことであるが、流罪は今生の小苦であって嘆くには足らぬ、法華経の信仰を通していけば必ず前途に光明あり、「大いに悦ばし」と結んだのが開目抄です。このように、そこに清い信仰があり、そこに正しき教えがあり、そこに絶対の標準があり、実に一切の事柄を判断する根本が示されているのが開目抄です。日蓮聖人の主義に立つ者が、自分の思想行為の判断を得よう、どうすべきであるかと思う時には、この開目抄を開いて見たならば、法華行者の歩むべき道はそこに指し示されている、我々が人生を歩むべき所の灯明台となっているのが開目抄です。この開目抄に精通した時には、御遺文全体到る所として通ぜざることはありません。今言うような活ける精神を開目抄から得ることによって、初めてそこに日蓮聖人の主義に立つ者の心眼が開かれるのです。

「儒家には三皇・五帝・三王、これらを天尊と号す。尹伊《いんい》・務成《むせい》・太公望《たいこうぼう》・老子、これらを四聖と号す。天尊頭《こうべ》をかたぶけ、万民掌《たなごころ》をあわす」

儒教は、主師親の三徳に対して道徳の行為を教えるものであり、主人に対しては忠節を、師匠に対しては恭敬を、父母に対しては孝養を尽くすことを説きます。日蓮聖人は、第一に親孝行の例として、後に舜王《しゅんおう》となる重華《ちょうか》が父を敬い、沛公《はいこう》は帝王となっても父を拝し、武王《ぶおう》は父の木像を造って戦い、丁蘭《ていらん》は母の木像を造って、常に生前の如くに給仕したことを挙げて、これらを孝の手本とします。そして、殷《いん》の紂王の悪道を諫めて頸を刎《は》ねられた比干《ひかん》、更に敵に捨てられた主君の肝を自らの腹を割いて収めた公胤のことを挙げて、これを忠の手本とします。それから、堯王《ぎょうおう》が尹伊《いんい》を、舜王は務成《むせい》を、文王は太公望を、そして孔子が老師を師としたことを挙げ、そういう偉い人でも皆お師匠様があって尊敬をしていたことを述べます。故に人間としては、主人に忠節を尽くし、父母に孝養を尽くし、師匠に恭敬を払うことが、道徳の本体であると説かれたのです。ただし、諫争《かんそう》と言って、争ってまでも主君を諫《いさ》めた比干を孝の手本として挙げているように、日蓮聖人の道徳とは、従来の日本人が考えているような盲従的なものではありません。この主師親の三徳に対する忠敬孝が、東洋の道徳において最も大切です。主師親の三徳という大恩恵者を先に置いて、その恩に報いる観念から道徳を説明するのが東洋の特色なのです。西洋の方は、互いの権利を主張し、互いの利益を主張し、その上で互いを尊重することから道徳を説明しています。しかしながら、どれ程良い話をしても、道徳の根本に自我を押し立てている限り、どうしても衝突を免れ得ないであろうと思われるのです。今日の日本でも、個人の権利、利益、尊重を強く主張するばかりに、様々な弊害が生じ衝突が起きていますが、本来の東洋の道徳は、主・師・親の三徳を大切にすることから出発していますから、そこには非常に清い平和の精神が流れていると言えます。

儒教には、三皇《さんこう》・五帝《ごてい》・三王《さんのう》を天尊として三千余巻の書物がありますが、その主張は「三玄《げん》」と言って、周公旦《しゅうこうたん》等の「有《う》の玄」、老子などの「無の玄」、そして荘子の「亦有亦無《やくうやくむ》の玄」に集約されます。「無の玄」とは、現象とは一時の現れであるという思想、その反対に「有の玄」とは、現象に重きを置いて見る方で、「亦有亦無の玄」とは、そのどちらにも偏らずに整えて見ようとする思想です。しかしながら、彼等が言うところの「玄」は、ただ奥深いというだけのことで、今のある哲学者が、宇宙の本体は不可解である、分からぬものは仕方が無いというような、少しマゴついた意味があります。それを日蓮聖人は、彼らは玄とは、黒であるとか幽であるとか言うけれども、過去世や未来世のことは少しも知らない、人間の運命であるとか、果報というようなこと、どうして人間の上には幸せがあり不幸せがあるかというようなことになると、どうもよく分からないと言われたのです。自然とか、偶然というような具合で、善い事をしている人間が若死にしたり、悪い奴が栄えたりすることがあるが、どうも分からないというようなことで、そこで運否天賦《うんぷてんぷ》だというようなことになる、犬も歩けば棒に当たるというようなことになってしまうわけです。運命だとか、諦めろというようなことで、天道を説きながら、天道の権威が不徹底で、天命だというばかりで、どうもハッキリしない。そこで孔子が晩年易を好んで八卦《はっけ》を見るというようなことで、一々天命を見ようとしましたが、これも「当たるも八卦当たらぬも八卦」というようなことになるわけです。これらの賢人・聖人とされる人々は、過去を知らず、未来を照らし見ることが出来ない。凡夫が自分の背中を見ることがなく、盲人が前を見ることが出来ないのと同じである。現在だけを知り、ただ現在において仁・義を立てて身を守り、国を安んずるという。そして、これに相違すれば一族を滅ぼし、家を亡ぼすというのである。現在に家を治め、孝を致し、堅く仁義礼智信の五常を守っていけば、同僚からも敬われ、名も国に聞こえ、国王はこれを召して優遇し、あるいは師とすることもあるであろう。しかしながら、過去も未来も知らないのであれば、父母・主君・師匠の後世を助けることは出来ない。ならば不知恩の者であって、まことの賢聖とは言えないと日蓮聖人は批判されます。哲学における真理、無限の生命といい、あるいは宇宙の大生命という、生命の問題が分からぬが故に、朝鮮半島や中国などの儒教の国では、親でも死ねば大声を出して泣く、自分だけで泣き切れなければ、泣き女のような者を頼んで大きな声で「わぁー、わぁー」と泣くだけで、泣き悲しむ所に行き詰まってしまいます。ところが仏教であれば徳を積んで、その功徳を故人に回向《えこう》し、また敬うべき人の徳を継いで、その徳を世に弘めるという報恩の精神に導かれるのです。儒教は仏教から離れないで、仏教に繋がりを持ってさえいれば、立派な教えとして存するけれども、仏教を敵とするに至っては、儒教はその価値を失うものであるということを日蓮聖人は論じられています。それ故に、孔子が「この地に賢人・聖人はいない。西方の仏陀こそが本当の聖人である」と述べて、儒教は仏教の初門、仏教の入り口であると言われたことを紹介されたのです。

「二には月氏《げっし》の外道《げどう》。三目八臂《さんもくはっぴ》の摩醯首羅天《まけいしゅらてん》・毘紐天《びちゅうてん》、この二天をば一切衆生の慈父悲母、また天尊主君と号す」

それから次には、段が変わって外道と仏教の関係を説かれます。外道というと何だか悪いもののように感じられますが、仏教を「内道《ないどう》」というが故に、仏教以外の道を指して「外道」というのであって、外道に悪魔というような意味はありません。この外道というのは、古くは釈尊が世にお出ましになる以前からあったバラモン教を主として、釈尊に前後して現れた六師外道の思想を指していますが、今日において言うならば、仏教以外の宗教哲学、即ちキリスト教でも西洋の哲学でも、そういうものは皆仏教以外のものですから外道となるでしょう。そして、その外道がどういうものかと言えば中々立派なものであって、下手な日蓮宗などがやっていることに比べれば余程に優れています。外道の中に尊い信仰は幾らもある、そういう公平な眼から日蓮聖人は外道を論じられます。外道もやはり、主師親の三徳者を大切にするものであって、摩《ま》醯首羅天《けしゅらてん》（または大自在天）と毘紐天《びちゅうてん》を、一切衆生の慈父悲母、また天尊主君とします。日本では男根を「マラ」とも言い、摩醯首羅天を略して「マラ」と言いますが、摩醯首羅天とはヒンズー教のシヴァ神のことです。それ故にヒンズー教では、男根を宇宙の一切の万物を創造する根本として、即ちシヴァ神を象徴するリンガとして崇拝するのです。毘紐天とは、太陽の遍く光り照らす働きを神格化したヴィシュヌ神のことで、宇宙の一切万物の維持者と讃《たた》えられています。バラモン教と同じく護摩《ごま》を焚く日本の真言宗が大日如来を立てて、釈迦をその化身としてしまったのは、印度のヒンズー教が釈迦をヴィシュヌ神の化身としたのと殆ど同じです。

大衆化して発展したヒンズー教の、その本来の母胎であるバラモン教には、迦毘羅《かびら》・右楼僧佉《うるそうぎゃ》・勒娑婆《ろくしゃば》という偉い人の教えとして、四韋陀《しいだ》（四ヴェーダ）と称する立派な書物があります。それは実に豊富なもので、哲学に属する事あり、そして賛美歌としては非常に立派なものがあります。そしてバラモンの人達が教えを求める真心、熱心、師匠の教えに忠実なることは実に感心である、彼らは命懸けであると、その求道心を日蓮聖人は称賛されています。釈尊が世にお出ましになった時には、バラモン教は様々に分派して九五種にも及び、自分たちの主張に互いに執着するようになっていましたが、外道のバラモン教もキリスト教も、主・師・親の三徳者に対して尊敬を払う教えであることに変わりありません。仏教がキリスト教の神を拝む考えと似ているからと言って、それを心配する人がありますが、あらゆる宗教は、この点において共通であって良いのです。日本の神ながらの道より言えば、伊勢の神様を大切にするように、あらゆる宗教は人格者を拝みます。絶対の人格者を拝むようなことはキリスト教の専売だと考えて、禅宗のように「仏が無ければ凡夫も無い」本来無一物である、仏教は無神論であって、そんな神様や仏様などは拝まないなどと考えることは、宗教の信仰というものを習い損ねた間違いです。即ち、日蓮聖人はあらゆる宗教、バラモン教でも儒教でも、皆この主師親三徳に対する尊敬を払うのが教えの本体である、ただその見方が浅くあり、あるいは誤りがあるのであって、無限の生命に対する真の主師親三徳者を発見せんとすることが宗教の目的にあると説かれたのです。然るに「そんなものを尋ねるのはキリスト教だ、こっちの方は何だか分からないが南無妙法蓮華経だ」

と言うようなことでは、とても日蓮聖人の主義が分かるものではありません。

「各々自師《じし》の義をうけて堅く執するゆへに、或《あるい》は冬寒《とうかん》に一日に三度恒河《ごうが》に浴し、或は髪をぬき、或は巌《いわお》に身を投げ、或は身を火にあぶり、或は五処《ごしょ》を焼く。これらの邪義その数をしらず」

外道の学説には、原因の中に結果が有るとする因中有果《いんちゅううか》、原因の中に結果は無いとする因中無果、そして有ると思えば有る、無いと思えば無いとする因中亦有果亦無果《やくうかやくむか》の三つがあります。そしてバラモン教の哲学的思想の発達は、儒教などの及ぶところではない、しかしながら、仏教に対すれば、真理としても浅く、修行としても拙なるものであることを日蓮聖人は明かされて行きます。外道には善い行もあるけれども、段々に弊害が起こって来て、お釈迦様は採らない苦行を盛んにし、寒い時分に河の中に裸で飛び込むとか、あるいは身を火で焼くとか、そのような邪義を貴ぶに至っている。師匠の命令ならば如何なる事でも守っていく、師を敬うことは諸天が帝釈《たいしゃく》を敬うが如く、大臣が皇帝を拝するが如くであるけれども、生死を離れてはいないから、善い師に仕えても二度三度と生まれ変わる時には悪道に墜ち、悪い師に仕えた時には次々に悪道に墜ちることになる。それ故に、外道もやはり仏教に接合されて、仏教の大思想の中に入って行くべきものである、外道も所詮は仏教に入るための教えであると言われています。儒教でも善い所を誉め、悪い所を批判し、バラモン教においてもその長短を批評して、そして仏教の中に包容してしまう、それが日蓮聖人の態度です。そうであるのに、中古より同じ日蓮門下が同志でありながら派を分けて、一致だ、勝劣だと、喧嘩することばかりが宗旨の本領のように思っている者があるのは、非常な間違いです。法華経は大海の如しとあるのに、それでは盃の如し、器の小さい者と言わねばなりません。正義を標榜《ひょうぼう》すると言っても、度量が狭いようならば、到底日蓮聖人の雄大なる精神を享受することは出来ません。さればと言って、気を大きくして、念仏でも何でも構わぬというような惚けた事になっては宗旨が立ちません。教えをよく学んで、その正すべきは正し、受け容れるべきは受け容れるという、殺活自在の妙を得て初めて日蓮聖人の主義に立つと称する事が出来るのです。

外道も煎じ詰めれば、仏教の方へ入ってくるのが一番である。これを入らずして、仏教を敵にして戦うというならば、外道は価値なき宗教として終わらなければならない。ある外道は千年経てば仏が出られるとか、百年経てば仏が出られるとか言って、仏の出現を慕われた。釈迦牟尼仏は、一面から言えば新しい仏教を開いた人とも言えるが、一方から言えば在来のバラモン教に一大改善を施した改革者である。釈尊はこの世に出でて、バラモン教の善き所は保存し、悪い所は改めて、そして更に大発揮をされたのである。故に涅槃経には、「一切世間の外道の経書は皆これ仏説にして外道の説にあらず」とあり、法華経にもそういう意味合いが説かれていることを日蓮聖人は述べています。釈尊の教えは包容的であって、決して狭い意味のものではありません。一乗の教えが仏教の本領なのですから、外道もその中に入ってくれれば良いのです。今の仏教各宗でも、やはりその通りで、真の一乗主義に入ろうと考えたならば皆入れるのです。ところが、そういう事を考えないで間違っていても間違ったままで行こうとか、間違っていると言われれば拳固を振り上げようというような固陋《ころう》な者が多いから、何時まで経っても仏教の統一も得られず、真価も発揮されないのです。それは他宗に劣らず、今の日蓮門下でも全く同じです。日本の仏教全体が、そのような有様で来たのです。彼らは今頃行く道が分からぬ云々で、大抵の者は世間の人から何も期待されなくなってしまった。期待されていないから努力もしない、期待されていないことさえも分からぬようでは、それは低能暗愚であると言うよりほかありません。

「三には大覚世尊《だいがくせそん》。これ一切衆生の大導師・大眼目《がんもく》・大橋梁《きょうりょう》・大船師《せんし》・大福田《ふくでん》等なり」

釈迦如来は一切の煩悩を断ち切り、真実の覚りを開かれた非常に偉い方である。世間の聖人、賢人というのは、前にも述べたように生命の無限から考えて、道徳的因果が分からないから釈尊に比べれば赤子のようなものである。彼らを船として生死の大海を渡ることも、彼らを橋として六道輪廻《りんね》を脱することも出来ないが、我が釈迦如来は分段変易の生死といって、人間のように生きたり死んだりすることを免れているのみならず、智慧の上において絶対の覚りを得ている方である。見惑《けんわく》・思惑《しわく》という煩悩のみならず、無明《むみょう》の根本を断ち切っている、そのような偉い仏がお説きなった一切経は、どの経と雖《いえど》も尊いことは無論である。外典・外道の聖人賢人の言ったことでも誤りがないと言われているのだから、況んや、無量劫《むりょうごう》に徳を積んで仏となって説かれた教え、一切経は悉く真実の言葉である。しかしながら、仏教は広いものであるから、その中に入っては浅深権実《ごんじつ》を見なければならない。五十余年の諸経典、八万法蔵を見れば、そこに小乗あり大乗あり、権経あり実経《じっきょう》あり、その他種々なる差別が現れている。そして仏教の判釈《はんじゃく》において最も大事なことは、権教《ごんきょう》と実教の区別、どれが方便の教えで、どれが真実の教えであるかを見分けることである。そのことを段々と心得て進んでいくと、法華経のみが完全無欠の真実の教えとなる。他の教えは善いこともあるけれども、方便が混じっているがために、注意をしなければ過ちを取るということが分かる。それ故に日蓮聖人は非常に力を入れて、法華経が真実の教えであることは実に明々白々である、天のお日様よりも明らかであり、夜の満月の如くである、仰いで信じなければならないと述べられたのです。

二、法華経の二大教義

「ただし、この経に二箇の大事あり。倶舎宗《くしゃ》・成実宗《じょうじつ》・律宗・法相宗《ほっそう》・三論宗等は名をもしらず。華厳宗と

真言宗との二宗は偸《ひそか》に盗《ぬすん》で自宗の骨目《こつもく》とせり。一念三千の法門はただ法華経の本門寿量品の文《もん》の底《そこ》にしずめたり」

二つの大きな事がある。倶舎宗などは名前も知らず、華厳宗と真言宗は「これは良い」というので、そっと盗んで自分の所の教義のようにしているが、この教えの根本は本門寿量品の文の底にこそある。後に次第に説明されますが、この二つの大事な教義とは、一念三千の法門、「二乗作仏《にじょうさぶつ》」と「久遠実成《くおんじつじょう》」のことです。「二乗作仏」とは、法華経の迹門において自利行に執着していた二乗にも未来の成仏即ち記別を授けることで「記小《きしょう》」と言い、「久遠実成」は「久成《くじょう》」と言って、法華経の本門において久遠の本仏を顕《あら》わすことです。法華経以前の経典では、当時の舎利弗目連等の二乗の人を排斥し、仏に成れないと圧迫するばかりか、女人も駄目だ、悪人も駄目だ、愚者も駄目だと、菩薩ばかりが成仏するというようなことになっていましたが、それが法華経に来たって十界皆成仏《じっかいかいじょうぶつ》道といって、二乗の成仏も許され、女人、悪人、愚者、あらゆる者の成仏が許されたのです。一切衆生悉く花咲く春に遇《あ》う所が、この法華経の思想となります。そして、この二大教義においては、殊に久遠実成が主なるものになっていくのですが、日蓮聖人は、この一念三千の法門を龍樹《りゅうじゅ》・天親《てんじん》は知っていながら拾い出さなかった、ただ我が天台《てんだい》智者のみがこれを懐いていたと述べています。「一念三千は十界互具《じっかいごぐ》よりことはじまれり」とあっても、「諸大乗経は、一代の肝心たる一念三千の大綱骨髄たる二乗作仏・久遠実成等をいまだきかずと領解せり」と日蓮聖人は明言されているのですから、この一念三千の法門の内容は即ち記小・久成の二大教義です。日蓮門下には一念三千をただ宇宙観として考えて、人身観、仏陀観に移して考えることの出来ない学者が多々いますが、開目抄には割合に宇宙観のような議論は無く、二乗作仏論と久遠実成をもって全編を貫いていく、その中に一念三千が包まれていることを知らなければなりません。

天台大師は摩訶止観《まかしかん》の第五に、仏教が中国に流布しようとする時分に、坊さんとして出家はしたが戒が守れず還俗し、世の批判を浴びては堪《たま》らないというので道教や儒教に戻り、名利のために老子荘子を誇り、仏教の教義を盗んで取り入れ、高い仏教を抑えて低い教えを揚げ、尊い教えを砕いて卑しき教えに入れ、「概して平等ならしむ」者があると述べています。この概して平等ならしむというのは、一斗《いっと》（十升）枡に盛った米などに高い所と低い所があるから、それを概《とかき》という棒で縁の高さにならすことです。即ち、高い教えである仏教で低い教えを埋め、尊い教えである仏教と卑しい教えを一緒にして掻きならして、仏教も道教・儒教も平等だとしてしまうものです。この思想は一切のことを、調和するとか、あるいは共通点を見出すとかいう言葉で語られますが、そのやり方が今言うように、高き所を削って低き所にならそうとするならば、非常に間違ったことになります。今の公立学校が、知識の平均に合わせて授業を行ったり、運動会で差を付けてはいけないと徒競走を廃止したりしていれば、日本の将来は一体どうなるでしょうか。これは仏教内部においても当然同じ事で、法華経の高い教えを抑えて、他の教えの中に盗み入れ、肩を並べて平等だというならば、仏教全体の衰退は免れ得ないのです。多数の幸福を保全する方法を講ずるということはよいとしても、それは多数の平均にならすこととは大いに違うということを認識しなければなりません。多数が承知する、あるいは反対するといっても、彼らには分かり切っている事柄と、容易に分からぬ事柄とがあります。非常に大事な、一国の風教を定めるとか、あるいは道を明らかにするとか、教えを立てるということについて、多数に手を挙げさせて、多数によってその道の優劣を決せんとするようなことは、文明を誤る所の大謬見《びゅうけん》となります。民意、民意と叫んで、大衆を扇動したり、あるいは大衆に迎合したり、そういう方法で文明を支持することは非常に危険なことです。分かり切った、誰でも知っているような事、この所はこの方向で道を作った方が良いとか、こっちの方へ溝を掘ったら良いとか、そういうことは多数決でも構いませんが、道徳や宗教の大事を、多数が悉く認めて初めて価値ありと言うようでは、混乱極まりないことです。今、日蓮聖人が道教に対して「概して平等ならしむ」ことを咎《とが》めた、この思想を私達は開目抄において了解して置かねばなりません。

「内典《ないでん》に南三《なんさん》・北七《ほくしち》の異執《いしゅう》おこりて蘭菊《らんぎく》なりしかども、陳《ちん》・隋《ずい》の智者大師にうちやぶられて、仏法ふたたび

群類をすくう」

かつて中国では江南の三家、江北の七家という学僧が現れ、仏教内で色々議論が分かれて対立し、仏教の本旨は何処にあるのか、何を拠り所とするべきなのかを失うに至っていました。その時に天台大師が出られて、法華経に基づいて仏教全体の判釈《はんじゃく》をなし、権実の区別、方便と真実ということを明らかにして、そして陳・隋の時代に仏教が統一されることとなったのです。この事を日蓮聖人は心より慕われ、そして自ら任じることも、この仏教の分裂を統一するにある、教えのためにも国民のためにも、どうしても統一をしなければならないと考えられました。今の時代においても、人々の思想は自由であるから、どういう考えが盛んになっても気にする必要はないという意見と、一国の民心はあるべく統一していかなければならないという意見が始終衝突をします。無論、人の思想は法律をもって圧迫するとか、また狭い考えを押し立てて他の思想を排斥するということは良くないことですが、円満な思想、完全な思想をもって、分裂している思想とか、あるいは低級なる思想を導いて統一を促すということは、何時の時代においても無くてはならないことです。思想は自由であるからと、何をしても良いと思うのでは、一を知って二を知らない者と言えます。例えば、国旗に尻を向け、国家を歌わないことが、果たして思想の自由と言えるでしょうか。自由であるからこそ善いものを選んで、なるべくそこに纏《まと》まりを付けていかなければならない、日蓮聖人もまた思想の自由は尊ばれるけれども、仏教においては統一を主張し、更に進んでは神道や儒教、それらとも疏通したる統一点を発見していこうとされました。それ故に天台智者大師が中国において仏教の分裂を統一せられた事績を、心から敬慕されたのです。

「善無畏《ぜんむい》三蔵・金剛智《こんごうち》三蔵、天台の一念三千の義を盗みとて自宗の肝心とし、その上に印と真言とを加て超《ちょう》過《か》の心を起こす」

ところが天台大師去って以後、再び仏教は分裂を生じ、且つ天台大師の思想を盗むような悪風が起きます。従うのと盗むのは、大きな違いです。今まで自分の主張していた思想の悪い事に気が付いても、それを公然とは捨てないで、今までの主張の中に他の思想を盗み入れて誤魔化そうとします。誤魔化しを加えるから、こうじゃない、ああじゃないと混乱を生じるようになるのです。思想のことは勇ましく戦うがよい、そして悪かったら男らしく兜《かぶと》を脱ぐがよいというのが、日蓮聖人の教えるところですが、存外今の日本には日和見の人が多い。思想の戦いが始まっても、最初の間は大抵傍観者で、どっちに付いているのか分からない。そして大体の形勢が傾いた所で、「いや私も実はそう考えていた」と言うようなわけです。それはその人一個人としては、賢明な態度であるかも知れませんが、そういう日和見が多いために、悪い思想の勢力を伝播する余地を与えてしまう、良かろうが悪かろうが勢力を得ているものには、安易に同調してしまうことになります。日蓮聖人は、そのような事を慨然として戒められる、それ故に天台大師去って以後に現れた者が、その思想を我がものとして主張することを批判されたのです。

天台大師以後に中国に広まったのは、印度から伝わった法相宗、真言宗、そして中国に起こった華厳宗でした。法相宗は玄奘《げんじょう》三蔵とその弟子の慈恩大師というような人が出て、当時相当な帰依を受けて一時勢力を得ました。法相宗は「五性各別《ごしょうかくべつ》」ということを立て、人には声聞《しょうもん》、縁覚《えんがく》、菩薩として素質が決定《けつじょう》している者、未だ決定していない者、そして仏性を有せず永久に悟れない者があるとします。その上で、声聞・縁覚の二乗に決定している者と無仏性の者は駄目だ、永遠に仏には成れないということを標榜したのです。これに対して天台大師は十界皆成仏であって、如何なる者にも悉く仏性があるという立場にあります。思想のことに注意しない人は、仏性があるとか無いとか、どっちでも良いと思うかも知れませんが、どんな者でも仏性があり、それが己の本質だということになれば、人は仏様のようにあるべきだということになって、自己の利益のみに没頭することは無い、「仏性あり」という前提は、一切の行為に影響を与えるだけでなく、また人々に希望を与えることにもなるのです。これは、国家・社会の利益を進めなければ個人の利益も全うし得ないことは明らかであるのに、個人の利益のために社会を顧みない人間が増えているような現代において、今も活きている大切な問題でありましょう。

そして、もう一つは宗教の本尊に関すること、私達が信仰を捧げる対境、仏教で言えば仏様のことです。これがハッキリして来ない限りには、仏教信仰の根拠が立ちません。宗教を信じるというのに、本尊の事などはどうでもよいと言うのは、嫁には行くが亭主などはどうでもよいと言うのと同じです。ところが天台大師の以後には、人の性については法相宗が今言うように反対を表し、華厳宗と真言宗が仏身観・本尊観において誤魔化しを言い出します。お釈迦様の智慧を太陽に譬えて、その異名を毘盧遮那仏《びるしゃなぶつ》と言っていたにもかかわらず、華厳宗は元お釈迦様であった大仏を別仏の如く言い立て、この毘盧遮那仏をお釈迦様より偉い仏だと言う。そして大日とは毘盧遮那を中国語に意訳したものであるにもかかわらず、大日如来とは宇宙の真理だ、釈迦は大日如来の分身だ、天台大師の主張したる法華経の本仏よりも更に偉い仏だと真言宗は屁理屈を言うわけです。仏陀とは、一切の智慧があり、一切の慈悲があり、一切の力があり、何の不足も無い絶対円満に達したる大人格者です。そして真理と合体して活きて働いているから如来と言うのです。お釈迦様自ら我は仏陀なり、我は如来なりと言われたにもかかわらず、ヒンズー教の如くに、釈迦如来より上があるなどということは、それは仏教を知らない者が言うことです。釈迦如来は正覚《しょうがく》を成じて、そして我は如来なりと叫んだのですから、それは天上天下唯我独尊《てんげゆいがどくそん》、絶対であるということを宣言されたものです。それを信じることにおいて初めて仏教徒であると言い得るのに、お釈迦様を良い所に連れて行って貰う何か道案内のように思っているのは大きな間違いです。真言華厳が起こって、本尊である仏様について誤魔化しを始め、法華経の一念三千の教義を盗んで自らの主張に加えて置いて、しかも法華経など詰まらないと言う、そういう不徳義なやり方が蔓延《はびこ》った場合には、思想の統一は出来ないということを日蓮聖人は痛論せられているのです。

「いうにかいなき禅宗・浄土宗におとされて、始《はじめ》は檀那《だんな》やうやくかの邪宗にうつる。結句は天台宗の碩徳《せきとく》と仰がるる人々みなおちゆきて彼の邪宗を助く」

日本でも同じように、初めは奈良朝の時代に六つの宗旨が起こって、互いに議論をしていましたが、伝教大師が出られてこの六つの宗旨の意見を打ち破り、そして日本の仏教を統一されました。この法論の席には桓武《かんむ》天皇が御臨場になっており、法相宗、華厳宗、三論宗、倶舎宗、成実宗、律宗という六つの宗旨の学者を対手にして、伝教大師は法華経に依り、天台大師の議論を本として法論を遂げられたのです。そして六宗の学者が「大いに感服しました」と帰伏状を伝教大師に奉ることとなり、そして桓武天皇は都を奈良から京都に遷《うつ》され、京都の丑寅《うしとら》の方角に叡山を立てられて王城の守護としました。この事を日蓮聖人は大いに敬慕せられています。ところがその後、伝教大師の折角成し遂げた統一の成果を打ち破るようになって来ます。叡山の末学においても伝教大師の仰った事を段々に忘れ、また他の宗旨が起こり、最初は在家の人が浄土宗となり、禅宗となったその人に勢力があるものだから、坊さんがそれに引っ張られて付いて行くようになって、次第に叡山の法華は勢力を失います。そして正法を失い、神々も勢力を失われて、国家を危うくするに至ったのです。それ故に日蓮聖人は、ここに立正安国の精神をお示しになる、比叡山の紛乱を嘆いて、天台・伝教の遺風を継いで法華経を中心として仏教の統一の大事を成就しようと決心されたのです。

「愚見《ぐけん》をもて前四十余年と後八年との相違をかんがへみるに、その相違多しといえども、まず世間の学者もゆるし、我が身にも、さもやとうちをぼうる事は二乗作仏・久遠実成なるべし」

仏教を統一するには、まず標榜するところが無ければなりません。そこで日蓮聖人は、世間の学者も許し、我が身にもこればかりは反対が出来ないと思うことが二つある、その一つは二乗作仏で、もう一つは久遠実成である、この二乗作仏と久遠実成という二大教義は、誰も反対することの出来ない法華経の特長であることを述べられます。先ず第一に法華経を見ると、二乗が悉く成仏を許されています。舎利弗は華光《けこう》如来、迦《か》葉《しょう》は光明《こうみょう》如来と、二乗の人が皆仏になることが記されています。二乗とは声聞縁覚のことで、法華経以前の経典では、我が身勝手の事ばかりを考えて、人のためを思わない、世の中のためを思わないからと嫌われて、二乗は仏には成れないことになっていました。二乗は自分のことだけしか考えていないから、永不成仏《ようふじょうぶつ》だと宣告を受けていたのです。今日の凡夫即ち一般人も、我が身勝手な思想が非常に強く現れていることを考えれば、二乗が永久に成仏できないという問題は、決して余所事《よそごと》ではありません。そこで法華経は、二乗といえども自利心だけのものではない、導けば大乗の精神に向かって慈悲の心を起こすことが出来るから一切衆生悉く仏性がある、導くに方法を以てすれば仏性は必ず顕れて成仏すると言うのです。自利心に囚われている人も、教えるに道を以てすれば仏性が目を覚まして、立派な利他の精神、人を救い、世を思う所の立派な人になって、菩薩となり、そして仏様になるということを説くのが法華経です。大乗仏教は無論のこと、東洋の倫理思想は、この利他の精神が根底をなしています。例えば親は自分が苦労しても、子供の行く末を思って勤労を惜しまない。子は親の恩に報ずるために、自分が働いて得たるものを捧げて惜しまない。この相互の利他心を本として、家庭の道徳は成り立っています。この道徳の基本は、国家と国民との関係も同じです。国は人民の幸福を願い、国民の方においても自分の都合ばかりを考えているわけにはいかない、どうしても国家の隆運《りゅううん》を思うというのが日本人一般の精神であったはずです。そのように、自分のためということよりも、利他のためにする精神が道徳の根本になければなりません。このような意味からも、法華経が二乗成仏を説いて、自利心に囚われたる人を教えて菩薩性に導き、成仏の花を開かせるという、この感化が今後も非常に大切なこととなるのです。

「いかにいわんや仏法を学せん人、知恩報恩なかるべしや。仏弟子は必ず四恩を知って、知恩報恩をほうずべし」

華厳経は立派な経であるけれども、火坑に墜ちて仏性の育たぬ二乗の者と、善根を破壊し邪見と貪愛《とんあい》の水に溺れている仏性の無い者は、どうしても救うことが出来ないと説いている。そして大集経は、声聞・縁覚の二乗は、死して再び生まれることはないから、恩を知り恩に報ずるという観念を持たない、自身の解脱ばかりに囚われて深い坑に墜ち、自らを助けることも他人を助けることもできないと説いている。外典三千余巻、即ち儒教の大切なことに孝と忠との二つがあるが、その忠はまた孝の思想から出てくるものである。忠孝の徳を比較すれば忠の方が大事であるけれども、道徳の発生の順序を論じれば親孝行から始まることを日蓮聖人は説かれています。これは、どんな人でも親の世話になったことは分かるけれども、国の保護、国の恩を受けているなどということは、少し思想が発達しなければ分からないからです。それ故に、親孝行の道徳性から始まって、それが進んで忠義の精神に行くことを述べているのです。即ち順序から言えば、孝ということが最も大事です。そこを日蓮聖人は、「孝と申すは高なり。天高けれども孝よりも高からず。また孝とは厚なり。地厚けれども孝よりは厚からず」と、極力この親孝行の徳を褒められたのです。そして、この孝行の徳を聖人・賢人が重んじているのであるから、況《いわん》んや仏法を学ぶ人が、恩を知り恩に報ずるということが無くて良いであろうかと問い掛けます。日蓮が今更新しく言うのではないが、釈迦如来の教えを奉ずる以上は、四つの大恩に報いなければならない。この四つの恩とは、家において言えば父母の恩であり、社会においては人間相互の恩であり、国家においては国王の恩であり、仏法においては三宝《さんぽう》（仏・法・僧）の恩である。仏弟子ならば、必ずこの四つの恩に報いなければならない。この日本の文明を育んできた報恩主義の道徳は、自由だとか権利だとか、自利心ばかりを拡張して様々な弊害が起こっている現代の社会に、今一度見直さなければならない大事な問題でありましょう。

「**二乗は自身は解脱と思えども、利他の行かけぬ。たとい分分《ぶんぶん》の利他ありといえども、父母等を永不成仏《ようふじょうぶつ》の道に入るれば、かへりて不知恩の者となる**」

父母の家を出て出家となるのも、必ず父母を救うためである。二乗は自分の解脱に囚われて、利他の行ないに欠けていた。父母を成仏できない道に導いているが故に、大乗経典では不知恩の者とされたが、法華経に来たって仏性あることを知り、菩薩の精神に昇って恩を報ずる行いに就けば、彼らが成仏するのは当然であって、二乗は永遠に救われぬということは無いのである。日蓮聖人は、次に翻って法華経以外の経典に、どれ程に二乗が酷く言われていたかを挙げられます。維摩経《ゆいまきょう》にはどんな罪の深い者でも救われるが、二乗ばかりは救われない、泥田に蓮華は咲くが、高原の乾いた土には蓮華は咲かない、二乗は高い人間のようだけれども、仏になろうという希望も無ければ、仏性を顕わそうという希望もないから、仏になる望みは無いと説かれている。自ら菩薩の精神を失えるが故に、救われないのである。また、方等陀羅尼経《ほうどうだらにきょう》には有名な文殊《もんじゅ》菩薩の話として、枯れた木には花は咲かない、山を流れる水が水源に帰らない、割れた石は再び元に戻らない、炒《い》った種には芽が出ないように、声聞・縁覚の二乗は仏に成れないと説かれている。そして般若経や首楞《しゅりょう》厳経《ごんきょう》という禅宗が用いる立派な経にも、二乗は菩提心を起こさないから仏には成れない、維摩経に至っては、二乗に施せば地獄・餓鬼・畜生という三悪道に堕ちるとまで説かれている。施した人が地獄に堕ちるというようなことであれば誰も供養をしない、釈迦如来は刃を用いぬまでも、言葉をもって二乗の弟子を責め殺そうとしたのではないかと思われる程であると日蓮聖人は言われます。然るに法華経に来たって、この如くに排斥せられた二乗が初めて成仏を許されるのですから、この二乗作仏の問題は、法華経と法華経以前の経との分界を立てる上で、非常に明白な事柄となります。

「爾《そ》の時に宝塔の中より大音声《だいおんじょう》を出して歎《ほ》めて言わく、善哉《ぜんざい》善哉。釈迦牟尼世尊、能《よ》く平等大慧《びょうどうだいえ》・教菩薩法《きょうぼさつぼう》・

仏所護念《ぶつしょごねん》の妙法華経を以て、大衆のために説きたもう」

この二乗も成仏するであろうということを聞いて、天魔が仏の姿をして法華経を説いているのかと疑い、釈尊の自語相違に不審を抱く聴衆の前に、大地から涌くように宝塔が出現します。その宝塔の中から多宝如来が、今釈迦如来の説き給うたことは真実である、この平等大慧の妙法蓮華経、即ち一切の者みな平等に仏性があり、平等に救われる所の尊い教えが説かれたことは誠に感服すべきことであると大音声を出して賛嘆されます。そして十方から来たった分身の諸仏も、皆広長舌《こうちょうぜつ》を出して無量の光を放ち、これに賛成を表せられたのです。この法華経に現れた多宝如来と十方の諸仏の証明は重大な問題であって、二乗の者にとってはこれほど有り難い事はありません。また、二乗について論じるということは、他の経典で非難の対象とされた女人、悪人、愚者を法華経は皆救うということですから、法華経に賛成するということは、即ち現代の自利心に陥った文明も救う道がある、如何に堕落した人間も向上すべき余地がある、悪人もまた立派な人格を養うことが出来る、如何に愚かな者も救われる道がある、各々が希望に活きて向上するということに賛成することになります。法華経は、すべての者の復活を教えているのです。それにもかかわらず、何故に法華経に反対が起こってくるのかということについて、日蓮聖人がその誤りの起こる原因を示されます。

「爾前《にぜん》の経々は多言《たごん》なり、法華経は一言《いちごん》なり。爾前の経々は多経なり、この経は一経なり。彼々の経々は多年なり、この経は八年なり」

これは法華経の一経に対して、二乗を排斥する経が圧倒的に多い、法華経は八巻だがこっちは七千巻だ、だからこっちに賛成だ、多い方に付けというようなわけで間違った方へ行くのである。多数の考えが正しいという安易な考えによって、権教方便の仏教が盛んになり、法華真実の精神が隠れてしまうのである。しかしながら、有り難いことに日蓮は仏法の方便と真実とを見分けることにおいて、非常に明らかな知識を持っている。日蓮の見るところでは、日本には沢山高僧が出たけれども、まず正しいのは伝教大師である。真に仏法の本意を得て、仏教の統一主義を取って、また日本の文明に貢献して、そして法正しく国安らかという、この鎮護国家の精神を以て文教を助けたのは伝教大師一人である。今は世が濁っているから、政治を執る鎌倉が愚かであるから、日蓮がこう申しても意見を用いないのである。賢王《けんのう》が世を治めている時には道理が勝つが、愚かな王の世では非道なことが先んじる、桓武天皇のような聖君が世に出られたならば、日蓮の議論も取り上げられたはずであろう。悲しいことに、多い方に付けという、この多数主義なるものが勢力を得るならば、永遠に仏法は方便の教えにやられてしまいます。二乗を攻撃した所が多い法華経以前の経典を、多数であるから賛成するというのであれば、二乗は永遠に仏に成れない、悪人も、女人も、愚者も仏には成れない、世の中には成仏の出来ない者が沢山になります。法華経を捨てるということは、汝ら自身が救われないことになる、それで良いのかということを日蓮聖人はここに問われているのです。

「(華厳経は)三処まで始成《しじょう》正覚《しょうがく》と名のらせ給て久遠実成《くおんじつじょう》の寿量品《じゅりょうほん》を説きかくさせ給き」

それから次には、釈迦如来の久遠実成を説いてあるか無いかという大事の問題に進みます。釈迦如来は悉《しっ》多《た》太子として生まれて、後に仏に成られて華厳経を説かれた。その華厳経は非常に立派なものではあるが、どういう訳か三カ所までも「始成正覚」と、釈尊は菩提樹の下において今度初めて正覚を成じた、即ち始めて仏に成ったと言うのである。久遠実成ということは、久遠の過去に成道された根本の如来が人類を救うがために、悉多太子として人界に御降誕されたということです。ところが華厳経に、今度始めて仏になったと説いてあるがために、この前にはもっと偉い仏があるに違いないと、そこで阿弥陀仏が出て来たり、大日如来が出て来たりと、様々な仏が出て来るようになってしまったのです。釈迦如来が久遠実成で、始めなき以前より娑婆世界を中心にして、十方世界に大活動をされている、絶対無限の本仏なりということが顕れていたならば、そういう他仏に向かう信仰は起こりません。その過ちを正すためにも、日蓮聖人の主義に立つ者は、釈尊を中心として、釈尊の御名において絶対の本仏を光顕しなければならないのです。仏教徒ならば、釈迦如来の絶対価値を認めることを前提としなければなりません。釈迦の教えなどは要らぬと向こうに回すことは、反仏教徒が仏教を破壊して別の宗教を打ち立てることに同じです。日蓮聖人は、そういうことを否定し強く警告されたのですから、日蓮聖人の主義に立つ者ならば、釈尊の恩徳を、如何なる名前の下から冒して来ようとも、悉くこれを斥けなければならないのです。

華厳経に釈尊の久遠実成が説かれなかったことは、如何に良いことが説いてあっても、珠《たま》が割れているようなもの、月に雲がかかっているようなもの、日蝕で太陽が欠けているようなものである。ましてや、阿含経・方等経・般若経・大日経など、華厳経に比べれば言うに甲斐なき小経に、華厳経に秘されたことが明らかにされることはない。阿含経には「初めて成道した」とあり、大集経には如来が成道を遂げてから始めて十六年と説き、維摩経にも菩提樹の下に魔を降《くだ》して成道を遂げたとある。大日経には昔道場に坐してと言い、仁王経には成道を遂げて二十九年とある。これらの経は皆、釈迦如来の絶対を顕さずして、今度悉多太子から始めて仏になった新仏であると説いている。そればかりではない、華厳経の唯心法界《ゆいしんほうかい》、大集経や般若経の海印三昧《かいいんざんまい》・混同無二等の哲学的に優れた法門を書き上げて、これまでの四十余年には未だ真実を顕していないと他経を批判している無量義経でさえ、菩提樹の下に端座すること六年、菩提《ぼだい》を成ずることを得たと述べている。これは不思議と思うところだが、未だ法華経の序分であるから、真実を顕さないということもあるであろう。ところが法華経の迹門に至って、多宝如来が皆是《かいぜ》真実なりと証明せられている所においても、久遠実成を秘して「我始め道場に坐し樹《き》を観じてまた経行《きょうぎょう》する」と説かれているのである。これが法華経において本迹問題の起こってくる所です。未だ釈迦如来の久遠実成を顕さざる点においては、同じ法華経といえども本門と迹門には大きな価値の違いがあると言うわけです。

「我実《われじつ》に成仏してより已来《このかた》、無量無辺百千万億那由他劫《まんのくなゆたこう》なり等云云」

法華経第十五の涌出品《ゆじゅっぽん》において、上行等の菩薩が現れた時に弥勒《みろく》菩薩が疑いを起こします。そして、この大勢の菩薩達は一体誰が教化をして、このような偉い方々となられたのかと問うた時に、釈迦如来は、この上行《じょうぎょう》等の菩薩は私が教化したのである、私が初めて発心せしめた弟子であると言われます。驚いた弥勒は、疑って更に問います。悉多太子であられた貴方が成道を遂げてから今日まで、漸《よう》く四十年しか経っておりません。その間私は貴方の傍《かたわ》らを離れたことはありません。この大勢の菩薩を何処で教化されたでしょうか。私は、この中の一人も見覚えのある者がおりません。もし貴方が十分な御説明を下されなければ、それは恰《あたか》も二十五になる若者が、百歳の老人を捉まえて俺の子であると言い、百歳の老人が二十五の若い人に向かって、お父さんと言ってお辞儀をしているのと同じことになります。その時に、この疑いを晴らさんがために釈迦如来はいよいよ寿量品を説いて、多くの者が今の釈迦牟尼仏は釈氏《しゃくし》の宮を出でて伽耶城《がやじょう》を去ること遠からず道場に坐して菩提を得たと思っているが、それは汝らのただ上辺の考えである、実には成仏してから数限りも知れない年数を経ている、久遠実成の如来であると答えられたのです。此処が、法華経の顕本《けんぽん》ということです。難しいことではありません。汝らは、釈迦はこの間に仏になったと思うから、大勢の弟子が出て来たことに驚いているが、私の本体を明かせば、始め無き以前よりの本仏であり、人々を教化するためにこの娑婆世界に現れたのである。そして今、私が遙かなる過去より教化している弟子達が、我が教化を助けるために此処に現れたのであると説かれたのです。

「華厳ないし般若・大日経等は二乗作仏を隠すのみならず、久遠実成をときかくさせ給へり。これらの経々に二つの失《とが》あり」

華厳から般若・大日経と沢山の経があるが、それらには二乗が仏になれる事と、釈迦如来の久遠実成ということが説かれていない。この二つの大きな失が、これらの経にはある。この寿量品の顕本は、仏教において一番の大事なことであるのに、その久遠実成を説かないばかりか、二乗作仏までも隠すのは一体どういうことであろうか。ここにおいて日蓮聖人は、二乗作仏と久遠実成の二つの問題から一切経の判釈を下します。

如何に華厳経が十玄六相という立派な教理を説こうとも、大日経が毘盧遮那如来の説法であると虚仮《こけ》威しを幾ら言おうとも、一番大事の二つの問題が現れていない。この仏性の事と本仏の事は、主体・客体と言って宗教の根本です。主体は我々宗教を信じる人、その本質を明らかにする事であり、そして客体は神とか仏とかいう対境の完全なる説明をすることです。この客体である本尊と主体である私達の、上から来る関係と下から行く関係が宗教となるのですから、二乗作仏と久遠実成の二つの問題が現れていなければ、仏教は宗教としての根本を失ってしまいます。二乗作仏の問題は、法華経の一念三千論であって、如何なる者にも仏性があることを論証するものですが、権経にはそれが現れていません。そして久遠実成は、釈迦如来の絶対価値を現すものですが、それも権経には説かれていません。そこで日蓮聖人は、「これらの二つの大法《だいほう》は一代の綱骨《こうこつ》・一切経の心髄なり」と言われた、この二乗作仏と久遠実成とが、一切経中一番大事な問題である、広げて言えば一切の宗教の本質であることを明言されたのです。

「いまだ発迹《ほっしゃく》顕本せざれば、まことの一念三千もあらはれず、二乗作仏も定まらず」

迹門の方便品において、この一念三千と二乗作仏が説かれたから、二つの失の中の一つが消えた訳であるが、発迹顕本せざれば、即ち寿量品において本仏が現されなかったならば、その二乗の作仏も定まったものではない。二乗作仏とか何とか言っても、上の方に本仏がなければ、本来仏性を持っていても、それを現す機会がない。二乗作仏と言っても、本仏を忘れるならば、「水中の月を見るがごとし、根なし草の波上に浮《うかべ》るに似たり」と日蓮聖人は論じています。卵はあっても、それを温める親鳥が居なかったならば、卵も終いには腐ってしまう、仏性を有していたとしても、本仏の威徳と美徳に感化されることがなければ、仏性を顕すことは出来ないのです。法華経の本門に至って寿量品に久遠実成が現れたならば、そこにおいて一切の解決が付く、総ての人が本仏との結合が出来、私達が持っている仏性は始めなき以前より本仏と関係を取っていることが分かります。私達は仏性を持っている所の子であり、釈尊は久遠の本仏であって、私達の父である。この関係は今度釈迦牟尼仏が天竺《てんじく》に出てから発生したのではありません。法華経の譬喩品《ひゆほん》に「今この三界は皆これ我が有《う》なり。その中の衆生は悉くこれ吾《わ》が子なり」とありますが、この衆生は子であるというのは、天竺に出て成道を遂げてから、そこに親子の関係が生じたのではありません。私達の魂が生まれ変わり死に変わりする無限の過去より、その根本より、本仏の釈迦如来は、私達を救わんとする大慈大悲を持たれているのです。私達がこの娑婆世界から離れることがあっても、堕落して餓鬼世界や畜生世界に堕ちようとも、私達の信じる根本の本仏は、私達の陥った所までも光を放って済度して下さります。過去を考えれば限りなき長い間、この大慈大悲の恵みを私たちは受けていた。自らは真に堕落しやすい不都合極まるものであるけれど、餓鬼界を巡り畜生界を巡っている間、そして人間界にある間も、本仏釈尊の大慈大悲に感激して進んでいたがために、今生にその機熟して正法を聞き、そして法華経の行者になることが出来たのである。人として今日の自分があるのも、自分だけの力ではない。それは自分の力もあろうけれども、本仏釈尊が何時も慈悲の恵みを垂れて下されたからこそ、どうにかこうにか、ここまで来ているのである。もし本仏釈尊から全く離れてしまったならば、今頃はもう地獄のどん底であったに違いない。このように、本仏の大悲大慈に感謝する所がなければなりません。病気を治して貰ったから有り難い、信心しても治らなければ捨ててしまうというような関係ではない。生まれ変わり死に変わりして行く過去に現在に未来に、三世《さんぜ》を貫いて本仏との関係は離れない、本仏と私たちは父子の関係である。そこが寿量品において現れている、ここに本当の一念三千の義理もあり、法華経の心髄があるのです。それ故に日蓮聖人は、この意味を十分に考えて、そして一切経を判釈すべしと教えられたのです。

「これ即ち本因本果《ほんいんほんが》の法門なり。九界《くかい》も無始の仏界《ぶっかい》に具《ぐ》し、仏界も無始の九界に備《そなわり》て、真《まこと》の十界互具・百界千如・一念三千なるべし」

寿量品に本仏が顕されることによって、真の一念三千が顕れる。諸法の実相と云い、一念三千と云い、妙法と云って、色々と天地宇宙を説明して、そこに偉大なる絶対の真理、実相があると言っても、そこに本仏が顕されることがなければ、真実の意味合いは成り立たない。本仏が無始より存在せられていること、即ち本仏の実在が認められない限りは、真の実相は了解されるものではない、即ち真の一念三千は、本仏の顕本によって定まるということを、日蓮聖人は説かれています。そのことを理解するならば、この本仏より上に存するものは一つもありません。諸仏も皆、本仏の垂迹《すいじゃく》であり枝葉であり、場合によれば仏の上に立ちそうに思われる法もまた、本仏が顕れなければ破壊されてしまうものです。本因本果とは、本仏釈尊の因行と果徳であって、寿量品の「我れ本《もと》菩薩の道を行じて成ぜし所の寿命、今猶《いまなお》いまだ尽きず、復上《またかみ》の数に倍せり」の修行を本因とし、「我れ実に成仏してよりこのかた無量無辺百千万億那由陀劫なり」を本果とします。そして日蓮聖人は観心本尊抄に、この本果の文をもって「我等が己心の釈尊、五百塵点《じんでん》、乃至、所顕の三身《さんじん》にして無始の古仏なり」と述べ、本因の文をもって「我等が己心の菩薩等なり。地涌千界《じゆせんがい》の菩薩は、己心の釈尊の眷属なり」と述べられたのです。ところが多くの者が実相とか真如とかの言葉に引っ掛かって、面倒なことをゴタゴタと言い出し、仏の上に法があると言い、迷える衆生の有している仏性を、本覚の如来などと称して仏よりも高しなどと言うようになったのです。それは大理想を以て法界全体を導いている絶対的人格者が客観的に実在すると観ることが出来ない、その大理想を抱く絶対的な人格者が私達一人一人の心に宿しているということを理解することが出来ないことによります。

そういうような事は仏教の権大乗や迹門の思想であって、法身《ほっしん》の無始無終、法身常住などというのは諸経の常談であると日蓮聖人は言われた、即ちこの法華経寿量品に釈迦牟尼仏の名において光顕されたる所の絶対の仏は、あらゆる仏の上に立つのみならず、法と一致したる所のものであって、法仏不二の本仏であるということです。その意味が現れたならば、華厳経に説く毘盧遮那という大きな仏、阿含経に現れた小さな釈迦仏、方等経、般若経、金光明経、阿弥陀経、大日経等に現れている沢山の仏様は、いずれも本仏の影であり、本仏の身を分けたる所の迹仏である、天月の水に映るが如きである。阿弥陀様が偉い、大日如来が偉いと言っても、この寿量品の本仏が現れた時には、水中の月を見るが如きものであるということを命懸けで教えたのが日蓮聖人です。そうであるのに、日蓮門下でありながら鬼子母神だ、帝釈様だと、池の中の月どころか芋の葉に映った月を拝むような信仰に落ち込んで行くようでは、とても日蓮聖人の主義を了解することは出来ません。何もそれを捨てろと言うのではないですが、根本の思想を了解することなくして、ただ題目を信じると言って、盲滅法《めくらめっぽう》にドンドコと法華の太鼓を叩いているようならば、それはとても日蓮聖人の主義に立つ態度とは言えません。法華の信者でありながら教えを聴くのが嫌いだというのならば、その態度は最早神聖なる日蓮聖人の主義に奉ずる人ではないと考えて良いでしょう。

「この寿量の仏の天月《てんげつ》しばらく影を大小の器《うつわ》にして浮べ給うを、諸宗の学者等近くは自宗に迷い、遠くは法

華経の寿量品を知らず」

「諸宗の学者等近くは自宗に迷い」と言うのは、自分の拠り所としている御経の精神さえもよく分かっていないということです。例えば大日経によって弘法大師は大日如来を崇《あが》めたと言うけれども、大日経を十分に研究してみれば、お釈迦様の向こうを張るような仏様は何処にも居ません。「大日」とは、お釈迦様の徳を誉めた言葉に過ぎません。「大日」とは毘盧遮那の中国における意訳であって、法華経の結経である「観《かん》普賢経《ふげんきょう》」に「釈迦牟尼仏を毘盧遮那遍一切処と名づけ」とあるように、お釈迦様の人を救われる智慧がお日様の光のように優れている、お釈迦様は人間の心の中の暗黒を照らす光を有しているから「大日」という異名があるのであって、それを別の仏のように言い立てた所に大きな間違いがあります。また、阿弥陀経によって浄土宗や浄土真宗を立てたわけですが、その阿弥陀経なるものをよく見れば、ただ阿弥陀様の有り難いことだけが説いてあるようであっても、直ぐにこれはお釈迦様の慈悲から説かれたことが分かるように出来ています。それは、提婆達多《だいばだった》に唆《そその》かされて父である頻婆娑羅王《びんばしゃらおう》を殺した阿闍世《あじゃせ》、その阿闍世に座敷牢に押し込められた母の韋提希夫人《いだいけぶにん》に慰安を与えるための、お釈迦様の一時の方便であったことが明白です。親不孝な息子は父を殺し、母である汝を座敷牢に閉じ込めてしまった。彼は王となって権力を振るっているが故に、今はどうすることも出来ないが、この牢の中で何時死んでも、汝は後悔の無いようにしなければならない、牢に閉じ込められたからとて力を落としてはならないと言うために、お釈迦様は阿弥陀仏と極楽浄土の話をされたのです。その哀れなる一婦人に与えた方便の教えを取って来て、お釈迦様の向こうを張って、兎《と》にも角にも「ナンマイダー、ナンマイダー」と阿弥陀仏の名前を唱えて、お釈迦様の事など振り向いてもいかぬと言い出すところに間違いが起こったのです。

「遠くは法華経の寿量品をしらず」というのは、お釈迦様に対する観念が間違っていることを述べています。釈迦如来とは天竺に現れた小さな仏である、八十歳で死なれて、その後はどうなられたかは分からないというのでは、実に粗末なことです。親が死んでも、自分が死んでも、その行き先は如何にということは、宗教の永遠の課題です。凡夫である私達でさえも、死んで消えてしまうのものではない、必ずそこに「ある意味の存在」が続くということを信じて、初めて宗教に入っているのです。その根本であるお釈迦様が涅槃せられて、それっきりパッと消えてしまうようなことならば、私達のような凡夫の人生は正にそれっきりのものとなってしまいます。釈迦如来は涅槃せぬ内から涅槃を告げられた、そのことを懇切に説明されたものに、大涅槃経という四十巻の経典があります。涅槃とは死んで消えることではない。為《な》すべき仕事が終わって、説くべき法は説き終わり、済度すべき者は悉く済度し終わって、この世に出でた用事が済んだから涅槃に入るのであって、それは丁度お日様が東の山に朝出て、日暮に西の海に入るようなものである。決してお日様が生まれたのでも無くなってしまったのでもない。東より出でて西に入るということは、お日様は東の山の向こうでも光っている、西の海の向こうでも光っている、その如くお釈迦様は永遠の光明を放って衆生を済度しているものであるということが説かれています。その釈迦如来の涅槃について、法華経寿量品の自《じ》我偈《がげ》では「方便して涅槃を現ず、而《しか》も実には滅度せず、常に此に住して法を説く。我常に此に住すれども、諸の神通力を以て、転倒の衆生をして、近しと雖《いえど》も而も見ざらしむ」と説かれた、「常住此説法《じょうじゅうしせっぽう》」「我常住《がじょうじゅう》於此《おうし》」「実在而言死《じつざいにごんし》」「実在而言滅《じつざいにごんめつ》」と、「常住」という言葉と「実在」という言葉とが行列しているのが自我偈です。釈迦如来は涅槃すると言っても滅びてしまうものではない、何時も此処《ここ》に在って私達を導き護って下さるものだけれども、煩悩の眼を以てしては、その実在を見ることが出来ないということです。顕本すれば、釈迦如来は始めも無き以前より、終わりも無き後にも、この娑婆世界のみならず、三世十方の世界に大活動を起こす所の本仏です。その本仏が身を分けて様々な活動をなされるから、天月の万水に影を宿すが如きものであると言われているのです。如何なる仏が出て来ても、それは我が釈迦如来の働きである。宝塔《ほうとう》品《ほん》の時に十方から沢山の仏を呼び寄せて、「これらは我が身を分けて活動していたものである」と説き、涌出品の時に大勢の偉い弟子が現れて来れば、「これらは我が釈迦牟尼仏が、遠い過去より教化した弟子である」と説き、あらゆる仏も、あらゆる仏の弟子も、みな此処《ここ》に現れし釈迦牟尼仏の活動に他ならない、我は本仏なりということを現したことが顕本です。その意味を弘法大師や法然・親鸞は分からずに兎《と》にも角《かく》にも宗旨を開いた、それらの宗旨の人に大日如来とは如何なるものかと問えば、「山でも川でも何でも、森羅万象はみな大日如来だ」と言い、阿弥陀如来とはどんなものかと問えば「善いことをしなくとも、悪いことをしていても、ナンマイダーと唱えさえすれば救ってくれる仏だ」と言う。法華経寿量品を以て、お釈迦様の尊い意味を説けば「飛んだことを言いやがる」と癇癪《かんしゃく》などを起こす。もう日本の仏教は何を信じているのか分からない状態にあります。そのことを日蓮聖人は慨嘆せられたのです。

「法身《ほっしん》の無始無終は説けども応身報身《おうじんほうじん》の顕本《けんぽん》は説かれず」

法華経の寿量品に尊い意味が説かれたけれども、どうも悲しいことには人間の凡情は多い方へ付いて行く。何でもぞろぞろと人が行けば、それは良いものだと思って有り難がる傾向があります。そのようなことを考えれば、多勢の人間を標準にして、高い道徳や宗教などを判断する、あるいは高い政治判断を行うのは非常に危険なことです。日蓮聖人の当時、多数の意見に従えば日蓮聖人の頸は幾つ斬っても足らない程であり、釈尊が世に出られた時にも反対する者は非常に多かったのですから、何時も多数を標準として判断するならば、人間の歴史に現れたる偉人は悉く何の仕事もせずに葬られてしまったでありましょう。故に今日の社会でも、多くの者をなびき従わせようとして民意、民意と叫ぶようなことには十分に警戒しなければなりません。多数これ神聖なりということは、一部の真理であるけれども、決して絶対の真理ではないことを認識しておく必要があります。そのことを日蓮聖人は開目抄の中で度々述べられて、法華経より前の諸経について考えれば、二乗が仏に成るということは分が悪く、法華経の涌出品・寿量品の二つを除けば、お釈迦様が絶対本仏であるということも意味がよく分からないようになっている。あらゆる経典は法身常住論と言って、何か真理のようなものが永遠に存在しているとは考えるけれども、人格があって慈悲があり智慧があり、どうかして一切衆生を救おうとする温かき精神を有している仏様が、始めなく終わりなく存在して活動しておられるという意味合いをハッキリとは説いていない。「応身」とは慈悲を現し、身を現して衆生を済度する仏であり、「報身」とは智慧を現し、そこに現れぬでも人格を有している仏です。人格のある如来であって、心というものがあって、そこに初めて智慧も慈悲も出て来るのです。一切皆有りの儘《まま》が真理であると言うならば、人が道を踏み外すことも、世の中で悲惨な出来事が起こることも、止めることは余計な事だということになります。真理は尊いと言っても冷ややかなものであって、そこに智慧といい、慈悲といい、即ち報身、応身という人格の如来が何時も働いている、そういう尊い仏の絶対を現さなければ宗教は成り立たない、この応身・報身の顕本こそが日蓮聖人の真精神を現すものです。ところが、こういう事は顕本法華宗しか余り言いません。真言宗あたりでは「釈迦の悟った真理そのものが仏様だ、それが大日如来様だ」と言い、日蓮門下においても上行所伝の南無妙法蓮華経だとか、直達正観の南無妙法蓮華経だとか、何とか面倒くさいことを言い、言わぬでもよい事ばかりを言って、肝心な本元である絶対の大人格者を十分に明らかにしません。宗教を信じるのに、絶対の人格者を忘れるようであっては何の価値もありません。日蓮聖人はこの一つに依って一切経の興廃が分かれる、寿量品無くば天に日月無きが如くであると命懸けで教えておられるのに、そんなことも分からない位の者が、屁理屈を並べては枝葉の所で争って来たのです。

「いかんが広博の爾前《にぜん》・本迹《ほんじゃく》・涅槃等の諸大乗経をば捨てて、ただ涌出・寿量の二品には付くべき」

法華経以前に広く説かれた多くの経典には方便が多い。また法華経を信じると言っても、一々の文言に引っ掛かっていては駄目である。そういうものは捨て去って、ただ涌出・寿量の二品には従えというのは難しいことであるかも知れない。難しいことかも知れないけれども、何としても付かねばならぬ。日蓮聖人が、ここまで言われているにもかかわらず、日蓮門下には頭の突っ込み所を間違えて、一番大事な涌出・寿量の二品には力を入れずして、神力品などを引いて随分と固い理屈を言っている八品派というものがあります。また日蓮正宗や創価学会に代表される興門派は、寿量品には文に表された文上《もんじょう》と、そうでない秘された文底《もんてい》があると言い、何を言い出すのかと思えば釈尊は末法には無用の存在で日蓮が本仏だなどと馬鹿げた理屈を頑《かたく》なに主張します。これは最早宗派の分裂の議論というよりは、その人の学問をする所の素養が足りないのであって、失敬ではありますが学者などではなく俗物であって、みな素人の集まりです。このように日蓮門下でさえ法華経の寿量品に徹底することを考えずして、下らぬ理屈を並べる学者が多いのですから、他の宗旨の人達に色々間違いが起こって来るのも無理がありません。

そこで日蓮聖人は、第一に法相宗、それから真言、華厳について論ぜられます。今日の法相宗は細々と存続している宗旨ですが、中国においては玄奘三蔵、慈恩大師が出て一時は非常に勢力を得て、日本でも道慈・道昭というような偉い人があって、奈良時代に南都七大寺の出来た時分には、これらの人の勢力は非常なものでした。ところが、それらの思想としては、どうしても二乗は仏にならないものである、一旦声聞なり縁覚の位に入った者は、永遠に成仏出来ないということを盛んに説きました。そして法華経や涅槃経に説いてある所の十界皆成仏道、所謂二乗作仏、女人作仏、如何なる者でも法華経の教えに依れば悉く成仏するという思想に反対をしたのです。それから華厳宗と真言宗はどういう態度に出たかと言えば、二乗作仏と久遠実成というのは良いことだけれども、何も法華経に限ったことではない、華厳経にも大日経にもそれと同じ事があると言い、その上で大日経に至っては、寿量品の本仏より更に偉い大日如来があると言って人を迷わすようになったのです。本仏の顕本は、法華経の寿量品より他に無いということは、今現に一切経を広げても頗る《すこぶ》明白なことです。天台大師は一切経を十五遍も繰り返し読んだと言われていますが、よくよく調べても久遠実成ということは法華経に限ると言われている。天台大師に次いだ大学者の妙楽大師も、本仏の顕本は寿量品に限ると言われている。然るに華厳宗、真言宗の人が出て来て、そのような誤魔化しを言うのは何故かと、日蓮聖人は憤慨せられたのです。

法華経は信じ難い上に世も末となれば、聖人・賢人も少なくなって愚者が多くなる。世間の浅いことでも間違いが多くなるのだから、況《ま》してや深い仏法のことでは尚更である。小乗と大乗、方便と真実の関係を誤解して、相当名高い人でも恥を後世に晒《さら》している者がある。況《いわ》んや今日の者は、貪瞋痴《とんじんち》の三毒を倍増させているる。現代においても、学界の通説を覆す論文を発表することが学者として有名になる早道だと考えているような節があり、また坊さんの世界でも、「実は学問の方はチョイと出来が悪かったけれども、うまいことやってこんな大きな寺の和尚になったのだから、まあ押し通してしまえ」と威張っている者がいるのですから、末法に間違った了見を起こす者は多く、正しい理解をしている者は非常に少なくなってくるわけです。それを日蓮聖人は、末法の時になれば、正法を守る者は爪上《そうじょう》の土、仏法を誤る者は十方世界の土ほど、正しい者は小石の一つか二つあるほどで、他はガンジス川の砂の如くであると釈迦如来は予言された、今は正にその通りの有様であると慨嘆されたのです。そして、そのような事であれば在家の人よりは出家の方が余計に地獄に堕ちる、在家の女性より尼さんの方が多く悪道に堕ちるであろうと説かれています。ならば日蓮聖人の主義に立つ者が仏教を信じる以上は、絶対の本仏に達せなければなりません。仏教徒であって本仏の恩恵を忘れるに至っては、これ皆日蓮聖人がいう謗法の輩となるのです。

三、法華経の六難九易《ろくなんくい》

「いわずわ今生は事なくとも、後生は必ず無間地獄に堕べし。いうならば三障四魔必ず競い起るべしと知ぬ」

そこで日蓮聖人は、この如き有様を座視するには忍びぬ、どうしても志を立てて、この紛乱せる仏教を覚醒し、そうして仏教には統一的帰着があることを教えなければならないと志を立てられます。生まれ変わり死に変わりする間には色々なことがあったが、何時もそれは一時々々に過ぎ去った。権力を得て多数の者を靡《なび》かせたこともあったが、大した善いこともせず、権力を失うと同時に自分は滅びてしまったに違いない。あるいは仏道の修行に入っても、途中にして退く心が出来て、やり損なったことも度々あったであろう。思い返せばこの永き始めもなき以前より我が生命は存続しつつ、幾千遍幾億万遍生まれ変わったか分からないが、今なお人間に来て煩悩多くして迷っているというのでは、また生まれ変わっても限りなき迷いの道を巡るだけである。ここは一つ、何が一番大事なことなのかを心を落ち着けて考えなければならない。法華経に照らして見れば、釈尊との久遠の師弟関係を忘れ、五百塵点という始め無き過去に釈尊から仏種を受けながら、途中で退転してしまったから今に至っているのかも知れない。仏教を学んで戒定慧の三学がどうだとか、座禅はこう組むのだとか、木魚の叩き方はこうだとか、そんなことを講釈して上手くなったとしても、仏教徒として絶対の信仰を捧げるべき本尊、本仏を信じる一時を失脚するようでは全く話になりません。ところが見渡す限り、小さな善い事と悪い事については、あれこれと言うけれども、一番善い所の大事に至っては、多くはこれを忘れているかの如き有様です。日蓮は排他的だ、法華の坊主は激しいことを言うと嘲《あざけ》る人もいますが、仏祖であるお釈迦様を侮辱する者が出た時には、命を捨ててもその大逆罪を責めるのは筋でありましょう。その大義名分を忘れてしまって、まあ善かれ悪かれ問題は起こさないことに越したことはないと気取り、勢力のある者の前では頭を下げているのが日本の宗教家の代表ならば、いよいよ一大事が起こった時には何の役にも立ちません。だからこそ日蓮聖人は、どうしてもこの寿量品に顕本せられたる釈迦牟尼の名において、絶対本仏の光を顕さなければならないと絶叫されたのです。

浄土教の中国は道綽、善導、そして日本の法然は法華経を強く褒めながら、法華経は末法の劣った人間には理解できない、未だ誰も得道した者はいない、念仏以外の修行をする者は千人に一人として往生しないと偉ぶるものだから、人々はみな権経の教えに墜ちてしまった。いや権経よりも小乗経の、小乗経よりも仏教に及ばぬ外道に、しいては悪道に墜ちてしまったのである。日本国でこのことを知っているのは日蓮一人だけである。ただし、これを言い出せば必ず反対が起こるであろう。そうして目に見えない悪魔までも反対者に与して、国王の難が迫害として必ず現れて来る。あるいは自分の父母兄弟や師匠が反対するとか、退っ引《のぴ》きならぬような所から「まぁまぁ、そんな事は言うな、後ろへ寄っておれ」と言われ、正義のために奮闘しようとすれば、必ずこれを抑制する者が起こって来るのです。迫害や困難を恐れて何もしないことになれば、それはそれで無事の生活は出来るかも知れませんが、それは国家から言えば、国家の危機を見逃したる不忠の者となり、教えから見たならば、教えが混乱しているにもかかわらずに護法の本分を忘れた者となります。それ故に日蓮聖人は、今これを言わなければ、命が終わったならば必ず無間地獄に墜ちてしまう、人の命は僅かに三十年か五十年であるが、その間の平凡な生活を貪るがよいか、如何なる迫害に遭うにも、永遠の栄に就くがよいかということを、心静かに考えなければならないと思いを巡らせたのです。そして京都から帰ると三七日の間虚空蔵堂《こくうぞうどう》に参籠《さんろう》し、この身は粉砕されようとも正義を貫くという決心を鍛錬され、時を計って建長五年四月二十八日、東天に向かって南無妙法蓮華経と唱え出されました。言うか、言うまいか、言わなければ今生は事なしと雖《いえど》も、未来は無間地獄に疑いない。もし、これを言い出すならば、様々なる所の迫害が現れてくるが、法華経の見宝塔品に「六難九易」と、須弥山《しゅみせん》を他の仏土に投げることが出来ても、枯れ草を荷って大火の中に入ることが出来ても、法華経のために尽くすことは難しいと説かれている。ならば、如何なる事が起ころうとも「本より存知の旨」である。この覚悟が実に立派なのです。こういう思想は、自分の利益とか、自我というようなものに執着していては出て来ません。どうにかして本仏の恩に報じたい、大義名分を明らかにしたいという東洋一流の道徳観念の結果として現れてくるものです。その上で日蓮聖人は、今度こそは強盛の菩提心を起こして、如何なる事があっても退転はしないと声を大にして誓われたのです。

「王難すでに二度にをよぶ。今度はすでに我が身命に及ぶ」

ただし法華経の行者の受けるべき迫害は容易なことではない。果たせるかな、そのことを言い出してから、この開目抄を書くに至るまでの約二十年に現れたる法難は、小難数知らず、大難四度に及ぶ。その大難の中においても二度は、逃げることもどうすることも出来ない王難であり、一度目は伊豆、二度目は龍《たつ》ノ口の刑場から引き続く佐渡島への流罪でした。もう二つというのは、小松原の襲撃と松葉ケ谷《まつばがやつ》の焼き討ちです。小松原の法難では、東条景信が三十人ばかりの部下を引き連れて、日蓮聖人を待ち伏せして斬り付け、弟子の一人が即死。松葉ケ谷の法難は、幕府の役人が裏から尻を押して、大勢の暴徒が日蓮聖人の草庵に押寄せて、火を放ち焼き殺そうと計ったものです。この松葉ケ谷の焼き討ちと伊豆の流罪、そして小松原の襲撃、龍ノ口および佐渡と併せて、これを四度の大難と言います。その中で焼き討ちと襲撃の二つは、何とか逃げることも出来ましたが、伊豆の流罪と龍ノ口及び佐渡の流罪は、幕府の権力ある者が行っている迫害ですから、逃げ隠れが出来るものではありません。佐渡島も表向きは流罪であるけれども、我が身命を断とうとする考えであって、弟子も牢に入れられ、信者も領分を取られ、様々なる迫害に遭っている。しかし法華経を開いて見れば、様々なところに法華経の行者は斯く斯くの難を受けると説いてある。天台大師も妙楽大師も、その当時は怨まれ嫉まれた。天台の末学である智度法師は、何故に法華にそういう反対が多いかと言えば、「良薬は口に苦し」で、法華経は立派な教えであるが、小乗に固執することを叱り、二乗の成仏を否定する大乗を斥け、天魔を毒虫と言い、外道を悪鬼に譬え、法華経を聞かない菩薩を新発意《しんぼっち》の小僧のように言うから、天魔は憎み、外道は嫌い、二乗は怪しみ、菩薩は怯《ひる》むのだと述べている。譬えてみれば、子供に灸を据えれば、子は母を怨むように、また病人に本当の良い薬を与えれば、苦いと文句を言うようなものである。末法の世では真の正義は受け容れられず、ただ歓心を買うような方便さえ言っておけば喜んで迎えられ、国家のためには大義名分を主張し、仏教のためには本仏顕本を主張するならば、色々な所がこれに難を加えて来ることは無理からぬ事です。しかしながら、この正邪を見分けるのが、政治を執る者の考えるべき事なのです。

天台大師にも多くの反対があったが、陳や隋の王が賛成されて是非を明らかにしたので、敵対するガラクタ坊主はいなくなって法華経は弘まった。伝教大師にも、南都六宗の偉い坊主が集まって反対したが、桓武天皇がお捌《さば》きになって比叡山が建ったのである。正義を主張する者は身に寸鉄も帯びず、何らの権力も持たず、ただ思想を以て戦っているのですから、この思想家が正義を唱える時には、それを助ける所の者は正邪を聞き分けて、そして正義の人に付かねばならないということを、日蓮聖人は極力論じています。今日の言論の自由、思想の自由というのも、それぞれ自分の好き勝手にして構わないということではなく、議論の中身をよく聞き分けて、そして判断するということが目的なのですから、ただ勢力のある方に付いたり、多数に付いたりするのではなく、一人の言う事といえども正義に従うということを心掛けなければなりません。一方の話だけを都合良く鵜呑《うの》みにして、感情的にワーワーと大勢に付いて行くというような頭では甚だ危険なことになります。また、正義を主張する者ありといえども、その主張の何たるを聞き分けることをせず、「偉そうなことを言うな、大きな事を言うな」と叩き込んでしまう、暴力を以て圧迫し、頸の座に据える、流し者にするというのであれば、これ正に国が亡びんとする前兆であると言えます。いやしくも国の興《おこ》る時には、正義は一人が唱えても、それに反響が起こらなければならない。ただ雑然として騒いで、少しも耳を傾けないということであれば、その国危うしと言わなければならぬ、実に慨嘆に堪えないことであると仰せられて、そこに日蓮聖人は自分の決心を言明されたのです。

「還《かえ》ってこの事を計りみれば我が身の法華経の行者にあらざるか。また諸天善神等のこの国をすてて去り給

へるか」

智慧の方から言ったならば、天台大師・伝教大師には及ばないかも知れないが、如何なる迫害に遭おうとも、頸の座に据えられようとも、流し者に遭おうとも、身命を犠牲にして正義を主張する、この慈悲心においては誰にも引けを取らないと日蓮聖人は言われています。日蓮聖人が身命を惜しまずして仏教を統一する誓いを立てられたのは、自分の利益のためとか、あるいは名誉のためにというようなことから出発したのではありません。一切衆生のため、国家のために、法華経の本意、仏教の本意を明らかにするのは慈悲の心を本に出発したものである、だからこそ如何なる法難が起ころうとも堪え忍ぶことが出来ると言われています。この点は天台大師・伝教大師にも劣らぬはずである。幸いに賢主の世にお生まれになったため、天台大師は中国において仏教の統一を遂げ、伝教大師は我が国において南都の仏教を統一することが出来た。ところが、時利あらずして、鎌倉幕府の人達が法の邪正を見分けるだけの考えもなく、また我が国の大義名分を考えることもしないがために、日蓮の志は報いられずして却って迫害を受け、今や佐渡島に流され、この島の土となるかも分からぬような窮迫せる状態にある。日蓮が法華経の行者であるならば、諸天善神もお守りなさるべきであるのに、却って色々の難に遭うというのは、これは日蓮が法華経の行者ではないのであろうか、それとも日蓮は法華経の行者であるけれども、諸天善神がこの国を振り捨てて留守になっているのであろうか。

このように日蓮聖人は、段々と疑を強くして設けられていきますが、これは大事な事柄であるがために、敢《あ》えて疑を設け、反対の議論を書き、次第にその疑を断って、確信を深くするという順序に進んでいくためです。この迫害といい法難というのは、諸天善神が守らないがためではない、日蓮が法華経の行者にあらざるがためでもない。むしろ頚の座に坐らせられたこと、流し者にされたこと、迫害を通して法華経の予言をその身に証明することによって、日蓮が上行菩薩の再身であることが分かって来る、法華経の金言は皆確実なることが証明されるというわけです。

「経に云、有諸無智人悪口罵詈《うしょむちにんあっくめり》等、加刀杖瓦石《かとうじょうがしゃく》等。今の世を見るに、日蓮より外の諸僧、たれの人か法華経につけて諸人に悪口罵詈せられ、刀杖等を加る者ある。日蓮なくばこの一偈の未来記は妄語となりぬ」

法華経の第五巻、勧持品の所に二十行の偈がある。これは迹化の菩薩が述べたものだが、末代に法華の行者が現れた時に、その身に受ける迫害の有様が詳細に述べられている。即ち、この二十行の偈は、法華行者が身に受ける法難を予言した経文である。それには色々な事があるが、三類の怨敵と言って、まずは無知曖昧なる一般世俗の者の反対、あるいは政治家の反対、在家の人の反対がある。それから二つには一般の僧侶、思想家の反対、第三は非常に立派に見える生き如来のような人の反対であって、これらの三つの者が反対をし、そして政権を握っている者に讒言《ざんげん》をして、法華経の行者を流し者にするのである。それも一度ではない、「数々擯出《しばしば》せられん」と書かれてある。悪口罵詈せられ、刀杖瓦石を加えられるようなことは今までも沢山あったが、この度々流されるという「数々」の二字が身読されてなければ話にならない。この二字は、天台大師も伝教大師も身に読んでおられない。事実法華経のために度々流されなければ、「数々」というのは嘘になってしまう。経文が嘘になれば、釈迦如来が妄語の人となってしまうのである。「ただ日蓮一人これをよめり」、佐渡島に流されるのは、一面から見れば誠にお気の毒なことでありますが、日蓮聖人の考えから言えば「法華経の行者であることに疑う余地はない」との喜びであったわけです。ところが大抵の者は法華経を読むと言っても、それは口で読んでいるだけで、数々どころか、一度も半分も法華経のために迫害を受けることはありません。受けることがないのみならず、そういうことを言われれば、益々歯ぎしりを噛んで「忌々《いまいま》しい」というようなことで、かえって法華経の行者を迫害するという実に滑稽なことになっているのです。

例えば仏滅後百年の後、阿育《あいく》大王が出られて仏法を大いに興すことが付法蔵経《ふほうぞう》に予言され、摩耶《まや》経という経には竜樹菩薩が六百年後に出でると説かれてある。その他にも沢山のことが、仏の予言された通りに事実に現れているから、今日まで仏法が世の中に栄えてきたのである。羅什訳の妙法蓮華経、法護《ほうご》訳の正法華経ともに、末法には法華経の行者に三類の怨敵が起こるということが説いてあるが、もし日蓮が世に出でずして、法華経のためにかくの如き法難を受けなかったならば、この正法華経、妙法蓮華経に説かれているところの仏の未来記は反古《ほご》になってしまうのであろう。幸いに日蓮が出でてこの予言を身に実行した、不束な者であるけれども、これによって法華経の経説を証拠立てることを得たことは、如何にも嬉しいことである。これは日蓮聖人が、法華経を身に読んだからと威張っているのではありません。ところが後世の日蓮門下には、この開目抄によって日蓮が本仏だというような大馬鹿者が出て、そして今日ではそういう者達が非常に大きな勢力を持ち、日蓮聖人の思想が大変に誤解されています。日蓮聖人がそのようなことを聞いたならば、非常に情けなく考えられるどころか、怒り飛ばすことは間違いありません。少し日蓮聖人が自分の偉いことを述べられると、「そうれ、だから日蓮大聖人が釈迦より偉い」というようなことを考えるのは、非常に悪い病気です。日蓮聖人は本仏・釈迦如来に絶対の尊敬を持っているからこそ、そこに命を捨てても進む力が養われたのです。それが了解できぬようなことで、どうして日蓮聖人が北条に対して大義名分を説かれた真意が会得できましょうか。日蓮聖人が釈迦の権威を侵さんとするような者ならば、北条に対してその悪逆無道を責めることなどはあり得ません。そんな事も分からぬ者達が、どうして日本人の思想を善導することが出来ましょうか。ここは、余程明白に考えて置かねばなりません。そういう非道な思想を放置していてはいけません。曲がりなりにも日蓮の看板を掲げて供養を受けている坊主が、そんなことには関わりたくないと、万人受けしそうなことを言って誤魔化しているだけでは駄目なのです。

「当世法華の三類の強敵《ごうてき》なくば誰か仏説を信受せん。日蓮なくば誰をか法華経の行者として仏語をたすけん」

南都の七大寺の僧侶は、自分達の宗旨を守らんと法華経に反対しましたが、公場の対決において「積年の疑い渙然《かんぜん》として解けた、伝教大師によって、法華経によって、今までの疑点は悉く解決が付きました」と遂には帰服して起請文《きしょうもん》を出しています。ところが鎌倉時代における禅宗や念仏宗などは法華の悪口を言うばかりか、日蓮聖人を流し者にしようと企て、起請文どころか讒言状を幕府に持って出ました。伝教大師が一度仏教の統一を遂げられて、延暦寺という立派な寺が建って、法華経中心の仏教が日本に行われたにもかかわらず、横道に逸《そ》れては阿弥陀経や楞伽《りょうが》経のようなものに傾き、そして一切経最第一の法華経を圧迫せんとするのですから、彼らが何と言い訳をしても、今の勧持品に説いてある三類の怨敵であることは逃れようがありません。その上で、法難に遭うことは確かに日蓮が法華経の行者たるを証明することである、「御勘気を蒙《かほ》れば、いよいよ悦びを増すべし」と言われた。例えれば菩薩が、親が地獄に堕ちている時分には、敢えて地獄に行く悪業を犯して、そして親の身代わりになって苦を受けることを悦びとするのと同じである、そう述べられたのです。

「この疑《うたがい》はこの書の肝心、一期の大事なれば、処々にこれをかく上、疑を強くして答《こたえ》をかまうべし」

しかしながら、佐渡島の雪の中、風の吹き通す一間四面の荒《あば》ら屋で、食もなく布団も無く火鉢も無く、夜通しその中に居た時には、この法難には堪えられるかどうかは疑問であると、そう思いやられたに違いありません。しかしながら、その非常に辛労艱苦《しんろうかんく》の中において、日蓮聖人は蓑《みの》を着て、吹き込む雪が身に積もるのを防いで、信仰の威力を発揮されたのです。これによって自分も仏様に成れる、人も仏にすることが出来る、日本の国のためにもなる、一身を犠牲として、そこから大きなものが生まれて来ることを考えれば、たとえ身体が冷え凍えて息の根が止まろうとも、悦びであると仰せられた。自ら身命を惜しまずして、ただ無上道を惜しむ、命は仏の道に捧げたということは、夜も昼も日蓮聖人の心より去ることはありません。そして、もう自分は何時死ぬか分からない、せめて息が通っている間に書き留めて置かねばならぬと、日蓮聖人は急いで筆を執られて、この開目抄を書かれたのです。確実に身命を法に捧げているという精神が、その日蓮聖人の大決心が、筆の先によって一字一字に染められて行ったものが、この開目抄です。そういう強い決心であるけれども、世間も疑い、自身も疑いを持つように、諸天善神が法華経の行者を必ず守ると誓いを立てられているにもかかわらず、今日蓮が迫害を受けていながら、その御守護が無いのは、我が身が法華経の行者ではないのかも知れない。もし日蓮が法華の行者に非ず、上行の再身に非ず、勝手に法螺《ほら》を吹いているということになれば万事休すことになる。そこで、どうしても日蓮が法華経の行者である無いか、上行の再身であるか無いかということを四方八方に論究していくことが、この開目抄の大事であると仰せられたのです。

「畜生すらなお恩をほうず。いかにいわんや大聖《だいしょう》をや」

中国に季札《きさつ》という人がいた。季札が他国に使者として行く時に徐《じょ》という国を通った。その時に、朋友でもあった徐の国の君主は、季札の帯している剣を欲しそうに見ていた。それは節刀といって、王から使わされる時に与えられる立派な剣である。季札は口には出さなかったが、用が済んで帰る時には、徐君にその剣を贈ろうと思っていた。ところが、帰り掛けに徐の国に来てみると、人生無常で彼は既に死んでいた。そこで季札は徐君の墓を訪ね、そして心に約束した通りに、その剣を墓に懸け去ったのである。また弘演《こうえん》という人は、使者として外国に出掛けている間に、主君が夷狄《いてき》に攻められて殺され、その肝だけが捨てられているのを見ると、自らの腹を割いてその中に入れたという。これらは賢者が恩に報ずる例えである。舎利弗・迦葉等の所謂二乗の大聖が法華経によって受けた恩は広大なるものである。彼等は他の大乗経典に嫌われて永久に救われない者であったが、法華経によって救われた、法華経によって成仏を許されたのである。その彼等が法華経の恩を忘れて、法華の行者を守らぬということであれば、彼らは賢人に劣るどころか、不知恩の畜生となってしまうであろう。毛宝《もうほう》という将軍が若い時に、囚われていた白亀を助けて河に放してやった。その時に銭入れが無かったため、上着を脱いで亀を買ったが故に、その事を「襖《あお》の恩」という。後年戦争があって戦い利あらずして、毛宝が河を渡って城から逃げようとすると、成長したその白亀が現れて、彼を背中に乗せて向こう岸に渡したという。昆明池《こんめいち》は、漢の武帝が水軍の訓練をするために作った広大な池である。ある夜、武帝は唇に大きな釣り針が引っかかって苦しむ大魚の夢を見た。翌日、武帝がその魚を池に見つけて針を除き助けてやると、その恩に報いるために、ある夜中に光を放つ明珠《みょうじゅ》を捧げたという。畜生すら恩を報じるのに、まして声聞の大聖と言われるような方が、恩を報じない訳がない。彼らは肉眼では見ることの出来ない天眼《てんげん》通を得ており、法華経に来たって覚りを開き、そして法眼《ほうげん》・仏眼《ぶつげん》悉く具わって、十方世界を見渡すことの出来る方々である。今ここに法華の行者が現れて、兎《と》に角《かく》迫害を受けている、頸の座に坐らされ、佐渡島の雪の中、寒風に曝《さら》されている、この日蓮の有様をご存じないはずがない。

ここが日蓮の主義に立つ者の真骨頂です。「畜生すら」と言えば、仏教徒は無論この道徳に活きて、知恩報恩の行為をしなければなりません。教主釈尊の仏恩に背かないことは当然のこと、大事に育ててくれた親には孝行をしなければならない、国に忠義も尽くさなければならないのです。そうであるのに、坊主になったら責任解除で、孝行も忠義も要らないと山に入って、天下の興廃存亡など何処吹く風であるのならば、それは出来損ないの坊主と言えます。仏教を誤り、国家を誤らせ、道徳の観念に欠け、人類に対して害毒を流す者があれば、日蓮聖人はこれを厳しく批判された。日蓮聖人の主義に立つ坊さんは、この所をよくよく考えなければなりません。それが無ければ、立正安国論も起こらず、日蓮聖人の身に迫害も起こっては来なかったのです。異体同心《いたいどうしん》ということが言われますが、何をもって心を一つとするのか。度々酒を飲んで仲良くするというならば、それは単なる酒飲み仲間であって法華の異体同心ではありません。今でも坊さんは酒でも飲めば仲良くなるというので　随分そういう事を色々とやりますが、いよいよ大事なことになると「いや〜、それは御免蒙《こうむ》ります」と言って大抵は逃げてしまいます。何遍やっても、飯を食ったり酒を飲んだりする時だけ仲が良いのでは何の役にも立ちません。これは坊さんの話だけではありません。法華の信者であるならば、法華経について自分の信仰は誤ってはいないか、法華経の大事な教えに背いてはいないか、その精神を失ってはいないかという反省力をもって、道を中心にして集まって来なければなりません。寺の宗旨が違うから、いや坊主が違うからなどと言う話ではありません。寺が中心でもなければ坊主が中心でもないのです。法華行者であるならば法華経の教えを中心にして、この偉大なる道のために尽くして、この道を通して国家に貢献し、一切衆生を救い、すべての願望を、この法を通して実現しようという大精神において一致して進んでいかなければなりません。それがどうかと言うと、今は屋根の瓦を替えるとか、畳が破れただとか、そういう時には寄付もするけれども、その寺が存在している根本の教えのためには、少しも金を出さないという実に情けない有様にあります。坊さんは坊さんで、物の本末軽重が分からず、小さな事で一寸衝突すれば、直ぐに違った者のようになってバラバラになる。大義名分も分からぬ、統一する根本の精神もないというのであれば、決して力を合わせることは出来ません。偉大なる道を掲げて、この道に向かうべしということになって、始めてそこに人間の光が現れてくるのです。自分の小さい考えを打ち立ててゴチャゴチャ言うくらいならば、日蓮の主義に立つという看板は外さなければなりません。そういう小さな考えは捨てて、護法の観念に入って、道のために一致して進まなければならない、諸天善神といい大聖といい、みな人の心の中にあって働くことを考えねばならない、そのことを日蓮聖人は今説いているわけです。

「たとい日蓮悪人にて一言二言、一年二年、一劫二劫、ないし百千万億劫これらの声聞を悪口罵詈し奉り、刀杖を加えまいらする色なりとも、法華経をだにも信仰したる行者ならばすて給うべからず」

たとえ日蓮が悪人であって、百千万億劫の長い間、これらの声聞の人々を悪口罵詈するのみならず、刀を以て頸を斬ろうとした者であっても、日蓮が法華経のために尽くし、また声聞の人々も法華経の恩に報いると誓われたのであるから、そのようなことは全て打ち忘れて、今はお守りくださるべきではないのか。例えば、幼児が親の頭を叩いても親は決してそれをもって怨みとはしない、それは慈愛があるが故である。それ人間ばかりではない。梟《ふくろう》は大きくなると母親を食べてしまうと言うが、それでも親鳥は可愛がり、自分が育てたその子に食われても怨みとしない。また破鏡《はけい》という獣も、大きくなると父親を食い殺してしまうが、それでも父親は抵抗をしないのである。畜生でさえも、慈愛のためには、己に敵を為す者であっても、これを保護しているのである。ましてや法華経の行者を守ると言った声聞の大聖が、法華経の行者を見捨てるということがあろうか。彼等二乗の人達が受けた法華経の恩は非常なことのはずである。信解品では、四人の偉大な声聞が、自分達は法華経を得て真に供養を受けるに値する者となった、仏様になることも許された、如何に心を尽くして無量億劫の間に供養を捧げても、けっしてこの大恩に報ずることは出来ないと述べている。仏像のお釈迦様に御馳走《ごちそう》を上げると言っても、実際には召し上がらない。ならば、法のために尽くす、法華経のために尽くすには、どうしたら良いだろうか、この教えを後代に伝道していく末代の法華行者を保護することこそが、法の恩に報い、仏の恩に報いる唯一の方法であるのは極まっていることではないのか。これは、法華経によって救われた二乗の人達にだけに問うているのではありません。法華経の恩を受けて過ごさんとするすべての弟子檀那、釈尊の恩を受けているすべての仏教徒に問い掛けていると考えるべきものです。

「されば事の心を案ずるに、四十余年の経々のみ説かれて、法華八箇年の所説なくて、御入滅ならせ給いたらましかば、誰の人かこれらの尊者をば供養し奉るべき。現身に餓鬼道にこそをはすべけれ」

法華経より前には、利他を説く大乗から声聞が非常な排斥を受けた、その排斥の有様を日蓮聖人は詳細に書かれています。その中の一つとして、次のようなことが述べられています。彼の大声聞は、本は婆羅門《ばらもん》教《きょう》の最上位である司祭階級の出であり、大勢の弟子を抱えた大学者であったり、高貴な人や富裕な人であったりした。然るに如来の教えを聞いて感心し、様々な迫害があるにもかかわらず、その身分を捨てて糞掃衣《ふんぞうえ》を身にまとい、仏の教えに帰依したのである。ところが、自己の解脱のみにとらわれた独善主義に陥っているという非難を受けて、「お前達のような者は駄目だ、割れた石が元通りになろうとも、お前達は仏には成れぬ」と散々に排斥されることとなった。維摩経には、彼等に供養を施す者は三悪道、即ち地獄界・餓鬼界・畜生界に堕ちるとまで説かれている。誰にでも施すことは結構なことであるが、二乗だけには施すなと言われたのである。この二乗とは、個人の意義と価値を重視し、その権利と自由を尊重することを主張する今の個人主義のようなものですが、ややもすると社会や他人のことは考慮せずに、自分の利益のみを追求する利己主義となってしまう恐れがあります。それは日蓮聖人が批判していた、鎌倉幕府が勢力を得れば、今まで京都で皇室の宝祚《ほうそ》万歳を祈っていた坊主が、鎌倉に行って幕府の武運長久を祈っていたのと同じです。二乗は自己の解脱のみにとらわれて他を顧みることがない、大乗の維摩経などは、そういう利己的な者の鼻を折る働きをしたわけです。ところが法華経は二乗に仏性があることを認め、その価値を尊重することによって仏教を統一していきます。この法華経の思想は、全体の幸福のために奉仕し、そこに個人の利益も得られるとする東洋の全体主義的な思想と、個人の権利と自由を尊重し、個人の利益を優先する西洋の個人主義的な思想を対立させることがありません。敗戦によって日本国憲法は、西洋の個人主義によって根本から書き換えられましたが、その今の混乱を埋める思想でもあるわけです。この法華経の観念をもってすれば、即ちそこに永遠の文明が開くことも出来るのです。

法華経において声聞等二乗の成仏を許されたことは、彼の人々にとっては非常な悦びだったはずである。四十数年間の経典のみで、法華経を説かれずに入滅されたとしたならば、二乗は生きながら餓鬼道に堕ちる外はなかった。その彼等を排斥していた法華経以前の諸経典を、春の陽光が氷を融かすように、葉末《はずえ》の露を大風が吹き払うように、未顕真実《みけんしんじつ》と一言で打ち消したのである。それは大風が黒雲を巻き散らし、天空に満月が、青空に日輪が輝くが如くであり、まさに真実を説くと言うように、舎利弗は華光如来、迦葉は光明如来と、釈尊は次々に成仏の保証を与えられた。そうして彼等は、釈尊が入滅した後も仏の如くに仰がれたのであるから、今ここに法華経の行者が法難を受けていれば、彼の聖者は大火の中、大石の中を通り抜けてでも助けに現れるべきはずである。迦葉尊者は釈迦如来の御袈裟《けさ》を頂いて、後に弥勒菩薩が出られる時に、その袈裟を伝えるために鶏足山《けいそくさん》で深い禅定に入ったと言われている。勿論、袈裟を後の仏に伝えることも大事であるが、しかし法華経の行者が法難に遭っているのを見ても、知らん顔をしているというのは如何にも不審である。今日蓮が法華経の行者にならざるが故にお守りなさらないのであるか。却って法華経を斥けている人達、教外別伝と称して法華経などは反古《ほご》同様だと言う者、あるいは聖道門は難行だ、法華経など「閉じよ、投げ捨てよ」と言う者をお守りになるというのであろうか。法華経は諸経第一の妙典である、法華経でなければならないと主張して日蓮は法難に遭っているのであれば、如何に考えても法華行者のように思われる。未だお日様もお月様も天に出ておられる、海の潮も日々干満している、春夏秋冬も必ずやって来る。そうであるのに、何故に法華の行者に対して守るという約束が反故《ほご》になったのであろうか、大いなる疑いは募るばかりである。斯くの如く、日蓮聖人は二乗が法華の行者を守るべき所以《ゆえん》を論じ詰められ、更に進んで菩薩、諸天善神もまた法華経の行者を守るべきであることを論じていかれます。

四、一念三千の法門

「法華経方便品の略開三顕一の時、仏《ほとけ》略して一念三千心中の本懐を宣べ給う」

法華経以前の経典では、菩薩達も釈尊の御恩の深さが本当に分かっているとは言えない。華厳経は、相当に立派な教えではあったけれども、それは釈尊が成道されて未だ教えを説いていない時に、法慧菩薩や功徳林菩薩というような菩薩達が十方の世界から集まって来て、そうして説法したものとされている。故に華厳経は釈迦の説法というよりは菩薩の説法である。この華厳経に説かれたことが相当深いものであったから、それを聞いた後に釈尊が自ら説いたとされる阿含経とか方等経、般若経というものは華厳経には及ぶべくもなく、釈迦如来の説法は一向に有難味がなくなってしまった。師とは、弟子の知らないことを教えてこそ師である。これでは彼の大菩薩達が釈尊の師と言うことになってしまうであろう。然るに法華経に来たって始めて、釈尊は未だ嘗《かつ》て説かれていない尊い教えを説かれた。法華経に来るまでは未だ真実は現れてはいない、法華経に来たって確かに真実を説くと仰せられたのである。そして方便品の初より開三顕一、方便の三乗を開いて真実の一乗を顕すことにより、一切経を悉く統一して真実の教えを立てられた。その時に略して一念三千の法門と説かれたが、その有様は夢現《うつつ》の者が時鳥《ほととぎす》の一声を聞いた如く、月が山の端から出たけれども薄雲に覆われているが如くで、その意味合いが十分に分からなかった。そこで舎利弗等は大勢の菩薩達と共に、どうかもっとよく説いて貰いたい、殊《こと》に「欲聞具足道《よくもんぐそくどう》」と具足の道を聞き給わりたいと請い願ったのである。

この「欲聞具足道」の「具足」とは、「妙」と同じ意味です。「妙」とは具足の義であって、一切のものが揃っている教えであることを表しています。法の上から言えば宇宙の実相を現し、また人の上から言えば十界の仏性を現して、すべての大事な教えがこの法華経に現れています。十界の仏性を現しているからこそ、二乗作仏ということや女人成仏ということが説かれるのです。梵語では「薩達磨分陀利伽蘇多攬《さつだるまふんだりきやそたらん》」（サッダルマ・プンダリーカ・スートラ）と言いますが、翻訳すれば妙法蓮華経となります。大涅槃経に「薩」とは具足の意味であると説かれ、そして「薩哩達磨」を法護三蔵は「正法」、羅什三蔵は「妙法」と訳されました。「薩」

は「六」という意味でもあり、印度では「六」をもって完全な具足を意味しますから、この妙法の中に一切の大切なものが揃っているということです。その妙法蓮華経の上に「南無」の文字を置いて「南無妙法蓮華経」と帰依すれば、修行について言えば「六波羅密行」を具足することになり、実相のことから言えば、十界が互いに具足する所の一念三千の教えを得る、十界それぞれの己界に仏界を顕すことになるのです。

「華厳・方等・般若・深密《じんみつ》・大日等の恒河沙《ごうがしゃ》の諸大乗経は、いまだ一代の肝心たる一念三千の大綱骨髄たる二乗作仏・久遠実成等をいまだ聞かずと領解《りょうげ》せり」

釈尊は方便品において「衆生をして仏知見を開かしめんと欲す」と言われた。この衆生とは舎利弗等の二乗のみならず、善根を断じて救いようのない一闡提《いっせんだい》を含む九法界の衆生である。そして一仏乗を説いて、生死の苦海に沈む一切の衆生を救うという誓願を満足すると申されたのである。続く譬喩品において大勢の菩薩達が「未だ曾《かっ》て、このように深く尊い法を聞いたことがない」と語っているが、これを伝教大師は「法華経より前の一切経、華厳経等においては、未だ嘗てこの妙法の一仏乗を説かなかったということである」と講釈された。これらのことから日蓮聖人は、この法華経に来るまでのすべての経には、一念三千の大事が現れていない、そうして一念三千の大事において肝要であることは、二乗作仏・久遠実成という二大教義であると仰せられています。したがって、日蓮門下において一念三千云々ということが頻《しき》りに言われますが、その大事な点は二乗が仏になったことと、そして釈迦牟尼仏の久遠実成を顕すこと、その二点が一念三千の大切なる要点であることを忘れてはなりません。

「これ寿量品の遠序《おんじょ》なり。始成《しじょう》四十余年の釈尊、一劫十劫等已前の諸仏を集めて分身《ふんじん》と説かる」

この法華経が説かれて、初めて諸々の大菩薩も教主釈尊の御弟子になったと言えます。そこで釈尊は宝塔品において、これらの菩薩達に向かって「私が入滅した後に、この法華経に尽くすという誓いの言葉を、今仏前において為せ」と仰せられるのです。それが後の勧持品の誓いとなります。その宝塔品では多宝如来がお出ましになり、証前起後《しょうぜんきご》という、今まで迹門において釈迦如来の説かれたことは真実であるとの証明がされ、更なる大事な真実がこれから本門において説き起こされることとなります。そのために分身の如来と言って、釈迦如来の身を分けて働いていた沢山の仏が十方の世界より集まって来られます。他の経典に色々な仏が集まって来たというようなことはあっても、釈迦如来の分身として説かれたことはありません。それが今「この多くの仏は皆我が身を分けて働いている所のものである、今この娑婆世界に出て法華経を説く如来が本体であって、十方に働いている所の仏は我が分身である」ということが宣示されるのです。この本仏と迹仏、本体と分身という関係は宝塔品より起きて来ます。この思想は他の経典にはありません。阿弥陀如来や薬師如来が釈迦如来と肩を並べる、あるいは向こうを張るというようなことでは、この分身という思想が明らかになることはありません。他経の仏と比べてどっちが偉いかなどと言い出す者がありますが、法華経は幾ら仏が出られても、皆釈迦如来が身を分けて働いているものであるという真実を明らかにします。この点が非常に大事であるので、他の経典には釈迦如来と肩を並べて他の仏が現れて来ることがあっても、それらの仏は悉く釈迦如来の分身であるということが明らかにされるのです。その分身の仏は大勢の弟子を伴われて来ますが、師匠である仏が釈迦如来の分身ということであれば、その弟子も悉く釈迦如来の弟子ということです。天台大師は「分身すでに多し、まさに知るべし成仏の久しきことを」と、賢い者ならば、もうお釈迦様は並の仏ではない、非常に偉い絶対の本仏であるということが察知し得るであろうと言われました。沢山の仏が集められて、悉く釈迦如来の分身だということになれば、その本の釈迦如来は決して軽い仏ではない、この間まで悉達多《しったるた》太子であったのが始めて仏になったのであれば、こんなに多くの分身の諸仏がある訳がないからです。こんなに多くの分身がある以上は、釈迦如来が本仏であらせられることは、宝塔品の時に既に分かるようになっている。故に宝塔品のこの有様は、釈尊が本仏であることを明白に顕した寿量品の遠序、遠い序分であると日蓮聖人は言われたのです。

「商山《しょうざん》の四皓《しこう》が恵帝《けいてい》に仕えしに異ならず。巍々《ぎぎ》堂々として尊高なり。釈迦・多宝・十方の分身を除いては一切衆生の善知識ともたのみ奉りぬべし」

そして涌出品に進んで、大勢の本化の菩薩が大地を裂いてお出ましになった。それは何とも立派な菩薩であって、今まで法座において第一位を占めていた文殊・普賢というような菩薩とは比べようもなく、恰《あたか》も猿の群れに帝釈天が現れた如くであった。そして、その上首として大勢の本化の菩薩を引き連れたのが、上行、無辺行、浄行、安立行《あんりゅう》の四菩薩である。漢の時代に、若く温和な性格が災いして軽んじられていた恵帝は、商山に隠遁していた四人の天下に有名な白髭を生やした堂々たる政治家に伴われて、そして帝位に就いた。丁度そのように、この本化の堂々たる菩薩が、釈迦如来のお弟子であるということをもって現れて来たのである。この本化の菩薩は、釈迦多宝等の仏を除いては一番の尊い方々である。本化の菩薩が尊いのは無論ですが、但しそれは釈迦、多宝あるいは分身の仏を除いて一番偉いということに他なりません。商山の四皓が恵帝に仕えるためでなく、蔑《ないがし》ろにするために出てくるというようなことであれば、話は全く引っ繰り返ってしまいます。仏法において菩薩は、如何に偉くとも仏より地位が低いことは当たり前のことで疑う余地は少しもありません。ところが、あろうことか日蓮門下には、この開目抄を講じて、本化の菩薩の方がお釈迦様より偉いと言う、本末を誤るようなこと主張する馬鹿者達がいます。そしてその教義を利用し他を邪宗と罵って日本最大となった宗教団体が、今や政党を抱えて国政や地方自治に権力を及ぼしているのですから、今日の日本もまた非常に由々しき事態にあると言わざるを得ません。

「汝等昔よりいまだ見ざるところの者は、我この娑婆世界において阿耨多羅三藐三菩提《あのくたらさんみゃくさんぼだい》を得已《おわ》つて、この諸《もろもろ》の菩薩を教化し示導《じどう》して、その心を調伏《ちょうぶく》して、道《どう》の意《こころ》を発《おこ》さしめたり」

上行菩薩等の四大菩薩を知らぬ弥勒菩薩は、「私は仏様のお側《そば》を離れずして今日まで来たけれども、このような大菩薩にはお目に掛かったことがありません。この方々は何処で修行をされ、誰がお師匠様でありますか、また何処にお住まいになられていたのでしょうか」と尋ねます。その時に釈迦如来は、「彼等は他の世界に居るのではない、この娑婆世界に住んでいるのである。その師は誰かと言えば、それは我、釈迦牟尼である。彼等をして発心せしめて仏道に入れた根本の師は私である。そして菩薩の行を成就して、今彼等は此処に現れてきたのである」と答えられます。そこで弥勒等の大菩薩は驚いた、この大勢の尊い菩薩が釈迦如来のお弟子であることに大いなる疑問を抱いたのです。その有様について、日蓮聖人は聖徳太子の伝説などを引用して説明を加えています。聖徳太子は我が人皇三十二代用明天皇の御子である。御年六歳の時に百済・高麗・唐土《もろこし》から老人達が渡って来た時に、聖徳太子は「我が弟子なり」と仰せられ、その老人達も太子に合掌して「我が師である」と言った。年寄りが弟子で六歳の子供がお師匠様だというのは、実に不思議なことであるが、今釈迦如来が本化の菩薩を「我が弟子なり」と言われたのは、丁度聖徳太子が外国から来た老人達を弟子と言われたのと同じである。また外典には、次のような話がある。三十歳ばかりの若者が八十歳ばかりの老人を、鞭《むち》をもって折檻《せっかん》していた。側《かたわら》の人が「老人を酷い目に遭わせてはいかぬ」と咎めたところが、若者は「いや、老人といっても実は俺の子だ」と言ったというのである。如何にも不思議なことだが、それによく似た話である。本化の菩薩は百歳の翁《おきな》の如く、釈迦如来は二十五歳の若き人の如くであって、ついこの間に悉多太子から成道を遂げた仏が、この堂々たる菩薩を我が弟子だと言われるのは如何にも信じ難いことですが、「この菩薩達は我が弟子である」と言われた中に、本仏を顕す所の緒《いとぐち》が開けているのです。それ故に、これを「略開近顕遠《かいごんけんのん》」、涌出品における「略して近を開き遠を顕わす」と言います。「近」とは「近成《ごんじょう》」のことで、今より四十年前に成道を遂げた仏という意味です。そして「広開近顕遠」と言って、釈迦如来が実は久遠の本仏であることが寿量品において顕されることになるのです。

「されば仏、この疑を晴させ給はずば一代の聖教は泡沫《ほうまつ》に同じ、一切衆生は疑網《ぎもう》にかかるべし。寿量の一品の大切なるこれなり」

「釈尊は仏に成られてから四十余年しか経て居られないはずである。僅かの間に、どのようにしてこの大勢の菩薩を教化されたのか、如何にも信じ難い」という弥勒菩薩の疑問は、一切経に数ある疑問の中で一番の大事な疑問です。何故かと言えば、この疑いを突き破れば、そこに本仏が顕れて来るからです。一切経の中で、菩薩達は様々に疑問を設けることによって、そして一切衆生の疑問を晴らしてきました。執着している心に動揺を与えて疑問を起させることを「動執生疑《どうしゅうしょうぎ》」と言い、その疑いを断ち切れば「断疑生信」と言って、信を生じて信仰に入ることとなりますが、もしもこの弥勒の疑いを仏がお晴らしにならなかったならば、一切経は泡沫の如きものとなってしまう、一切衆生は益々疑いの網に掛かってしまいます。それ故に日蓮聖人は、次の寿量品は一切経において第一に大切なものである、一切経の謎を解く鍵である、仏法広しと雖も、寿量品の鍵を握らなければ、仏教の秘密、仏教の真実を開くことは出来ないと述べられたのです。

「しかるに善男子、我実《われじつ》に成仏してより已来《このかた》、無量無辺百千万億那由佗《なゆた》劫なり」

そして、いよいよ寿量品の顕本により、釈尊の絶対価値が示されます。ところが日本では、お釈迦様以上に有り難いものがあるのではないかなどと思い、それは阿弥陀如来だろうか大日如来だろうか、観音菩薩だろうか、あるいは妙法というものだろうかと捜し回る馬鹿な者が多く出て来ます。仏教を信じる以上においては、釈迦如来をもって絶対の仏なりと信じることが、一切経を通じて動かぬ所の最も大切なことです。仏教は宗教なのですから、如何に真理があっても、如何に尊いことがあっても、釈迦如来の智慧を通し、釈迦如来の慈悲を通して来なければ、私達のためには用をなしません。華厳経にも、真理は一微塵の中にあると説かれていますが、果たして我々凡夫がその一微塵《みじん》をもって覚り得ることが出来るだろうか、その一つの塵《ちり》によって、私達は煩悩を断じ、苦痛を断じ、精神を清めることが出来るだろうか、よくよく考えて見なければなりません。本来真理なるものは塵の中にもあるけれども、釈迦如来が世に出でて、この宇宙に遍満せる大真理を取って汝等の精神を導かなければ永遠に覚ることなどは出来ない、そうして説かれたのが即ち仏法なのです。お釈迦様のことが有り難いか有り難くないかなどというのは、仏教に入る前に考えるべきことです。仏教に入って手を合わせ、「一心に仏に帰依し奉る」と言った以上は、仏祖であるお釈迦様に頭を下げなければ、仏教徒としての資格が備わらないのは当然のことです。ところが方便の教えが沢山説かれたために、その点が少しハッキリしなくなる所があった。それ故に、いよいよ寿量品において、その本仏の絶対的価値、一番有り難い意味合いが現われて来たのです。

世間の人々は、この釈迦牟尼仏が伽耶城《がやじょう》という所から余り遠くない菩提道場に端座して、初めて正覚を成じたと思っている、ついこの間に悉多太子から仏に成ったと思っているけれども、実はそうではない。そう釈尊が仰せられた時には、法華経より前の一切経に説いてある所の、あるいは「今生に仏に成った」と説く華厳経や阿含経、あるいは「仏に成ってから十六年しか経っていない」と言った大集経、それから「仏に成ってからやっと二十九年である」と言った仁王経などは悉く方便の説となります。釈迦如来は「我は実に成仏してより已来、無量無辺、百千万億那由陀劫なり」と説かれた、即ち数限りの知れぬ久遠無始からの如来であるという真実を法華経の寿量品に顕されました。本仏とは根本というばかりでなく、横に言えば沢山の仏の中心となる本体であり、時間の方から言えば、始めも無き以前より実在し、終わりも無き後まで常住する、三世十方を貫いている所の如来ということです。その久遠実成の如来が、我達を救うがために、時を計って今度天竺に御降誕なさったことを信じるから、法華の人は「如来寿量品第十六、自我得仏来《じがとくぶつらい》」と自我偈を唱えているのです。そういうことが分かったならば、帝釈様に対したり鬼子母神様の所に行って「自我得仏来」とやるような無茶苦茶な信仰は、もう今後は止めなければなりません。法華経は上等だからと、何処でも法華経さえ持って行きさえすれば良いというものではありません。筋を立てなければなりません。寿量品が有り難いのは、本仏の絶対を顕しているからである、「自我得仏来」と唱える時には、釈迦如来が今まさに自分のために教えを説いていることを信心しているのだという、その位のことはもう了解しておかなければ、日蓮聖人に対して実に相済まないこととなります。

「爾前、迹門にして十方を浄土と号《ごう》して、この土を穢土《えど》と説とかれしを打ちかへして、この土は本土となり、十方の浄土は垂迹の穢土となる」

次に日蓮聖人は、その本仏のお住まいになられている所の本国土を説かれます。十方で活躍する諸仏が本仏釈尊の分身であることが明かされたならば、そこに説かれた十方の浄土は方便ということとなり、穢土とされていた娑婆世界こそが、本仏の居られる本国土、浄土であるということになります。浄土門の広がりによって、多くの人がこの娑婆世界は穢土である、西方彼方の世界に阿弥陀如来の極楽という浄土があるという風に思うようになりました。ところが「我が此の土は安穏にして天人常に充満せり」と、この娑婆世界は即ち本国土である、釈迦如来が久遠の無始より今日まで、娑婆世界を己の本土として衆生を教化しておられること、私達と最も縁深き関係があることが明らかにされたのです。この娑婆世界を穢土と思うのは、それは汝等の果報が拙い故である。この世界を厭離《えんり》して他に世界を求めても、そこに浄土はない。汝等が罪を滅ぼし、汝等が善き果報を得るならば、常寂光の浄土はここに現れる、娑婆即寂光はそこに実現するのであると釈迦如来は説かれたのです。

「仏は久遠の仏なれば迹化《しやくけ》・他方の大菩薩も教主釈尊の御弟子なり。一切経の中に、この寿量品ましまさずば、

天に日月無く、国に大王なく、山河に珠《たま》なく、人に神《たましい》のなからんがごとくしてあるべきを」

次には、弟子の統一が示されます。仏法を弘める人が如何に偉いと言っても、釈迦の精神に背いて仏法を弘めることは出来ません。よく考えてみなければなりません。仏教徒と言いながら、釈迦の向こうを張って仏法を弘めるというようなことは、泥棒か反逆者でなければ出来ることではないのです。仏教徒でありながら、「あんな者の言うことは今更聞いても仕方がない」などと釈迦如来の悪口を言うようなことは許されるはずはありません。阿含経などを御覧になればよく分かるように、至る所で弟子が布教をして信者が出来る、その感化を受けた信者は非常に有り難く感じるから、舎利弗尊者なら舎利弗尊者を、目連尊者ならば目連尊者を拝みに行きますが、彼等は必ず「手を合わせるべきは、私ではない。我が信じる所の釈迦牟尼仏に対して手を合わせなければならない」ということを至る所で語られています。そこが実に大事な所です。仏教を弘めた各宗の祖師ということが言われますが、仏教を弘めるにあたっては、釈迦如来の精神を受け継ぐことが第一の要件となります。それだけのことは予め制約されていることであり、自分勝手にやるということは出来ません。そして、仏法を弘める人は沢山出たけれども、その中において釈迦牟尼仏の絶対の徳を現した一番の弟子が誰であったかというと、それは本化上行菩薩、即ちその再身である日蓮聖人です。日蓮門下の誤れる者達の如くに、日蓮聖人によって釈迦如来の威徳を傷付けるような事をやったならば、日蓮聖人は本化の菩薩でもなければ、一番の偉い僧宝でもなくなります。釈迦は印度の人だが、日蓮は日本人だから、日蓮を贔屓《ひいき》するなどという、そういう詰まらない解釈は俗説愚論です。日蓮聖人は、釈迦はいかぬが俺は日本人だからお前達の味方だなどと、そんなケチなことは少しも仰っていません。あらゆる点においてそういう俗論を斥け、法華経を通して現れてきた絶対の本仏を日蓮聖人は尊敬されているからこそ、この寿量品を称えている、寿量品によって現されたる本仏・釈迦如来の尊い所以《ゆえん》を説かれているのです。

五千巻とも七千巻とも称される一切経の中に、もしこの寿量品が無かったとすれば、天に日月無くして暗黒の如くである。国は広しといえども国王が無かったならば統一は保てない。山河美しといえども珠無くしては値打ちがない。それは人に神《たましい》が無きが如くである。一切経の死活は、ただ寿量品の存否如何に依るのである。しかしながら、この寿量品の尊いことが分からない他の宗旨の人達は、華厳経の教主は盧舎那仏だからお釈迦様より偉いとか、法華経は応身の如来だから低いとか、色々なことを言います。真言の人は、寿量品の仏は迷えるもので大日如来こそが真の覚りの位にあると言い、また浄土門の人は、釈迦は智慧があって偉いけれども、慈悲が足らず我々をよう救わないというようなことを言います。仏の人格を、智慧と慈悲とに二つに分けるようなことは宜しくありません。理屈は知っているが少しも優しみのないような冷酷な者であったならば、それは人間としての資格もありません。また親切があるからと言っても、何も知らないで馬鹿で、ただ可愛い可愛いと言っているようでは駄目です。兎にも角にも、そのように久遠の釈迦如来にケチをつけるようなことは、雲が月を隠し、讒臣《ざんしん》が賢人を隠すようなことである、人は騙されれば黄色だけの価値のない石を珠と見る、ただ諂《へつら》う家臣を賢人と思うが如くであると日蓮聖人は述べています。そして天台宗の人達さえも、金と石とを同じように考えて、寿量品の尊いことを飽くまでも主張しなくなってしまったと嘆かれたのです。各宗の祖師が、勢至《せいし》菩薩の生まれ変わりだとか、○○菩薩の生まれ変わりだというようなことを言っても、諸仏がみな釈迦如来の分身であるのですから、それら分身仏の弟子である菩薩も、本に帰れば釈迦如来の弟子と言っても良いのです。直弟子であるか又弟子であるかの違いです。上行菩薩等は本仏釈尊の直弟子であるから本化《ほんげ》、そしてそれ以外の菩薩を迹化《しゃっけ》と言いますが、ここに釈迦如来の直弟子である本化の菩薩が出て、法華経の本意、寿量品の本意を述べたのであれば、迹化の菩薩もこれに従わなければならないはずです。それは、仏滅後に出たるすべての僧侶の中において、日蓮聖人が本化の再身であるならば、みな日蓮の言うことを聴かねばならぬということを暗に示しているのです。

「倶舎・成実・律宗は、三十四心断結《だんけつ》成道の釈尊を本尊とせり。天尊の太子、迷惑して我身は民の子と思うがごとし。法相・三論は勝応身《しょうおうじん》に似たる仏を本尊とす。大王の太子、我が父は侍《さむらい》と思うがごとし。華厳宗・真言宗は、釈尊を下て盧舎那《るしゃな》・大日等を本尊と定む。天子たる父を下して、種姓《しゅしょう》もなき者の法王のごとくな

るにつけり。浄土宗は釈迦の分身の阿弥陀仏を有縁の仏と思いて、教主をすてたり。禅宗は下賤《げせん》の者一分の徳あて父母を下ぐるがごとし。仏をさげ経を下《くだ》す」

始成正覚の釈尊を本尊とするのは、父が天子様であるにもかかわらず、迷って自分は民百姓の子であると思うのと同じである。自分は民百姓の子であるから、父もまた民百姓だということになる。また単なる応身に優れた外見を加えたとしても、父は侍だと思うようなものである。そして、太子でありながら天子である父を見下して、素性も分からぬ者を法王の如くして従うのも間違いである。あるいは親を取り違えて、他人を父であると思っている者もあれば、卑しい身分でありながら、僅かな徳を得たからといって父母を蔑むように、仏と経を見下す者もある。そのように各宗の間違いを挙げて、本尊に迷うすべての宗旨を日蓮聖人は批判しています。中国古代の人は、犬猫のように自分の父を知ることがなかった。それは寿量品の意味を知らない諸宗と同じである。また妙楽大師も、父の歳を知らない、父が如何に国を治めてきたかということも知らないのであれば、如何に才能があったとしても人の道を知ることがないと論じられている。諸宗の者は、母である経は知っていても、父である仏のことを知らないのである。お釈迦様は寿量品に「我も亦《また》これ世の父」と言われ、譬喩品にも「衆生は悉く是れ吾が子なり」と言われています。自ら名乗りを上げて、我は汝等の父である、汝等は我が子である、「この子愍《あわ》れむべし」とハッキリ言われているのです。一切経が幾らあっても、他の仏が、私達衆生を「我が子なり」などと言ったことはありません。それ故に日蓮聖人は、お前達のお父さんは釈迦如来である、他の仏は父であるとは仰っていない、父は釈尊であるということを明らかに意識しない限りは仏法の信者とは言えない、この寿量品を読んで、尚且つ本仏・釈迦如来の有り難いことを知らざるに至っては、「畜に同じ。不知恩の者なり」と痛嘆されたのです。

「真言・華厳等の経経には種《しゅ》・熟《じゅく》・脱《だつ》の三義、名字すらなおなし」

日本の伝教大師は「法華秀句」に言われている。他宗が拠《よ》り所とする経典にも、実相真如の理は説いているから、恰も母が現れているようであるが、下種を示さないことは父を欠いているようなものである。法華経のみは、実相真如の母も説き、本仏である父のことも説いているから、父の厳と母の愛の両方が整っていると述べられている。この本仏が現れなければ、「種熟脱の三義」は明らかになりません。「種」とは下種であって種を下すこと、「熟」とは調熟であってそれが実ってくること、「脱」とは解脱のことであって、例えば米が実りを迎えることを意味します。人の心を田地に譬えて、本来そこに仏性は有しているけれども、発芽生育して覚りという米を収穫するには、もう一つ上から種を蒔《ま》いて置かなければなりません。それが「下種」という大事なことです。他の宗旨の議論は、仏性の問題さえも不透明ですが、仮にそれが分かったとしても、仏性さえあればもうそれで良いというように、その仏性が啓発されてくる所のもう一つの種が明らかにされていません。例えば女性は子を産む素質を有していても、女性一人では子を産むことは出来ません。そこに男性からの種が加わって初めて子供が生まれるのと同じで、如何に立派な田地でも、種を蒔《ま》かなければ実りは得られない、衆生に本来仏性ありといえども、その仏性を開発するためには、本仏の智慧なり慈悲なり救いの力が必要となります。即ち、本仏が十分に意識されなければ、下種は起こり得ないということです。他の宗旨には、種熟脱の名前さえも教義の上に現れてきませんから、ましてその意義が語られることはありません。下種を知らないで解脱を得よう、即ち仏に成ろう、種を蒔かないでも米は収穫できるというような愚かなことを言ったならば、実に間違ったことになります。それを日蓮聖人は、秦の始皇帝の家臣である趙高《ちょうこう》が、始皇帝が死なれた時に偽りの詔《みことのり》を出して実権を得ようとしたこと、また日本の道鏡という坊主が、虚偽の神託をもって皇位に就こうとしたことになぞらえて、真実の種を明らかにせずして解脱を求めるならば、そのような間違ったことになると述べられたのです。

「華厳経乃至《ないし》諸大乗経・大日経等の諸尊の種子みな一念三千なり。天台智者大師一人この法門を得給えり」

ところが他の宗旨の人達が、この仏の種を奪わんとして、一念三千の義理を盗み始めます。しかしながら、

「発迹顕本《ほっしゃくけんぽん》せざれば、まことの一念三千もあらはれず」と先に日蓮聖人が述べられているように、他の宗旨の人が一念三千を盗もうとしても、顕本した本仏を奉戴しなければ盗むことは出来ない、無始無終の本仏、己心の釈尊というものが現れなければ真の一念三千は現れないのです。天親菩薩は法華経によって、「種子《しゅじ》無上」ということを論じられましたが、真の成仏をしようと言うのであれば、この本当の種は本仏を通して現れて来なければなりません、即ち本仏の智慧なり慈悲なり力なりを要するのです。天台大師の一念三千というのも、この種子のことを説いたものです。他の宗旨は天台大師の一念三千の法門を盗んで、華厳経や大日経の文に引っ付けて、色々と骨を折って誤魔化していますが、そのことを伝教大師は「依憑《えびょう》天台集」に暴露して、新来の真言宗は、善無畏三蔵が元・天台の学者一行阿闍梨《あじゃり》を取り込んで大日経の講釈を書かせたことを隠し、そして旧来の華厳宗は天台の四教判に影響を受けて法蔵が五教判を立てたことを隠していると述べています。華厳宗は天台の影響を受けて教義を焼き直し、真言宗は天台の教義を取り入れて、大日経の教理は法華経と同じだけれども、印と真言があるから事相において法華経より優れていると言いますが、大日経には二乗作仏・十界互具はなく、一念三千の法門も説かれていません。それ故に日蓮聖人は、このことを批評して次のように言われています。柿本人麿の「ほのぼのとあかしの浦のあさぎりに　島がくれゆく舟をしぞ思ふ」という名高い和歌を、蝦夷《えぞ》の島に行って「俺が詠んだのだ」と言えば、蝦夷のことしか知らない人は何も分からずに、そうかと思うに違いない。漢土や日本の学者が誑《たぶら》かされているのも、これと同じことである。その上で日蓮聖人は、各宗の高僧、そして真言の善無畏三蔵や弘法大師も表面では法華経に反対して威張ったりもしているけれども、一方には心の中で後悔し、実は法華経の教えに頭を下げていることを、次々と根拠を挙げて述べていかれます。

五、法華行者の覚悟

「大日経・観経等を読む行者等、法華経の行者に敵対をなさば、彼の行者を捨てて法華経の行者を守護すべし」

他の経を修行する人が、その経に現れた仏様や菩薩、神様から守られるのは当然だが、もし彼等が法華経の行者に敵対するというのであれば、彼等を捨てて法華経の行者を守るのが筋であると日蓮聖人は述べられます。それは孝行な息子であっても、父が王の敵となれば、父を捨てて王のもとに参るのと同じである。これが孝行の本領であると言われたのです。浄土宗の人は反対しても、その浄土宗の本尊である阿弥陀如来は法華経に賛成している、他の宗旨の菩薩もみな法華経の方を向いているのですから、法華経の行者を守らないはずがありません。日蓮門下には、「本仏釈尊を信じ、妙法蓮華経を信じ、法華経の行者の本領に立てよ、然らば鬼子母神もその正しい行者を守られるであろう」と説き聞かせても、「何を言うか、鬼子母神様が有り難いのだ。こっちは鬼子母神様の霊力を信心しているのだ」という間違った者がおりますが、そういう者は鬼子母神も守る道理はありません。日蓮聖人は、間違った信心をする者には、仏様も、菩薩も諸天善神も、みな反対するという意味を言い表して、法華経が一番尊いことには異論がないということを説かれた。そして七宗の守護神が伝教大師を守られたことを挙げて、様々の経に現れている所の仏、菩薩、善神は皆、法華経の行者を守られるという意味を日蓮聖人は一層明らかにします。法華経の守護神が伝教大師を守るのは当然だが、華厳、法相、三論というような南都六宗の守護神も「法華経を中心とすることは宜しい」というので、法華行者の方へ賛成した。然らば、如何に日蓮に反対しようとも、一切の諸天善神は必ず日蓮を守護するはずである。ここが日蓮聖人の主義に立つ者の真面目です。例え親であっても朝敵《ちょうてき》となるのであれば捨てなければならない。日蓮聖人の主義に立つ者は、このように正しい筋道を立てて、そこに諸天善神が守護なさるという正義の観念を持って、その感応と加護を認めることになるのです。

「諸の善男子、我が滅後において、誰か能くこの経を護持し読誦せん。今仏前において、自ら誓言《せいごん》を説け等云云。第三の諫勅《かんちょく》なり」

然るに日蓮に御守護が無いのはどうしたことだろうか、我が身に失があるのであろうかと益々疑いを強くして、その後に日蓮聖人は法華経の行者であるとの確信を明らかにして行きます。法華経の宝塔品において、釈尊は三度にわたって「誰か能《よ》くこの経を護持し読誦せん。今仏前において、自ら誓言を説け」と仏勅《ぶっちょく》を下されている。それにもかかわらず、浄土宗などは法華経を抛《なげう》てよと言い、禅宗は教外別伝という言葉に捉われて、法華経を蔑《ないがし》ろにしている。ならば、念仏あるいは禅の人達が法華経の敵であることは如何にも明白なことであろう。日蓮聖人には、何か利するところあって他宗を攻撃するというような、そういう小さな考えはありません。法華経の正法たる所以《ゆえん》を明らかにせねばならない、日本には教えの中心がなければならない、そう考えるからこそ他の宗旨の過ちを正しているのです。惟神《かんながら》の道も結構ですが、何時までも「鏡です」とか「玉です」と言っているだけでは、様々な思想が襲ってくることを凌《しの》ぐことは出来ません。論語も宜しいかも知れませんが、仏教に比べれば未だ根底の浅い所があります。惟神の教えにある様々なもの、儒教の三千余巻、そして仏教の七千余巻を統合して考えるならば、法華経は最高点に位する尊い経典です。その教えを捨ててしまえ、抛《なげう》って置けと言って、想像の極楽浄土に往生を願うような信仰は幾ら普及しても、宗教なり道徳なりの思想の根底とはなり得ません。あるいは禅宗の公案のように「隻手《せきしゅ》の声あり、その声を聞け」、両手を打ち合わせると音がする、では片手ではどんな音がするかというようなことで、人心を導き得ると信じていたならば、様々なる思想が襲って来る時には、到底太刀打ちが出来ずに、日本人の思想は攪乱《かくらん》されてしまいます。それ故に日蓮聖人は、日本の思想の中堅に法華経を据え付けていかねばならぬという戦いは、漢の沛公（劉邦《りゅうほう》）と項羽《こうう》の争い、日本の源平の戦い、あるいは阿修羅と帝釈天、金翅鳥《こんじちょう》と竜王の争いが及ばぬ程の大きな戦いであると述べられたのです。

「我等が慈父、双林最後の御遺言に云く、法に依つて人に依らざれ」

そして日蓮聖人は、更に法華経の宝塔品に説いてある六難九易を挙げて、法華経の尊いことを述べられます。須弥山《しゅみせん》を手に取って他方にある無数の仏国土に投げ置くことが出来たとしても、それは未だ難しいことではない。大火の中で枯れ草を背負っていても焼けないでいることが出来たとしても、それは未だ難しいことではない。それ程に仏の滅後に法華経を説くことは非常に困難であるということを説いて、なお釈尊は法華経弘通《ぐづう》の誓願を立てることを三度勧めて命じられたのである。ところが華厳宗の学者は、華厳経も法華経と同じ六難に値する優れた教えである、法相宗は深密経が、三論宗は般若経が、真言宗は大日経が、法華経と同じ六難に値する優れた教えであると言う。それればかりではない、日本の弘法大師は、大日経は六難に値するどころか、釈迦が説いた経典以外の、法身の大日如来が説いた教えだと言い出す始末である。諸宗の学者が説くことを直ちに過ちであると言えば、世間の人は顔を背け、日蓮に迫害を加えてくることもあるであろう。しかしながら、仏は「法に依つて人に依らざれ」と涅槃経に遺言されたではないか。

涅槃経ばかりではありません。阿含の初めから釈尊はそのように説いています。法とは、釈迦如来の説かれた教えです。その釈迦如来が説かれた教えの筋に従って行かなければならないことは、一切経を通じて大事なることです。弘法大師が偉いとか、法然上人が偉いとか、何とかという学者が偉いと言っても、仏教の中において偉いという場合には、釈迦牟尼仏の教えを間違いなく奉戴することが前提です。例えば裁判官は、定められた法律によって「この者は有罪である」とか「無罪である」とか判ずるのであって、己の学識に偏って判決を左右すべきではありません。法律を間違いなく適用する人をもって、良き裁判官としなければなりません。同様に仏教において、釈迦如来を除け者にして、俺の考えの方が偉いなどという者が出てくることはあってはならないのです。龍樹菩薩は「経文に基づかない論に依ってはならない」と言われている。天台大師も「経文に合致するものを用い、そうでないものは信じてはならない」と言われ、伝教大師も「仏の説をよりどころとし、口伝《くでん》を信じてはならない」と言われています。しかしながら、みな各々自分の宗旨を堅く信受して先師の誤りを正さず、曲解された経典の勝劣を述べている。諸宗の学者は、実教である法華経の文を曲解して権経の義と同じであると言い、法華経の中身など知らなくても良いと言っているのです。法華経を読むにしても、ただ法華経を棒読みするばかりでは駄目です。読むだけならば、禅宗も他の宗も法華経を読みます。ただ法華経の字を読むばかりで、釈迦如来の絶対の力を信じて行かなければ何にもなりません。法華経の大事な教えは守らなければならない、法華経に背いては意味が無いのです。それ故に日蓮聖人は、仏道を修めようとする人は、よく考えなければならない、自分たちの宗旨に偏ることを捨て、釈尊の教えに素直に従い、他の宗旨と勝劣を争ったり、人を侮ったりしてはならないと言われているのです。

「これらの経文を法華経の已今当《いこんとう》・六難九易に相対すれば、月に星をならべ、九山《くせん》に須弥《しゃみ》を合せたるに似たり」

他の経にも似通った経文があって、それぞれが第一の経典であることを書いているがために、世間の学者は迷いを起こしている。しかしながら、それは法華経が一切経の中で第一であることとはまるで違う意味である。王に小王と大王とがあり、一切といっても、部分に対しての場合と全体に対する場合があるように、その違いを弁《わきま》えなければならないと日蓮聖人は言われています。そして、そこにありありと説かれている経文を基として、その経の浅いか深いかを見なければならない、誤魔化しの議論に惑わされることなく、道徳から見ても、哲学から見ても、宗教から見ても、時代の進運から見ても、法華経のように申し分のないものを中心に立てて、仏教とは斯くあるものと日本人の思想を導いていかなければならないと説かれているのです。ところが弘法大師は六波羅蜜経の経文に迷い、仏教を五段階に分けて総持門即ち密教の真言、陀羅尼《だらに》が法華経よりも尊いということを言い出します。真言というのも陀羅尼というのも、短いか長いかの違いの呪文であって、梵語をそのまま音写したものです。無論簡単な言葉に色々の意味を込めるということはありますが、必ずしも梵語で言わなければならない、意味の分からない呪文で唱えなければ有り難くないというものではありません。ノウマクとは南無、南無とは帰命のことであり、サンマンダとは諸仏のことですから、ノウマクサンマンダとは、南無諸仏ということです。ですから、仏に帰依し奉るということを、南無仏陀と唱えても値打ちに違いはありません。ノウマクサンマンダと言わなければならないなどということは、全く意味の無いことです。法華経に種々に説かれたことも究極には妙法の二字に納まる訳ですが、阿（アー）とか吽（ウン）という言葉に、宇宙のすべてが納まるからなどと理屈を立てて、ただ言葉だけを争っても何の価値もありません。然るに、どんなに善い道徳上の教えがあっても、宗教上の教えがあっても、哲学上の真理があっても、真言・陀羅尼という呪文を唱えること以上に優れたものはないと弘法大師はやり出した、そこを日蓮聖人は非難されたのです。そういうものには深い教義もなく意味もありません。護摩を焚いて呪文を唱える婆羅門《ばらもん》の方から来た形式論であって、決して仏教の大事ではないのです。

「当世日本国に第一に富める者は日蓮なるべし」

この富めるということは、勿論《もちろん》金持ちになるということではありません。日蓮聖人が言われているのは、人間に生まれてきて何が一番大事かといえば、正しい所の教えを得て、それによって自分も救われ、大勢の人もそれによって導く、大にしては国家、人類までに光を与えるようなことをした者は、果報の上において最も富める者であるということです。大金を持っていても、徳に欠け、近所からも悪口を言われ、その人が世に存在していることが何にも利益をもたらしていないとすれば、その人は果報において貧しい憐れな人間と言わなければなりません。今ここ佐渡島に流し者となっている日蓮は、物質的には貧しく、食う物もなければ布団もない、実に憐れな者であるけれども、徳をもって論じ、精神上の富からすれば、日本第一の富者である。万里の海を渡って宋に入った人もあれば、天竺に渡って法を求めた偉い人もある、沢山の書物を書いた立派な人もあるけれども、彼等が仏法の真実を知ることが出来るかと言えば、必ずしもそうではない。蛇は洪水が起こることを知り、鳥が吉凶を知ることが出来るように、日蓮は一切経の勝劣浅深を見分けることにおいては不思議に各宗の高僧より優れている。天台大師・伝教大師の跡を慕び、仏教の方便と真実とを見分けて、正しい意味において仏法を人々に紹介する、釈尊の真精神を誤らぬように宣伝することにおいては、日蓮に及ぶ者はないということを宣言されたのです。そして、六難九易を説いて釈尊が法華経の弘通を命ぜられたのであれば、たとえ一切経を読まざるとも、他の経典との勝劣を弁えて従うべきであると仰せられます。法華経を弘めることは容易なことではありません。即ち六難九易とは、正しいものは容易に信じられることがない、ただ何でも弘まりさえすれば良いのではないということです。仏教が迷信的なものとなって今日廃れてきたのは、これは聴く人の思想の程度が低かったのと、本当に訳の分かっていない僧侶が言うままに任せて置いたからです。何も坊主などに任せて置くことはありません。自分自身が法華経を信じ、日蓮聖人の教えを信じれば良いのです。殊に今日は教育も進んで、日蓮聖人の教義を知ることには、そう困らないのですから、坊さんや宗教指導者の間違ったことを言うままに任せて置くのではなく、自ら日蓮聖人の書かれた文章を読んで、正しい教えに近づくことが出来るはずです。それを何時までも「解らない、解らない」と言って、ドンドコ太鼓を叩いて題目を唱えたり、陀羅尼を唱えて現世利益《げんぜりやく》を願うだけであったりするならば、これは法華経の在家菩薩の精神に大きく違背することになります。そういう意味が了解せられて来ないと、この開目抄などを読んでも少しも有り難く感じることがないのです。

「宝塔品の三箇《さんか》の勅宣《ちょくせん》の上に提婆《だいば》品に二箇の諌暁《かんぎょう》あり」

釈迦牟尼仏は宝塔品に三度勅宣を下して法華経の行者を求められた、どうしても法華経を後代に弘めなければならないからこそ、誰か誓いを立てよと三度お告げになられたのです。それから進んで提婆達多品《だいばだったほん》において、釈尊を殺《あや》めようとした提婆の成仏、そして竜女の成仏が説かれます。これは、ただ女人が成仏する、悪人が成仏するということを説いたものではありません。他の経典では否定されていた女人も極悪人も、そのままに成仏する、法華経はそれ程広大なる功徳のある御経であるから、如何なる迫害があっても法華経を伝道することを、我前において誓いを立てよと宣示されたのです。今の坊さんのように、迫害も無いのに法華経は説かず、祈祷師になったり、占い師になったり、カルト宗教の批判もせず、ただドンドコ太鼓を叩いて偽善を気取っているというのでは実に法華行者としては見苦しいことです。この悪人成仏と女人成仏は非常に大事な問題です。涅槃経において、一切衆生には悉く仏性ありということが説かれます。表面より見れば如何に罪深き人でも、その奥に仏性の玉を失っていることはありません。そして、それは如何に落ちぶれた時にも、己の頼みとなるものです。社会は常に変化し、人生は何時如何なる事が起こるか分からない、火事に遭えば家は焼けてしまうし、女房を病で亡くしてしまうかも知れない。人生は実に不安なるものであって、ただ人を頼みにして生きていくことなど出来ません。しかしながら、如何に様々な困難があったとして、お釈迦様のように必ず克服して立派な人間となれる、この魂の奥には仏性がある、これこそ自己の頼みとするべきものである、そこに信念を置くのが仏教です。涅槃経にはそういう教えが立てられているものの、まだそれは言葉であり議論です。ところが法華経の提婆達多品は、すべての者に仏性があることを事実として現した、提婆達多という一番の悪人を挙げて、それにも仏性があるばかりでなく天王如来と成ると言う。それから女人には五つの障りがあると言って、梵天王となることを得ず、帝釈天、魔王、転輪聖王《じょうおう》になることを得ず、仏身を成ずることを得ずとされてきましたが、八歳の竜王の娘を挙げて、すべての女性の象徴として彼女が成仏することを示したのです。智積《ちしゃく》菩薩、舎利弗尊者が女は成仏出来ぬと言って反対する中、竜王の娘は「汝が神通力を以て、我が成仏を観よ、またこれよりも速やかならん」と言って、彼等の前で仏に成って見せます。「これよりも速やかならん」というのは、その前に彼女は釈尊に珠を献上しますが、それは丁度手品師がやるように、手が触れたか触れぬ中にお釈迦様の手に移ったことを指してのことです。それよりも、私が仏に成ることは非常に速いから見損なってはならない、一生懸命あなたの神通力をもってよく見てお出でなさいと竜女は言い、そして彼女が忽《たちま》ち仏になって見せると、智積菩薩、舎利弗尊者は黙然として信受す、黙って恐れ入りましたと頭を下げることとなります。このことを日蓮聖人は「涅槃経四十巻の現証はこの品にあり」と、女人でも如何なる境遇に立っている者でも、みな己の頼みになる仏性を持っている、悪事をした、人生をやり損なった、詰まらぬ事をして人を虐げて罪を作った、後悔の涙先に立たぬという時分にも、その奥には尊い仏性があることを、事実として現されたのだと述べています。

「この経は内典《ないでん》の孝経なり」

儒教においては親孝行を言うけれども、「孝行のしたい時分に親はなし」で、長く親の傍らに居たとしても、親が健在である時には本当に孝養の精神が起こらず、親が亡くなってから急に自覚を起こして、済まなかった思う人も多いわけです。その場合には儒教ではもう仕方がありません。その志は気の毒ではありますけれども、ただ慨嘆するしかない、魂の行方を考えていないのですから、父母の後生を助ける道がありません。それは仏教でしか出来ないことです。しかし残念ながら、他の経典は女人の成仏を拒んだり悪人の成仏を拒んだりしている、また成仏のことは説いても、成仏の意味をよく説いていません。そして、自分自身の得道さえ難しいというのですから、まして父母を成仏させることなど叶わないと言えます。それが法華経に至って、女人の成仏が許されて母の成仏も明らかになる、悪人の成仏が許されて父の成仏も明らかになる、法華経によって父母の魂までも救うことが出来るようになるのです。その意味において日蓮聖人は、法華経は仏教の中で親孝行を教えたる経典であると言われています。

「日蓮といひし者は去年《こぞ》九月十二日子丑《ねうし》の時に頸《くび》刎《は》ねられぬ」

文永八年九月十二日の深夜、龍ノ口において、夜の十二時から朝の二時の間に、日蓮は頸を刎ねられた者である。日蓮は斬られてしまったけれども、その魂は生きて佐渡の国に来て、そして返る年の二月、雪中にて著された開目抄が弟子達に送られるのだから、さぞ驚き怖じけることであろう、大抵の者ならば腰を抜かしてしまうはずである。宝塔品の三箇の鳳詔《ほうしょう》、提婆品の二箇の諫暁は、法華経を弘めよということで、釈迦牟尼仏・多宝如来が未来のために留め置かれた遺言です。そして法華経を弘める時には色々の難がある、その難を凌《しの》いで弘めなければならないのですから、法華経のために尽くすという誓いは容易なことではありません。今のように自ら法を曲げてかかるならば、僧侶などは誰でもやれることですが、法華の行者ならば、たとえ自分は如何なる目に遭おうとも、寺を追い出されようとも、坊主を辞めなければならぬことになろうとも、正義を貫いて行かねばなりません。都合の良い時だけ大きな声を出して、都合が悪くなれば小さくなって引っ込んでいるような者は駄目です。日蓮聖人は、そこを言われたのです。ここにおいて、日本国には三類の敵人が現れている、法華の行者を迫害する所の俗衆増上慢《ぞくしゅぞうじょうまん》、道門増上慢《どうもん》、僭聖増上慢《せんしょう》、所謂無智な俗人政治家の反対、ガラクタ坊主の反対、生如来のような顔をしている偽善者の反対があって、法華の行者を悩ましている。しかしながら、それらの反対があっても屈せずして戦う所に法華行者の意気があることを説かれたのです。

「**三類はすでにあり。法華経の行者は誰なるらむ。求めて師とすべし。一眼《いちげん》の亀の浮木《ふぼく》に値《あ》うなるべし**」

三類の敵人が現れることは、法華経をはじめとして涅槃経などにも預言されたことである。そうして今現に、第一に釈尊を仰がねばならぬと言う日蓮を、他宗を罵倒する坊主だと鎌倉幕府や在家の人が迫害し悪口を加えている。第二に根性の拗《ねじ》けたガラクタ坊主からの反対も明白である。第三に世間から生如来のように尊敬され、聖者を気取っている者も日蓮には反対している。日蓮は他宗を攻撃していると言うが、彼等の初めの態度は何れも法華経に対して悪口を言っているではないか。天台大師は摩訶止観に、「信がない者は、法華経のような優れた教えは己の智が及ぶところではないと言い、智のない者は、己は仏に均《ひと》しいと増上慢を起こす」と言われているが、浄土門は、法華経は凡夫には難行の聖道門であると嫌って、衆生はただ念仏を唱えて阿弥陀仏に救って貰う以外にはないと説き、禅宗は教外別伝と称して経典に説かれた教義を蔑《ないがし》ろにし、自己は本来仏なりと悟るのだと言っている。御経を読むには、方便と真実をよく見分けて、同じ仏教に依るにも浅い所に落ち込まぬようにしなければならない。修行を積むにも、ただ座禅のようなことのみをやってはいけない、本当の菩薩行に進んで入っていかなければならない。ところが世間から尊敬を得ているような極楽寺の良観などが、日蓮を迫害するために偽りの訴状を将軍家に差し出した。また他の高僧達も権力を恐れて、彼等の邪義を認め、かえって誉め讃えてしまうような有様である。法華経の行者あれば、必ず三類の敵人はあるはずである。悪口を言われ罵られ、刀杖を加えられた僧とは誰であろうか、法華経のために権力者に訴えられた僧とは誰であろうか、「数数見擯出《さくさくけんひんずい》」と経文の通りに度々流罪に処せられた僧とは誰であろうか、日蓮より外に日本国に該当する者は居ないのではなかろうか。師とすべき法華経の行者に会うことは、一眼しかない亀が百年に一度海面に頭を出して、そして浮木の穴に入るほどに希《まれ》なことである、仰いで師とすべきである、そのように日蓮聖人は宣示されたのです。

「詮するところは天も捨て給え、諸難にも遭え、身命《しんみょう》を期《ご》とせん」

さらに日蓮聖人は、なお問を設けて法難は何のために起きるのかを論じます。法華経が正法なれば、これを信じる者は幸せでなければならない、諸天善神の御加護があらねばならぬのに、何故に日蓮が迫害に遭い流罪に処せられるは分からぬと言うであろう。しかしながら、そうではない。昔から聖人でも君子でも偉い人は、誤れる人達から反対を受ける、何の反対も受けない人に偉い人はないと、釈尊やその弟子、そして正義の諫言《かんげん》をした者が散々に反対を受けた例を列挙されます。それならば、悪いことをする反対者には罰が当たりそうなものであるのに、そうでないのはどういう訳かということについては、余りに罪が重い一闡提《いっせんだい》のような者は、必ず無間地獄に堕ちることが決まっているから現世では罰が現われないのではないか、あるいは正法が衰えて国を守護する諸天善神の力が弱まったためではないかと論じています。これは当時の人に疑いがあるが故に説明を加えられたものであって、日蓮聖人としては、こういうことは重き事と思っておられたわけではありません。事実には、日蓮聖人に反対した平頼綱は後に謀反を起こして一族は北条氏に滅ぼされ、鎌倉幕府の北条氏もまた悲惨な滅亡をしている、無論小松原法難で日蓮聖人を襲撃した東条影信もその時の落馬が原因で死んでいます。しかしながら、正法に反対した者には懲らしめがあるとは言わない、因果応報は説いても、そのような呪詛《じゅそ》的なことは仏教の精神にはないからです。それで日蓮聖人の結論は如何になったかと言えば、「詮するところは天も捨て給え、諸難にも遭え、身命を期とせん」、どのような事があっても正法と国家と人類とのために尽くす、そのために一命を捧げても悔やむ所はないと言われたのです。ここが大事な所です。法華行者はそれでなければならない。大体善い事をやり出せば反対が起こり、そうして人は途中で心が変わりやすいものである。舎利弗尊者ほどの人でも、責めに堪えることが出来ずに菩薩の行を途中で退転してしまった。されば如何なることがあっても、この度法華経のために誠意を通すと考えたことは、やり損なってはならない。善かれ悪しかれ法華経を捨てるのは地獄に堕ちる罪である。日蓮は釈尊に大誓願を立てたのであるから、日本の国主の位を譲ろうと言ってきても、父母の頸を刎ねると言われても、決して法華経を捨てることはしない。我が主張する所の正義が破られたならばいざ知らず、そうでない限りは断じて屈服することはない。圧迫や威嚇によって日蓮はこの志を変えない。どれ程の難が起こって来ようとも、日蓮の誓いを立てた精神から見れば、あたかも風の前の塵の如し、直ちに吹き払われるであろうと述べられたのです。

「我れ日本の柱とならむ、我れ日本の眼目とならむ、我れ日本の大船とならむ等と誓いし願、やぶるべからず」

仏教は広く一切衆生を憐れむ宗教ですが、その広大な精神を現すには、この日蓮聖人の宣誓のように、まず国家を通して行くというのが日蓮聖人の主義に立つ者の主張となります。それは排外的・好戦的愛国主義のように、自国を愛して他の国や民族を苦しめるというような意味ではありません。また国を忘れて単に広く世界をという理想主義を夢見るような思想でもありません。日本の国に正法を打ち立てて、正しい理想、模範的文明を打ち立てて、その国の力と人の徳をもって世界の人類を救おう、ただ宗教を宗教としては力が足りない、ただ国家は国家としていたのでは我武者に陥り易いから、国家の男性的なるものに宗教の女性的なる信仰を合わせて、そうして理想的文明を世界に及ぼそうというのが、日蓮聖人の主義に立つ者の主張です。故に我れ日本の柱とならむ等と言われたのは、けっして尊大な志などではなく、外に衆生を救う精神と、内に国家を思う精神を結び付けて宣言されたものです。現在の国際連合というのも、世界の人道のためにする思想と、国家を擁護する思想の融合、国家観念と人道観念との調和を如何にするかということが最大の課題となります。これが了解されなければ、秩序のある平和な世界を築くことは出来ません。国の観念と人道の理想が了解されなければ、単に国家単に宗教と言っても駄目なのです。斯くて日蓮聖人の我れ日本の柱とならむとの理想は、現代においても益々光輝を放つものであると言えるわけです。

「今、日蓮強盛《ごうじょう》に国土の謗法を責《せむ》れば大難の来るは、過去の重罪の今生《こんじょう》の護法に招き出せるなるべし」

それからまた疑を設けて、今日蓮が迫害に遭うのはどういう訳かということについて答えられます。悪業を作れば、その罪報がある。日蓮は過去世に法華経の行者を迫害した重罪があったに違いない。生死を離れる時は必ずこの重罪は消し去らねばならない。今、日蓮が厳しく謗法を責めて護法のために迫害に遭うのは、その過去の重罪を招き出して徹底的に償っているからである。涅槃経には、病苦と飢えに悩まされ、物乞いをして過ごす貧女《ひんにょ》の譬えがある。宿で赤子を産んで追い出され、他国に行こうとしたが風雨寒さに苦しめられ、蚊や虻《あぶ》や蜂、毒虫に刺されて、子を抱きしめて河を渡ろうとしたものの流れが速く、母子共に没してしまった。しかしながら、女人は子を慈しむその功徳によって死後梵天に生まれかわったのである。子とは、法華経の信心了因である。母子共に没すとは、法華経の信心を破らずして頸を刎ねられんとした日蓮と同じである。日蓮聖人は、迫害に遭う訳を色々と答えられていますが、それは大した事ではありません。ここで日蓮聖人が結局言われていることは、法相の唯識観や真言の五輪観等では、到底成仏が出来るとは思えない、「ただ天台の一念三千こそ仏になるべき道とみゆれ」ということです。その天台大師の一念三千の法門は、我等凡夫には一分も理解し難いことですが、大切なのは人々に仏性があるということと、本仏の加護があるということです。一念三千とは、前々に述べられた通り、二乗作仏と久遠実成の二つが骨子です。一代諸経の中ではこの法華経だけが一念三千の玉を抱いている、この二大教義こそが一切経の心髄なのです。日蓮聖人はそこを論じて、他の経典は色々と結構なことを言って玉に似ているようだけれども、それはただの黄色い石である、仏性のことが分からなければ、仏因を種えなければ、どんなにしても仏には成れない、「沙《すな》をしぼるに油なし」と言われています。浄土宗のように、どんなに悪業をなしても阿弥陀仏に救われる、阿弥陀仏の名を唱えれば極楽浄土へ行けると言っても、それで罪が帳消しになることはありません、成仏などは決して叶わないのです。

「我並びに我《わが》弟子諸難ありとも疑う心なくば自然《じねん》に仏界にいたるべし。天の加護なき事を疑はざれ。現世の安穏ならざる事をなげかざれ」

如何に反対があるとも、それは人生の習い、正義を唱える者には必ず伴うことである。たとえ難があっても、けっして疑を起こしてはならない。天はご守護下さるに違いないが、事実それが見えない場合であっても、時に貧しい生活に陥ろうとも、そんなことに心を動かしてはならない。正義を貫く者は、時に形の上においては不幸薄命であっても、精神の上において富めることを喜ぶべきである。この如き教えを朝夕《ちょうせき》弟子に与えたけれども、心の足らない者は迫害が起こって来ると、疑いを起こして法華経の信心を捨ててしまった。愚かな者は約束した事を大事な時には忘れてしまうようである。事無き時はどうでも良いのです。無事平穏の時ならば、何も問題は起きません。しかしながら、一大事の時には、修養の力、信仰の力が現れて来なければなりません。何の波も立たず風も吹かずという時ならば、どうにでも済みます。そこに波風が激しく起こった時に、それを凌いで行く力を発揮できるかどうか、それが宗教なり道徳の値打ちなのです。日蓮聖人が首の座から佐渡島に流された時には、二百人ばかりの信者が大分動揺をしました。動揺するのは、妻や子供が不憫《ふびん》だと思い、それと正義を貫こうとする精神が衝突するからです。両方全うし得られるならば、それに越したことはありません。正法を信じて家庭も円満であるならば、こんな結構なことはありません。今は法華経を信じるとも何の迫害を受けることもありませんが、当時はそうでなかった、迫害の中に法華の正義を貫かなければならなかったのです。そこで日蓮聖人は諭して言われているのです。よく考えて見よ、何遍も生まれ変わりしても、妻子と嘆き別れることになるのは、いつでも同じことであろう。ならば今度こそは法華経の信心を破らずして霊山浄土《りょうぜん》に参り、それから可愛いと思う妻子を導いてやれば良いではないか、今度こそは正しい信心を破らないで貫徹して行くことを心掛けなければならぬと、諄々《じゅんじゅん》として説かれたのです。人生は単に無事平和を頼みとしては駄目です。如何に平穏無事に過ごそうと思っていても、そうは済まされないのが人生なのです。だからこそ、人生の修養においては、どんな激変に遭遇しても迷いを起こさぬという所まで、自らを鍛え込んで置かなければなりません。故に今の教訓の通り、万一正義を貫くに愛著《あいじゃく》が邪魔をするようならば、愛著の絆を切っても正義を貫くことが法華行者の覚悟でなければなりません。両方全うす出来るのならば、それ程有り難いことはありませんが、もし愛著の一方に心が奪われて、正義を貫くことが出来ないのならば、結局は魔に唆されて妻子共々に身を滅ぼすことにもなるのです。

「無智悪人の国土に充満の時は摂受《しょうじゅ》を前《さき》とす。安楽行品のごとし。邪智謗法の者の多き時は折伏《しゃくぶく》を前とす」

日蓮が念仏宗や禅宗を無間地獄に墜ちる罪だと言うのは、日蓮に争う心があるからである、それは法華経の安楽行品に「人及び経典の過を説かざれ。また諸余の法師を軽慢せざれ」と説かれた経文に相違するではないか、そのような批判に答えて日蓮聖人は述べられます。仏法には、摂受と折伏という法門がある。無智であるが故に悪人が多い時には、安楽行の時のように、摂受を前面としなければならない。しかしながら、邪智あって謗法の者が多いときには、折伏を前面としなければならない。法華経を和やかに弘める時もあるけれども、和やかに教えを弘めるだけでは世を救うことは出来ない時があることを知らねばならない。ただし折伏は決して人を恨むのでもなければ、喧嘩をするのでもない、飽くまでも彼等を哀れむがために折伏の布教をするのであるから、一貫して慈悲心をもってやらねばならないことを説いています。ところが、今日の日蓮門下には、未だに摂受なりや折伏なりやと言って、ぐずぐずと議論をしている者があります。日蓮聖人が「仏法は時によるべし」と言われているにもかかわらず、仏教の布教は摂受が正しいのであって、日蓮聖人も折伏より摂受を重んじていたと言い出す者、日蓮聖人は折伏を行ったが自分は穏やかに摂受で行くという者が後を絶ちません。法華経の正義をもって国家のため人類のために貢献するためには、日蓮聖人の血が通っていなければなりません。道徳の根幹である宗教信仰が廃れる一方で、カルトな宗教に嵌《は》まる人も多いというのに、今日の多数の僧俗のようにナマクラになったのは実に意外なことです。いやしくも日蓮聖人の主義という栄冠に頂く以上は、飽くまでも理義正しく威容堂々たる折伏の気骨を忘れてはならないのです。

涅槃経に云く「もし善比丘、法を壊《やぶ》る者を見て、置いて呵責《かしゃく》し駈遣《くけん》し、挙処《こしょ》せずんば、まさに知るべし、この人は仏法の中の怨《あだ》なり。もし能く駈遣し、呵責し、挙処せば、これ我が弟子、真の声聞なり」

朝に晩に法華経を読んで殊勝な顔をしていても、法敵を見てもそのままにしている、法華経に反対する思想、悪い教義が蔓延《まんえん》しつつあるのに、これを撲滅する運動に参加しないのならば、仏法を害する者となります。そこが分からなければ、日蓮聖人の弟子、信者とは言えません。皆が皆、鉢巻きをして飛び出して行けとは言いませんが、何も出来なくとも心だけでも、日蓮聖人の主義のために尽くさなければなりません。日蓮聖人が正法のためにあれだけの艱難《かんなん》苦労をなさったのに、保身を強くして力のある者には諂《へつら》い、その志を忘れるようであったならば、とても成仏など出来ないのです。ただし折伏は増悪のためにするのではない、慈悲をもって行うことは、子を叱る親と同じであると日蓮聖人は述べられています。そして、釈迦如来が、法華経によらなければ末代の人は苦しみを除いて成仏など出来ないと明示され、懇《ねんご》ろに法華経を弘める導師を求められているというのに、その先に回って法華経は役に立たぬ、捨てよと説き回る法然こそ、実に無慚《むざん》にして無慈悲であると日蓮聖人は言われたのです。末法の時に法華経を千人信じるとも一人も利益は得られないと言うのは、毒に中《あた》って苦しんでいる子供を騙して、医者である親が拵えた大切な薬を捨てさせるのと同じです。日蓮聖人の折伏は、そこから出て来るのであって、こちらから喧嘩を仕掛けているのではありません。親が可愛がっている子供、救おうとしている子供を井戸の中に突き落とそうとしているから憤るのです。そして、その謗法を制せざる者もまた、仏法の敵であると言われているのです。ところが、どうでしょうか。現代においては念仏宗どころか、日蓮を騙って「釈迦の説いた法華経は役に立たぬ、これを使用するから生活に破綻をきたす」と、仏教に無知な者を騙して日本最大の宗教団体となった創価学会が、政党を作って政権に与している事態となっています。しかも、宗教家のみならず、政治家もマスコミも、今や彼等を表立って批判する者は殆どいません。日本人には、模範的宗教、模範的道徳、模範的文明を作って世界の信頼を得るべき国民とならなければならない責任があります。ただ南無阿弥陀仏と唱えて極楽浄土を夢見れば良い、ただ南無妙法蓮華経と唱えれば幸福になると信じれば良いという、そのような低俗な国民ではないのです。世界に範を示して旭日と共に輝く国民であるならば、日蓮聖人の如く「彼がために悪を除くは、即ちこれ彼が親なり」という慈悲を、私達は決して忘れてはならないはずです。

「日蓮が流罪《るざい》は今生の小苦《しょうく》なればなげかしからず。後生には大楽《だいらく》をうくべければ大いに悦ばし」

更に進んで、道念のない者、法を愛する考えのない者は、駄目だということを日蓮聖人は説かれます。信心が進むと道を愛し法を護る所の精神に進んで来る、信心を続けていればそれが発達して道を思う精神となり道念堅固となるはずです。お勤めの言葉には、朝夕道念堅固と祈るけれども、事実には頗《すこぶ》る不堅固であったならば意味はありません。そして、日蓮が御勘気を被って、それ見たことかと悦ぶような手合いは、無慚であり奇怪であると言われたのです。羅什三蔵は印度に行き、亀茲《きじ》国を経て秦に入り、そして法華経を翻訳するために心血を注がれた。伝教大師は三千余里の波濤《はとう》を渡って支那に入り、そして日本に正法を伝えられた。その他偉人の事績を挙げて、その事柄は各々違うけれどもその志は一つである、天台大師が「時に適《かな》うのみ」と言われたように、時に当《あ》て嵌《は》まるようにして法のために尽くされたのです。ならば、思想界の混乱がある時には、適切なる活動を私達は起こさなければなりません。何時までも太鼓を叩いて万灯を舁《か》くばかりでは駄目です。生きたる功徳善根を積まなければなりません。何時までも一字一石の塔を建てたり、塔婆ばかりを書いたりしていては駄目だということを日蓮聖人は示されているのです。如何に迫害に遭うとも法悦と満足とに生きよ。一切経中最第一の法華経を時に適うように活用せよ。そして道念に生きて如何なる困難があっても、法悦と満足とを謳歌《おうか》して働くべきである。日蓮が佐渡島の辛苦は堪え難きものであるかも知れぬが、法華経の御為《おんため》に尽くす功徳によって成仏の希望を達し得るのであれば、こんな悦ばしいことはない。佐渡島において日蓮聖人がこの書を著し終わり、筆を擱《お》かれたのは実に文永九年の二月です。二月であれば非常に寒い、墓場にある塚原三昧堂は雪が積もって埋まり氷柱が下がっている、そのような状況の中にあって、凍った筆を溶かしつつ書き納められた開目抄は、「大いに悦ばし」という言葉で結ばれています。筆を持つ手は凍っているけれども、正義の志は凛然《りんぜん》として輝き、仏法活用の知見は鋭く光を放っていたのです。これが開目抄の大精神であり、またこれ日蓮魂であり、これこそ宗教信仰の妙致《みょうち》でありましょう。(完)

観心本尊抄

本書の概要

この観心《かんじん》本尊抄は、大聖人御年五十二歳、文永十年四月二十五日、佐渡島において著された御書で、開目抄と共に御遺文中最も有力なるものです。日蓮聖人は本門の本尊を図顕するに先立って、この御書をお書きになり、日蓮が顕す本尊の意味は、これによって了解せよという趣意を込められました。詳しくは「如来滅後五五百歳始観心本尊抄」という長い題号で、釈迦如来が御入滅なさって、四つの五百歳が済んで第五番目の五百年、即ち二千年乃至二千五百年までの間、その始めの頃に顕す本門の本尊という意味です。したがって、日蓮聖人は御本尊の脇書にも「仏滅後二千二百余年之間一閻浮提之内未曾有の大曼荼羅也」と書かれています。この広い閻浮提に、釈迦如来入滅以後、高僧碩徳《せきとく》雲の如く現れて、色々と立派な意義を仏教において発揚せられ、実に仰ぐべき人は多いけれども、この本尊の大事については未だ嘗て誰も顕しになっていなかったという、その日蓮聖人の確信がこの観心本尊抄に言い表されています。本来宗教の本尊というものは、即ち仰いで満腔《まんこう》の真心を捧げて渇仰讃歎すべきものであって、理智をもって観察する、観念を凝《こ》らして宇宙の真理を悟るというようなことは、観心の一部であって全体ではありません。宗教の信仰において、信心以上に理智観念が大切だなどと言うことはありません。それは一部の学者ぶった者の言うことであって、信心を忘れて理智観念ばかりに陥った、そういう弊害を破ったのが日蓮聖人の天台学から出て日蓮教学を築いたところの大進展です。日蓮聖人は、この信仰の絶対の価値を現すために観心という言葉を使われた、私達が絶対の信仰をする本尊、その本尊を心に観ることを「観心本尊」と言われたのです。

本書の内容

一、一念三千の真意

「摩訶止観の第五に曰く、夫《そ》れ一心に十法界《じっぽうかい》を具す。一法界にまた十法界を具すれば百法界なり。一界に三十種の世間を具すれば、百法界に即ち三千種の世間を具す。この三千、一念の心にあり」

観心本尊抄は、まず始めに天台大師の摩訶止観第五の「一念三千」に関する文が挙げられています。日蓮門下には、「一念三千」ということは非常に難しいことであるとか、一番優れたものだとか大層に言う者が多いですが、天台大師の一念三千論から進展して、日蓮聖人の信仰ということをもって極致とする場合には、そのような解釈は必ずしも的を射たものではありません。「一念」とは、寒いとか暑いとか、嬉しいとか悲しいというような、私達の心の刹那な働きです。そして「三千」というのは、宇宙に現れているすべての万有を指してのことです。その一念の中に万有が具わっているということ、一心法界を包むということを「一念三千」と言います。即ち、これは心を基にして宇宙を説明した思想であって、所謂西洋哲学で言うところの心的一元論ですが、心的なものだけが実在であるとする唯心論とは異なります。天台大師は「一心に十法界を具す」、即ち地獄・餓鬼・畜生・阿修羅・人・天・声聞・縁覚・菩薩・仏の十界を己心に具足しているとして観心を立てますが、この十界は地獄から菩薩までの九つの迷える者と仏の悟れる者、即ち「迷悟の関係」です。そして、その迷える者と悟れる者は、根本から違っているものではない、根本は同じものであるけれども、縁によって迷える者と迷わぬ者の差別があるわけです。「事」の現れとしては時に地獄あり餓鬼あり十界の差別があるけれども、「理」としては内面には悉く仏性を持っている、そこに平等があるわけです。本は同じでも刹那の一念によって、事実に現れて行く所に非常な違いが起きる、そこで今の心何処《いずく》に行くや観察せよというのが、一念三千論となってくるのです。

そして十界の因果を説いたものが、方便品の最後に読み上げている「十如是《じゅうにょぜ》」、如是相《そう》、如是性《しょう》、如是体《たい》、如是力《りき》、如是作《さ》、如是因、如是縁、如是果、如是報、如是本末究竟《くきょう》等です。物事には原因があります。その原因は何らかの作用によって生じたものであり、その作用は力がなければ起こりません。力を出すために体があり、体には体の持つ性質があります。そして、その上には相があります。この「相・性・体・力・作」が一つとなって、「因」となります。因には作《しわざ》があり、作には力があり、力には体《からだ》があり、体には性《こころ》があり、性には相《すがた》があるわけです。卑近な例を以て言えば、ここに刑事に捕まり、判決を受けて刑務所に入っている者があるとしましょう。その結果は、味を占めて泥棒を繰り返したことが縁であり、最初の泥棒が原因です。余所の家に入り込んで泥棒をするというのは作用であり、それには泥棒が出来るような力と体がなければなりません。そして、そこに至るに培われた気性というものがあり相がある、例えば険しい眼などがあって、それが一つのものとなって原因に現れてくるのです。泥棒をするほどですから、本来からして金には乏しく、むさい服装もしていたでしょう。泥棒で一儲けして派手に遊んだとしても、結局は刑務所で惨めな生活を送る報いを受ける、それが本と末には違いがない、「本末究竟して等しい」ということです。正直に勉強した者は立派な者にもなりますが、泥棒根性を持った奴が非常に偉くなって、人から尊敬を受けるようなことはないのと同じです。「始めよければ終わりよし」、何事も一番最初が肝心であり、悪い縁を断ち切って、良い縁を結んでいかねばならぬことは言うまでもありません。

十界互具と言って、十界が各々十界を具《そな》えているから百界。一人の人間が地獄から仏様までの十の性質を有している、畜生もやはりその十の性質を有している、皆各々十界の性質を具するが故に百界となり、その百界の一々に十如是を具するから千如となります。そして「身土」と言われる三種世間、受けるべき身心を五陰《ごおん》世間とし、人間なら人間、畜生なら畜生が互いに生活する世界を衆生世間とし、それらが住む場所としての国土世間、この三種の世間を加えると三千世間となるのです。この如き三千世間が、始めの一念に具えられているというのが即ち一念三千です。天台大師は、その一念を観察することをもって諸法実相を悟る究極の法門とするのですが、最後の結論の所をまずは一言して置かなければなりません。人は自ら善良なる精神を愛する者も多いですけれども、実際には悲しいことに、どういう訳か高い方、善い方を余り考えません。贅沢をして高価な物で身を飾ることを考えたり、自分を誤解している相手に腹を立てたりと、我欲貪欲の精神を起こし、瞋恚《しんに》の煩悩を燃やす。訳の分からぬことに頭を突っ込み、あるいは世を儚《はかな》み、へこたれては「詰まらない」というような考えを続々と起こします。そこで、そういう考えばかりではいけないから、菩薩の精神、慈悲の精神を起こして人のために尽くそう、社会や国家のために尽くすというような偉大な精神に立とうと思う考えも一寸出て来るわけです。ところが、善い精神は出ては来るけれども、直ぐに「パッ」と逃げて行ってしまう。一方、悪い方の精神は、なかなか逃げないで何時までも纏《まと》わり付く。そこで、この一念三千論において、今の一念何処へ行くやということを考えるならば、どうしても助けを求めなければならないという考えが起こってきます。自分の心を善い方へとは思うけれども、中々そうは上手く行かないから、善い心が逃げないような方法を案出しなければならない、そこに宗教というものが必要となるわけです。

御本尊を祭って拝むのは、それによって絶対の仏を渇仰し、仏の精神を我が心に移して、衆生を憐れむ大慈大悲の精神を一分でも余計に味わおうとするためです。朝に顔を洗って御本尊の前に行って拝めば、この眠っている精神が覚めてくる、それでも一通りでは精神の眼は覚めないから灯明を点《とも》す、それから香を焚いて精神を清らかにする、それでも未だ眠っているから鐘を打つ。そのように、宗教はあらゆる方法をもって善良なる精神を喚起しようとします。そして南無妙法蓮華経、南無妙法蓮華経と繰り返し唱えて、善い精神が逃げ込もうとしても、どこまでも追いかけて逃がさないようにする。余計な考えが浮かんで来ても、有り難いと思う精神を声に移して、口の方が「南無妙法蓮華経」と続いているから、逃げた心がまた南無妙法蓮華の声を辿《たど》って戻って来る、宗教はそこを教えているのです。そのようにして、一念三千の意味合いを段々に信仰の方へ移して行く、信心を本尊と結び付けて、そして唱え言葉をもって善い精神を逃さないようにして、「今の一念いずくに行くや」と言った時には、「この通り、立派なものである」と言えるようにする。御経を読んで、一心に信心している時には、「法華経を渇仰讃歎している」「慈悲の心に満ちている」「国を愛し社会のために尽くす精神に輝いている」と言えるようにするのです。一念三千を学問や理屈で捏《こ》ね回している間は駄目です。精神を今言うような高き清き立派な精神に活躍せしめるには、座ってただひたすら観念観法を凝《こ》らすことよりも、本尊を安置して信念渇仰を捧げる方が良いということを、日蓮聖人は観心本尊として教えているのです。

観心本尊抄は最初に天台大師の摩訶止観の一念三千から議論が進められます。一念三千の教義を極めようとすれば非常に広く深い事にもなりますが、読んではみたが一体何が書いてあるのかも分からないような難しいものであったならば、普遍的に人間を教化するものとはなり得ません。難しい理屈や書物を離れて、誰の心にも写るものでなければなりません。そこで開目抄に日蓮聖人が「一念三千の大綱骨髄たる二乗作仏・久遠実成」と示されているように、一念三千はこの二乗作仏と久遠実成の二つが押さえ所となります。二乗作仏ということは、如何なる者にも皆仏性があるということです。だからといって、凡夫も仏様と同じだというわけではありません。仏性を有している者と仏性が顕れている者とには大きな違いがあります。中古天台の本覚思想の影響を受けて、凡夫も仏も同じであるとか、仏性を有している凡夫の方が仏様よりも上だなどと無茶苦茶なことを言う者がありますが、それでは仏子の自覚に立つことは到底出来ません。本仏を意識せずして、「俺は菩薩だ」などと言い出したところで何も始まらないのです。そして、久遠実成とは、本仏のことを教えるものです。本仏とは一念三千の覚りの全体を事実に顕している所の仏であり、この全宇宙の絶対の支配者です。釈迦牟尼仏が「我はこれ法王、法に於いて自在なり」と名乗られたのは、天地宇宙万有を支配する所の王であるという意味を言い表したものです。したがって、法が仏様の上に位置するということはありません。如来とは真如、即ち法を覚って衆生を救済するために温かな慈悲をもって活躍している絶対の存在です。その如来よりも、凡夫には到底覚り得ない冷ややかな真如をただ有り難がっているようでは、そこに感応道交などが起こることはありません。本尊論を考える上で、日蓮門下が法仏勝劣などと法と仏を相対させて、どっちが偉いかなどという喧嘩みたいなことを何時までもしているのであれば、これは学問が足りないということになります。

「天台の難信難解《なんしんなんげ》に二あり、一には教門の難信難解、二には観門の難信難解なり」

難信難解ということを、ある宗旨の者は「信じ難し解し難しならば、一般の凡夫の器には合わない教えだ」などと批判しますが、「有り難い」という言葉と同様に、この難信難解ということも、教えを尊ぶ意味において使われているものです。教門の難信難解の一つは、如何なる者でも法華経に来たって成仏しない者はないということです。それはどういう事かと言うと、法華経より他の経では女人は仏になれないというようなことを言っていた、声聞・縁覚という二乗と一闡提は決して成仏出来ないと説いていた。しかしながらそれは仏教の本意ではないとして、法華経では女人成仏のみならず、悪人成仏、愚者成仏、十界みな悉く仏道を成ずることが説いてあります。法華経は一切衆生悉く成仏する所の妙法である、これが信じ難いことであるのです。ところが浄土門では、この世界で仏様に成るなんてことは難しいから、いい加減に見限りをつけて、阿弥陀様の世界で気楽にやればよいというようなことを説く、そこが日蓮聖人の全く同意できない点です。浄土に行ってから善い事をするというようなことではいけない、この娑婆世界で人生を向上せしめる宗教でなければならない。「極楽百年の修行は穢土《えど》の一日の功に及ばず」で、極楽で気楽に百年修行しても、娑婆世界での一日の功徳にも及ばない。娑婆世界では容易ならぬ面倒が付き纏《まと》う代わりに、一日正しき信仰を維持して善を積めば、その功徳は広大であると日蓮聖人は言われています。宗教には奮闘の精神がなければなりません。困難の多き所でも闘って行こうという人生でなければなりません。辛《つら》い所を逃げ回っていてはいけません。余所に逃げて行けばよいと安易に考える者に、立派になる者は居ません。そこにおいて、そこを改善し、そこを向上する努力が人間にとって最も大切なことです。浄土門のように、お前は罪が深いから駄目だ、業が深いから駄目だというようなことを言い、他力本願を説いて人を腰抜けにしてはいけません。人間には発奮努力する希望を与えなければならない、そこが教化の要訣《ようけつ》です。そして今一つは仏様のこと、本仏という意識です。釈迦如来は、この度始めて仏になったのではない、時間から言えば始めもなき以前よりの実在の仏であって、空間から言えばこの世界の働きのみではない、十方世界その果てを尽くして活動されている如来である。この縦には三世に高く、横には十方に遍《あまね》く活動する所の偉大なる仏を認めること、これが本仏を信じるということになります。宗教は、宇宙の絶対の人格者を信じるものでなければなりません。お釈迦様は娑婆世界だが、阿弥陀様は安養世界、薬師様は浄瑠璃《じょうるり》世界と、それぞれ持ち場が決まっているかのように考えるのはいけません。釈迦如来は、全法界の一人と雖《いえど》も漏らさないで「其の中の衆生は悉く是れ吾《わ》が子なり」言われている、これが即ち本仏です。この二乗作仏と久遠実成のことが教門の信じ難く、有り難い所です。次に観門の難信難解とは百界千如・一念三千であり、そして今ひとつは心を持たない非情の物にも色心の二法があって十如是を具えている、即ち仏性があるということです。それは何の問題から起こって来たかというと、本尊の問題から起こってきた、字で書いてある曼荼羅でも、彫刻された仏像であっても、あれはただ字である、ただの木であるとは思っていたならば、本尊とはならないからです。そこで、草木も色心を具えている、因果があるということを、日蓮聖人は、天台大師や妙楽大師の論を引用して示されます。これは少々難しい議論で詳しくは説けず、また説いても理解し難いものになりますが、要するに仏性は人間ばかりが有しているのではない、植物の種には魂があるとは思えないけれども、芽が出て花を咲かせて果を得るように、また科学においては無生物から生命が誕生したと考えられているように、一方には宇宙の大生命というものがあり、そして如何なる物の中にも生命が通うということを述べたものです。

「観心とは、我が己心《こしん》を観じて十法界を見る。これを観心と云うなり」

天台大師の摩訶止観等に明らかにされた一念三千の観心とは、自分の心に具わっている地獄地界から仏界までの十法界を観察することです。日蓮聖人は法華経を引用して、提婆達多《だいばだった》や鬼子母神《きしもじん》、八歳の龍女《りゅうにょ》や阿修《あしゅ》羅《ら》などを挙げて、地獄界から菩薩界の九界、そして仏界の各々が十界を所具していることを説明し、九界所具の仏界、仏界所具の九界というものを明かされます。提婆達多も成仏した、龍女も成仏したと言って、如何なる者も悉く仏性を有している、即ち地獄から菩薩までの九界みな仏性を有していること、そして仏の方においても九界が無くなったのではないことが示されたのです。この仏様の心にも九界を有しているということは大事なところです。例えば、金持ちになったら金持ち根性だけで、貧乏の生活を味わったその意味合いが残っていなければ本当の親切というものが出て来ないように、仏様となっても、人間は斯かる事に苦しみ、地獄は斯かる事に悶《もだ》えるということがありありと分からないと大慈大悲の活動が起こって来ません。そんな事まで説いたものが一念三千の法門なのです。互いに十界を相具している、十界互具ということは信じ難きことです。そこで、果たして人間の心に事実として十界があるかということの問題に入って、日蓮聖人は人の顔について教えを説かれます。人は誰でも始終同じ顔をしている訳ではありません。ある時は陽気に喜び天上に居るが如く、ある時は憎しみ怒って地獄に居るが如くにあります。また、ある時は餓鬼の如くに貪欲《とんよく》の心を起こし、ある時は畜生の如くに愚痴《ぐち》の心を起こし、ある時は修羅の如くに拗《ねじ》けた根性を起こして争います。人として平穏を装うとしても、その顔の表情を見れば、そこに地獄界から天界までが具わっていることは明らかです。声聞・縁覚・菩薩・仏という四聖界は、顔の表情に現れるのを見ることは難しいかも知れません。しかしながら、この世の無常なることは目に見える事実です。歓楽極まって哀情多しで、桜の花を見に行っても、日暮れに花の散るところを見れば寂しいような感じがする。あるいは親しい友人が死んで、無常というものを感じるということがある。これは如何なる人にも人生無常を感じる心がある、声聞・縁覚の二乗界を具えているということです。また、如何に悪人であっても自分の女房や子供を可愛がることがある。他に対しては実に残忍なる者であっても、妻子を慈愛することにおいては、菩薩界の一分が現れていると言えるのです。

ただし、仏界ばかりは現れ難い。そこで日蓮聖人は言われます。十界互具は、石の中に火がある、木の中に花があるようなもので信じ難きものである。しかしながら、石は叩けば火が出る、桜の木も春になれば花が咲く。また、人界に仏界が具わっていることは、水の中の火、火の中の水が如きもので甚だ信じ難きものである。しかしながら、竜火は水より出で、竜水は火より生ず、大雨の中に稲妻は光り、稲妻が光れば大雨が降るように、現に証拠があるのならば、これを信じなければならない。中国古代の尭王《ぎょうおう》や舜王《しゅんおう》の如き聖人は、「民を愛すること我が子の如し」と言われるような善政を行った。これは、人界に具わっている仏界の一分が現れたものである。不軽菩薩が如何なる人も皆仏性ありと言って拝んで回ったのは、人々の心の中に仏身を見たからである。また悉達《しった》太子が人間でありながら遂に菩提を成就して仏身を現じたことは、人間に仏性があることの活きた証拠である。如何に落ちぶれ果てたと思える人の中にも、仏性は光を失っていません。もはや腐れ果てて仏性などは無いと思われても、方法をもってすれば必ずこの仏性は現れて来ます。一切の宗教なり道徳なりの中において、如何に人格が壊れ、社会に捨てられるようになっても、その者の息の通っているそこには仏性があるという事ほど有り難い教えはありません。財産が無くとも何が無くとも、自分の魂の中には仏様と同じ広大無辺の智慧もあり慈悲もあり活動もあり、無限の生命がある。仏性とは腐るものでもなければ死ぬものでもない。何時かは花咲く春に逢ってこの仏性が光顕し、無限絶対の仏陀となる時が来る。あとはただ時間の問題である、少し長く悶《もだ》えるか短く苦しむかというだけの話である。これに敵対する者はない、実にこれは最後の光明である。そこを今日蓮聖人は説かれているのです。

「問うて曰く、教主釈尊は、三惑已断《さんなくいだん》の仏なり。また十方世界の国主、一切の菩薩・二乗・人・天等の主君なり。かくのごとき仏陀をば、何を以て我等凡夫の己心に住せしめんや」

法華経の迹門、爾前《にぜん》の経典に説かれた始成正覚の教主釈尊でさえ、譬えようもない年月の間に菩薩の修行を積まれて仏と成られたわけです。そのような菩薩界の功徳が、我々凡夫の己心に既に具わっているというのは信じられないことです。まして、本門に顕された教主釈尊は、十方世界において衆生を教化されてきた無始無終の久遠の本仏です。我等凡夫の一念に十界が具わっている、我等凡夫の己心に三千世界が具わっていると言っても、菩薩や声聞・縁覚、諸天乃至地獄までの九界のみならず、仏界が具わっている、この教主釈尊が我等凡夫の己心に住み給われているということは、甚だ信じ難きことです。私達は愚痴無明の心に閉ざされている、それに対して仏様の智慧は広大無辺であり、慈悲も広大無辺です。私達は身勝手にして優しい精神は殆ど隠れ、時には人を叩き殺すというような根性も起こしますが、仏様は如何なる困難の中にあっても慈悲を失わずに一切衆生を我が子として眺められ、そして限りなき永い時間を通じて少しも懈怠《けたい》なく働かれています。その仏の広大無辺の智慧と慈悲と、我々の利己的なる精神を比べれば、実に天地の相違がある。それでも法華経は斯くの如く腐れ果てたる心の中に仏性がある、私達の心の中には仏様が居られることを説くのです。法華経の信解品には、五十年の間彷徨《さまよ》って、その性根まで乞食が染み込んでいた者でも、方法をもってすれば長者の息子という自覚に戻るという譬えがあります。五百弟子受記品では、須梨槃特《しゅりはんどく》のような自分の名前も憶えられないような愚者も仏に成り、提婆達多品では、お釈迦様を殺そうとした実に極端な悪人・提婆達多も改心して仏に成ることを説きます。また陀羅尼品では、人の子を奪って食っていた鬼子母神が改心して、人を守り、法を護るというように、法華経は如何なる者にも仏性の現れがあることを説きます。客観的に実在すると観る本仏の教主釈尊は、実は我等が精神に居られるのである。そして仏というも菩薩というも、神というも魔というも、それらはすべてこの世界と別の所に居るのではなく、私達の心の中に存在するものである。この一念三千の法門を説かれたのは、仏教史上において天台大師ただ一人です。天親菩薩や竜樹菩薩という偉大な人も、内心では知っていたけれども、これを説き明かすことはありませんでした。それ故に日蓮聖人は、この法華経の正法を覚知され弘められたのは、印度に出現して成道を示された釈尊、そして中国の天台大師、日本の伝教大師だけであると言われたのです。

「善男子、この持経者もまたかくのごとし。諸仏の国王と、この経の夫人と和合してともにこの菩薩の子を生ず」

そして次に法華経の開経とされる無量義経を引かれて、国王と夫人が可愛い子供をお生みになったとすれば、その子供は未だ小さくとも大勢の人は挙《こぞ》って大切にするであろう、同様に、この法華経を持つ信者行者は、国王にあたる仏様と夫人にあたる経典が和合して生じたる菩薩の子であると言われます。即ち、本仏の有り難い意味合いと法華経の有り難い意味合いが分かってくると、人間の性が菩薩に変わるということを日蓮聖人は説かれているのです。これは片方だけでは起こりません。今の日蓮門下のように本仏釈尊を忘れてしまって、ただ「自我得仏来《じがとくぶつらい》」などと言って題目を拝んでいる、仏様の偉大なる人格を渇仰しないで、狐などを拝み、鬼子母神を有り難いなどと思っていたならば、菩薩には成れる訳がありません。仏様を念ずることにおいて菩薩とも成れるのであって、幾ら法華経を読み、幾ら題目を唱えても、本仏を忘れるならば菩薩の子は生じないということが無量義経に説いてある、そこを日蓮聖人は引かれたのです。母である法華経ありといえども、父である仏がなければ、菩薩の子は生まれません。そこが一番大事な所です。一念三千の大事は仏性を顕すことにある、菩薩の子が生まれて来なければ駄目なのです。この堕落して、人でありながら餓鬼となり、人でありながら地獄に行く者を、人よりして直ちに菩薩にし、遂には仏にしようとするのが仏教の感化です。そのための方法が、法華経の如き広大なる教義をもって暖め、本仏釈尊の偉大なる温かみをもって啓発する時に、人が菩薩に生まれ変わるということなのです。

「釈尊の因行・果徳の二法は妙法蓮華経の五字に具足す。我等この五字を受持すれば、自然に彼の因果の功徳を譲り与えたもう」

日蓮聖人は、更に仏様の温もりを伝える方法として、この妙法蓮華経の五字が如何に大事であるかを説かれます。宗教の実質とは、絶対者と私達の関係です。仏教ならば、仏様と私達衆生の関係になります。病気に譬えてみれば、病人と医者の関係であって、その間の薬や治療のための機器などが、医者が働きを現す方法、病人が救われる方法となるわけです。そういうことを理解せずして、真言宗で阿字というものを有り難く思うように、日蓮門下がただ妙法蓮華経という言葉ばかりが偉いように思ったりしたのでは宗教としては大きな間違いです。妙法蓮華経の五字と雖《いえど》も本仏釈尊の力用が活躍している、本仏の偉大なる力と我々の信仰が結びつく仲介作用として、この唱え言葉があるのだということを日蓮聖人は説かれています。そして無量義経を引いて「いまだ六波羅蜜を修行することを得ずといえども、六波羅蜜自然に在前す」と言い、「釈尊・多宝・十方の諸仏は、我が仏界なり。その跡を紹継《しょうけい》してその功徳を受得《じゅとく》す」と、釈尊の因行果徳の二法、即ち釈迦如来が菩薩行において積まれたる功徳、仏としてお積みになった功徳が、この妙法蓮華経の五字の中に具わっているとの会通を加えられた、本仏の持っておられる絶対無限の功徳が、この妙法蓮華経の五字を通して、私達の身に下ってくるということを信念するのだと言われたのです。したがって、仏様を忘れてしまってはどうしても法華経の信仰は成り立ちません。これは法華経に限りません。絶対の人格者を忘れたる宗教は、宗教として完成しません。この点はキリスト教も仏教も、その他のあらゆる宗教も同じです。ただその絶対的人格者を説明する方法において優劣があるのです。

「寿量品に云く、しかるに我《われ》実に成仏してより已来《このかた》、無量無辺百千万億那由他劫《なゆたこう》なり等云云。我等が己心の釈尊、五百塵点《じんでん》、乃至、所顕の三身《さんじん》にして無始の古仏なり」

妙法蓮華経の五字の中に、釈尊の功徳が具わっている。私達がこの妙法の五字を唱え信念するならば、釈尊の功徳を譲り与えられるということが、一念三千の帰結であると日蓮聖人は述べられています。ただ一念三千は、人々の心に天地法界を具えているると考えただけでは、事実私達はそれを現すことが出来ません。如何なるものを有していても、それを現すことが出来なければ、何の役にも立たないのです。されば三千諸法の中には、仏性を有していることこそが有り難い、仏性が現れた時には、一切の衆生をよく理解して救うために餓鬼・畜生・地獄の性も用をなしますけれども、もし仏性が現れない時には、餓鬼・畜生・地獄の性は己を禍《わざわ》いするのみです。故に大事な点は、己の有している仏性を如何に現すかの実際の方法です。己に仏性があるということを自分が了解した所では現れて来ない、それは奥の方に潜んでいて、事実に現れるものが餓鬼であるとか、畜生であるとか、地獄の精神であったならば実に情けないことです。そこで事実に仏性を働かそうとするには、本仏を意識しなければならない。本仏を意識して本仏の慈悲に心から感謝して、本仏の感応を念じる時、そこに私達の仏性は眼を覚ますのです。それを南無妙法蓮華経の言葉を通して信じる、本仏釈尊に対して南無妙法蓮華経と誓いを立てるのです。今の一般の日蓮門下の如くに、ただ南無妙法蓮華経と唱えていれば仏性が現れると神秘的に言うのみであれば、それは思想的には欠けているものとなります。本仏の感応を意識せずして、ただ題目を唱えていても仏性は開発されるものではありません。それでは何が出て来るか分かりません。それが証拠に、ただ南無妙法蓮華経と唱えるだけで、生きている間に立派な人間になって、仏性の光を現したなどという人は居ないのです。釈尊が五百塵点劫という譬えようもない古い過去を説いて、始め無き意味を示されているにもかかわらず、弘法大師が寿量品を批判した如くに、日蓮門下において五百塵点劫という言葉に囚《とら》われて、寿量品の仏も始めが有るなら本仏ではないなどと理屈をこね、何か分からん妙法が偉いように言おうと努力している馬鹿な者があります。それでは、日蓮聖人が「無始の古仏なり」と言って、始め無き以前の絶対の実在を説かれていることに、真っ向から反対していることになるのです。

「経に云く、我れ本《もと》菩薩の道《どう》を行じて成ぜし所の寿命、今なおいまだ尽きず。復上《またかみ》の数に倍せり等云云。我等が己心の菩薩等なり。地涌《じゆ》千界《せんがい》の菩薩は、己心の釈尊の眷属《けんぞく》なり」

日蓮聖人は「我等が己心の菩薩等なり」と言われている、即ち私達が菩薩の道を行じることは釈尊のお働きであると説かれているのです。仏様の心の中にも菩薩界があるから「我れ本《もと》菩薩の道を行じて」と言われているのですが、この文をもってお釈迦様も始めは菩薩であった、それから行を積んで仏になったとすれば、菩薩の前は凡夫であったなどと屁理屈をこねて、「無始の古仏」という始め無き以前よりの実在を破らんとする者が日蓮宗の中にも居ます。釈尊の尊厳を傷つけ、日蓮聖人が命に代えて発揮したる久遠実成の如来実在の教義を食い破ろうとしている者が、日蓮宗で学者面をしていることは実に慨嘆に堪えないことです。ここで菩薩の行を積んだというのは、釈迦如来の働きの中において言うのであって、菩薩から仏になったというのではありません。これは釈尊の働きを示したものです。もし無始の仏であるから、修行しないでも本から仏であったといえば、仏法の因果の法則に反することになります。真言宗の大日如来のように、本からポンとあるものだ、法身仏だ、それは即ち宇宙の真理だ、地水火風空識の六大だ、森羅万象だということになれば、終いには信仰が無くなってしまいます。だからこそ、大日如来を信心しているという真言の信者はいない、お大師様と言って弘法大師をお参りして、不動明王を拝んで、梵字みたいなものを背中に押して貰って有り難いと思っているけれども、大日如来が絶対の如来だという信心を有している者は、今日の真言宗には居ないのです。日蓮門下においても、そういう愚かなことを言って釈迦如来の有り難いことを抑えるがために、そら鬼子母神だ、帝釈様だということになって、日蓮聖人のことは拝むけれどもお釈迦様を忘れることになっているのです。日蓮聖人は、五百塵点劫の上から無始の古仏を顕し、そして「我本行菩薩道《がほんぎょうぼさつどう》」とは、菩薩から仏になったということではなく、仏から出て来る働きであることを示された、そこが大切な所です。天台大師は「我れ本菩薩の道を行じて成ぜし所の寿命、今猶《なお》いまだ尽きず、復上の数に倍せり」を本因とし、「我れ実に成仏してよりこのかた無量無辺百千万億那由陀劫なり」を本果として、これは本仏釈尊の因行と果徳であると説かれました。私達衆生がこの世に現れて、他のために尽くす、菩薩の道を行じるならば、そこには仏という実在がありありと顕れてくる、また仏という実在があるからこそ、私達は他のために尽くし、そして菩薩の道を行じようとするのです。

二、本門の本尊

「今本時《いまほんじ》の娑婆世界は、三災を離れ四劫を出《い》でたる常住の浄土なり。仏すでに過去にも滅せず、未来にも生ぜず、所化《しょけ》以て同体なり。これ即ち己心の三千具足、三種の世間なり」

浄土宗で言う安養世界、阿弥陀如来が拵《こしら》えた極楽浄土などというものは、宇宙の西の果てを幾ら探してもありません。それは、お釈迦様が方便として語られた世界であって、架空の世界に実際に往生などは出来ません。私達の心は汚れているようであっても、磨けばそこに仏性が現れるのと同じで、自分の果報なり功徳の力をもって進めば、浄土はこの娑婆世界の中より現れる、即ち浄土というのもこの世界の他にある訳ではないのです。穢土と浄土は全然違うものである、凡夫と仏とは全く別のものであると言うならば、それは間違いです。穢土の中に浄土が存する、凡夫の中に仏が在る、廃れている社会であっても秩序立てれば立派な社会になる、凡夫であっても功徳を積めば仏になるのです。ところが方便の教えに執着する者は、この穢土と浄土を全く分離し、穢土の娑婆世界を離れて西方十万億仏国を隔てた所の安養世界に行けると喜んでいる、厭離穢土・欣求《ごんぐ》浄土と言って、穢土を厭《いと》うてこの土を離れたい、安養の極楽浄土を願い求めるのが、浄土宗・浄土真宗の根本教義です。此方の世界は悪いから向こうの世界に行きたいという、阿弥陀仏の極楽浄土に限らず、薬師如来の浄瑠璃浄土、大日如来の密厳《みつごん》浄土など、名前は色々と違いますが、そういう浄土へ娑婆世界を捨てて行こうとする教えは駄目だということを日蓮聖人は言われています。しかも、それらは仮に拵《こしら》えた浄土であって本当にあるものではありません。諸仏は皆、釈迦如来から身を分けている所の分身の仏ですから、「能変の教主涅槃に入れば、所変の諸仏随つて滅尽す。土もまた以てかくのごとし」で、釈迦如来が涅槃して、何処に消えたのかも分からないというのであれば、その分身の仏も消えてしまう、したがってその浄土も消えてしまうわけです。だからこそ、十方分身の諸仏を活かそうとすれば、どうしても根本の釈迦牟尼仏の実在であり、本仏であるということが立証されなければならないと日蓮聖人は力説されたのです。釈迦を倒して喜んでいるようでは、天月を雲に包んでしまうようなもので、盥《たらい》に映った月も池に映った月も悉く無くなってしまいます。仏教徒は釈迦牟尼仏の尊厳を維持することによってのみ、仏教の教義が活躍するということを念頭に置かなければなりません。常に統一を図る中心を明らかにして、そして秩序を保たねばなりません。日蓮聖人は、そこを述べられています。この娑婆世界においても、自分の果報が上がってさえ来れば、そこに立派な浄土が現れる。仏様も常住であらされて「近しと雖《いえど》もしかも見えざらしむ」で、私達のすぐ側においでなさっている。浄土というのも娑婆の外にあるのではない。汝等の果報が拙き故に、大火に焼かれて、この世界が灰になってしまうと思うような時も、「我が此の土は安穏にして天人常に充満せり」とあるように、この世界は決して壊れるということはないのです。

「その本尊の為体《ていたらく》、本師の娑婆の上に、宝塔空《くう》に居《こ》し、塔中《たっちゅう》の妙法蓮華経の左右に、釈迦牟尼仏・多宝仏。釈尊の脇士は上行等の四菩薩なり。文殊・弥勒等の四菩薩は、眷属《けんぞく》として末座に居し、迹化・他方の大小の諸菩薩は、万民の大地に処して雲閣《うんかく》・月卿《げっけい》を見るがごとし。十方の諸仏は、大地の上に処したもう」

日蓮門下には、「娑婆即寂光」だからと言って、南無妙法蓮華経さえ唱えていれば仏様だ、自分が仏に成ったと思って、娑婆が即ち浄土だ、仏もへちまもあるものかと威張っているような劣悪なる思想に陥っている者がありますが、それでは、ただの酔っ払いと同じです。そこで日蓮聖人は、今度は南無妙法蓮華経の五字において観心するところの御本尊について示されます。前に「本時の娑婆世界」と言われているように、釈迦牟尼仏の覚りから見れば「我が此の土」である娑婆世界は、即ち始め無き以前より仏が常住に居られる所の真の浄土です。その本時の娑婆世界の上に宝塔が現れ、妙法蓮華経の左右に釈迦牟尼仏と多宝仏が座られ、上行等の四菩薩が釈尊の脇士として立たれている、それをその他迹化・他方の菩薩は仰ぎ見るようにして、そして十方の諸仏も集まって居られる光景が、「本門の本尊」の有様であることが説かれています。即ちこれは、本仏釈尊の久遠実成が顕され、妙法蓮華経の五字が地涌の菩薩に付属される霊山虚空会《れいざんこくうえ》の説法と儀式です。ここで「妙法蓮華経の左右に、釈迦牟尼仏・多宝仏」とあることから、間違いを起こして南無妙法蓮華経の大きな旗がブラ下がっている所に、釈迦牟尼仏と多宝仏が座られているかのように思っている者もありますが、宝塔の中にそんな旗などは立ってはいません。また曼荼羅本尊の中央に大きく書いてあるから、釈尊より偉い南無妙法蓮華経如来だなどという日蓮宗の学者もいましたが、日蓮聖人がそのようなことを言ったことは後にも先にも一度もありません。釈迦牟尼仏が説かれる法華経が、纏《まと》めれば妙法蓮華経の五字に納まっているからこそ、日蓮聖人は釈尊の説法を妙法蓮華経の文字で顕しているのです。

「かくのごとき本尊は、在世五十余年にこれなし。八年の間、ただ八品《はっぽん》に限る。正像二千年の間は、小乗の釈尊は迦葉・阿難を脇士となし、権大乗並に涅槃、法華経の迹門等の釈尊は、文殊・普賢等を以て脇士となす。これらの仏をば正像に造り画《えが》けども、いまだ寿量の仏あらず、末法に来入《らいにゅう》して、始めてこの仏像出現せしむべきか」

ここで大事なのは、釈迦牟尼仏と妙法蓮華経と上行等の菩薩が揃《そろ》っているということです。「ただ八品に限る」と言われたのは、上行等の菩薩は涌出品《ゆじゅっぽん》第十五の時に出現し、嘱累品《ぞくるいほん》第二十二の時にお帰りになられるから、八品に限って現れたと言われたに過ぎません。ですから、八品派なんというような一つの宗派を立てて、末法に上行菩薩の再身・日蓮聖人が南無妙法蓮華経を下種することのみが大事であるように主張するのは、全く健全な思想とは言えません。彼の宗旨では、釈尊のことなど忘れて仕舞いには法華経も要らぬ、寿量品も要らぬ、題目のみ唱えればよいと言う人達もいますが、それでは法華経も日蓮聖人の教えも台無しになってしまいます。すぐ後に「いまだ寿量の仏あらず」とあるように、この一文は本門の教主釈尊を顕かにするためのものです。小乗仏教の釈尊は迦葉尊者と阿難尊者を脇立ちとし、迹門以下・権大乗の釈尊は文殊菩薩と普賢菩薩を脇立ちとしていますが、上行等の四菩薩を脇立ちにしていれば、これは本門の釈尊であることが分かります。本門の釈尊は上行等の四菩薩を脇士とせられた、そこを日蓮聖人は非常に力を入れて述べられているのです。久遠実成の釈迦牟尼仏、妙法蓮華経の五字、上行等の諸菩薩、これを本門の本尊における仏法僧の三宝と言いますが、上行菩薩の再身・日蓮聖人の教えに導かれる者ならば、久遠実成の釈迦牟尼仏に帰依して、南無妙法蓮華経と唱えることは疑いようもないことです。それを色々なことを言うのは、どうしても常識に欠けている、何の因果か学問しながら左様なことになっているというのは、実に気の毒に堪えない次第です。今後は縁があって入り口は違ったとしても、各々の古い宗旨に拘《こだわ》ることなく、日蓮聖人本来の宗旨に統一されていくべきであろうと思います。

「その教主を論ずれば始成《し》正覚《じょうしょうがく》の仏。本無今有《ほんむこんぬ》の百界千如を説いて、已・今・当に超過せる随自意・難信難解の正法なり」

それから次に日蓮聖人は五重の三段ということを説かれます。三段とは、序分、正宗分、流通分のことで、論文で言えば序論、本論、結論というような具合で、お経は皆このように三段に分けて見ます。第一に仏教の全体、釈迦一代の説法を三段にして見る場合は、始めの華厳から阿含、方等、般若の四十年間の説法は序分とし、法華経の三部、即ち無量義経と法華経と観普賢経を正宗分、以下の涅槃経等が流通分とします。そして第二に、法華経八巻と開結二巻の十巻については、開経の無量義経と法華経の序品を序文とし、法華経の方便品より分別功徳品の半ばに至る十五品半を正宗分、分別功徳品の四信を説くところから結経の観普賢経までを流通分とします。また第三に法華経等の十巻において、迹門三段は無量義経と序品を序分とし、方便品より授学無学人記品に至るまでの八品を正宗分、それから法師品より安楽行品までの五品を流通分とします。この迹門の場合には、釈尊はこの度始めて正覚を成じた仏であって、百界千如という優れた法門を説かれましたが、本仏であることは顕してはいません。しかも、迹門の釈尊は大通智勝仏《だいつうちしょうぶつ》の十六王子の中で末っ子ですから、九番目の阿弥陀仏の方が兄貴分ということになってしまいます。

「本門十四品の一経に序・正・流通あり。涌出品の半品《はんぽん》を序分となし、寿量品と前後の二半と、これを正宗となし、その余は流通分なり。その教主を論ずれば、始成正覚の釈尊にあらず。所説の法門もまた天地のごとし。十界久遠の上に、国土世間すでに顕る」

そして第四に本門三段を述べて、釈尊は久遠実成の本仏である、迹門と本門の違いは天地の如しであると日蓮聖人は論じられます。ところが日蓮宗は本迹一致ということを主張してきたがために、今なお何も知らぬ者は、一致派であるとか勝劣派だとか下らないことに頭が引っ掛かって、本当のことが分からなくなっています。天地の如くに違うと言っているにもかかわらず「一致だ」ということに固執するのも滑稽《こっけい》ですが、勝劣派を名乗っていても、久遠の釈尊を脇に追いやって、日蓮聖人による滅後末法の下種益を強調する、あるいは日蓮聖人を末法下種の本仏と主張するために本勝迹劣を立てている門下もあるわけです。そのような詰まらぬ議論に無駄な努力を費やしてきたがために、法華経を信じる、日蓮聖人の教えを信じると言っても、信者の方は何を信じるのかさっぱり訳が分からなくなってしまったのです。

「また本門において序・正・流通あり。過去大通仏《だいつうぶつ》の法華経より、乃至現在の華厳経、乃至迹門十四品、涅槃経等の一代五十余年の諸経、十方三世の諸仏の微塵の経々《きょうぎょう》は、皆寿量の序分なり」

第五に日蓮聖人は、この本門三段に更なる解釈をします。これを法界三段と言いますが、本門三段の中心である寿量品と前後の二半を加えた一品二半《いっぽんにはん》が非常に尊いものだということを説いて、「十方三世の諸仏の微塵の経々は、皆寿量の序分なり」と、この寿量品は天地宇宙全体の経典であるということを明らかにされます。この寿量品というのが仏教の本質であり、幾らお経があっても、それらは皆この寿量品を説かんがための下拵《したごしら》えであり、この寿量品を弘めて行くための流通分ということです。それ故に日蓮聖人は、一品二半よりの外は、同じ法華経と雖《いえど》もまた大乗経と雖も、強いて言えば小乗経に等しい、邪見の教えであり、未得《みとく》道《どう》教、覆《ふ》相《そう》教であると随分と激しく論じられたのです。

「たとい法は甚深《じんじん》なりと称すとも、いまだ種《しゅ》・熟《じゅく》・脱《だつ》を論ぜず。還《かえ》つて灰断《けだん》に同じ。化《け》に始終なしとはこれなり」

日蓮聖人は、如何に尊い法であると言っても、種熟脱の三益を明かさなければ、灰身滅智を説く小乗の思想と同じになってしまうと言われています。これは小乗教のすべてがそうであると言うわけではありませんが、習い損ねた小乗には、体があるから罪を作る、心があるから迷いが起こる、故に身体を灰にして心の働きを滅するならば何も無くなる、何も無くなれば罪が無くなるというような思想があったからです。この「種熟脱」は、どういうことかと言えば、先ず苗代に種をまく、それから田植えして、肥料をやったり、草を採ったりして米が実る、それを刈って蔵に入れるということです。これを人間に譬えるならば、私達の心を田地として、そこに仏と成るべき種を植える（下種）、それから段々と菩薩行によって培われて（調熟）、遂に仏様に成る（解脱）というわけです。私達は皆仏性を有していますが、仏種には二種があって、本来私達が有している仏性は、仏と成る可能性としての「性種《しょうしゅ》」であって、そこに本当の悟りを開くための教法である「乗種《じょうしゅ》」というものが加わらなければなりません。それは例えば、雌鳥《めんどり》は卵を産むと言っても、雄鶏《おんどり》が居なければ卵が孵《かえ》らないのと同じです。この乗種を加えることを下種と言います。したがって、妙法蓮華経の五字が仏種になると言っても、そこに本仏釈尊の智慧なり慈悲なりが加わらなければ、下種とはなり得ないのです。ただ徒《いたずら》に文字神聖論のようなものを振り回し、妙法の字が有り難いなどということをやっていては意味がありません。そういうものは屁理屈、誤魔化しであって、決して法華経の精神ではありません。

下種というものは本仏から来るものであり、そして調熟のための菩薩行を刺激せられているのも本仏の慈悲感応です。日蓮聖人が頸《くび》の座に坐らされた時でも、雪中の佐渡島に流された時においても「教主釈尊衣《ころも》を以てこれを覆《おお》いたまわんか」と言われているように、いよいよ大事の時となれば、必ず本仏釈尊を念じて菩薩の精神を奮い起こさなければなりません。ただ南無妙法蓮華経の文字が有り難いというのではいけません。活躍せる如来の実在を意識しなければならないのです。親の手紙が有り難いと言っても、手紙の文字が有り難いのではありません。そこに親の真心が込められているからこそ感激するのです。妙法蓮華経の五字が有り難いのは、その僅かな文字に釈尊の無限の慈悲、無限の智慧、無限の力が込められているからです。即ち本仏釈尊が「如来の一切の所有の法、如来の一切の自在の神力、如来の一切の秘要の蔵、如来の一切の甚深の事」を皆この妙法五字の中に込めて与えて下さっているからです。それを日蓮聖人は「仏大慈悲を起《おこ》して、五字の内にこの珠を裹《つつ》みて、末代幼稚の頸《くび》に懸けさしめたもう」と言われているのですから、ああ実に有り難い、南無妙法蓮華経、南無妙法蓮華経と唱えるものでなければなりません。その本元の所を忘れてしまっては駄目です。菩薩行というものは、本仏から刺激されて生まれるのですから、どうしてもこの寿量品において顕本せられた所の本仏を意識しなければならないのです。

それから「解脱」ということになって私達はいよいよ成仏することになる訳ですが、蒔《ま》かぬ種は生えぬと言われるように、この「種熟脱」の中においては最初の下種ということが一番大事なことです。如何に大日経などが立派だと言おうとも、種熟脱が論じられていないのであれば、仏種が与えられているとは言えない、大日如来も阿弥陀如来もこれを与えてはいないのです。「化に始終なし」と言って何時から私達は教化されるのかということも分からないのです。しかしながら、私達が釈迦如来と縁を結んだのは、仏教を聞いて有り難いと思う今日が始めではありません。迷っているが故に私達は少しも知らなかっただけであって、釈迦如来は昨日も一昨日も去年も、私達がこの世に生まれる千年前、万年前から、「毎《つね》に自らこの念を作す」との慈悲をもって、「この哀れなる流転を辿《たど》る子供を、どうにかして苦しみより免れさせたい、成道せしめたい」と考えて活動しておられたのです。こちらが気付いたのは昨日今日のことかも知れませんが、本仏は始め無き以前より温かき慈悲をもって私達に導いて下さったのです。二千五百年程前に印度でお釈迦様が仏教を開いた時から、私達は関係を結ぶことになったのではありません。私達の久遠の生命が、久遠の本仏との関係を有していたことを私達が知らなかったのです。日蓮聖人が下種の大導師だとか、南無妙法蓮華経が下種の法だとか、そんな事を言っているのでは駄目なのです。法華経を信じると言うならば、本仏釈尊の絶対を意識しなければなりません。自我偈は「我れ仏を得てよりこのかた」から始まって、「毎《つね》に自らこの念をなす、何をもってか衆生をして」と終わるまで、釈尊の大慈悲の活動を説かざるものはありません。その自我偈を唱えながら、釈尊のことはちっとも考えないで、「教主釈尊と言っても日蓮大聖人のことだ」とか、「ただ南無妙法蓮華経と唱えさえすれば成仏するのだ」とか拗《ねじ》くれたことを言っていては話になりません。それでは寿量品の精神は分からぬことになる、観心本尊抄も開目抄も一切分からないことになってしまいます。彼の人達には、今後は断固として一切の疑いの心を持たないで、日蓮聖人の仰せられる通りに、釈尊の大慈大悲を信念して、そして南無妙法蓮華経と唱えるよう決心せられんことを願うばかりです。

四、本化の菩薩

「本門を以てこれを論ずれば、一向に末法の初《はじめ》を以て正機《しょうき》となす」

次に日蓮聖人は、この法華経が何れの時何れの人のために説かれたものであるかを論じていきます。「在世の本門と末法の初は、一同に純円なり。ただし彼は脱、これは種なり。彼は一品二半、これはただ題目の五字なり」とあるから、釈尊の在世に説かれた一品二半は解脱のためであって末法の衆生には必要ない、末法は下種のために日蓮聖人の題目さえあればよいと主張する人達が居ますが、それは大きな間違いです。これは、仏の在世に説かれた本門と末法の初めの本門は、共に完全なる教えである。ただし、在世の機根の者は一品二半によって解脱を得、末法初めの機根の者は題目の五字をもって下種を受けると言われたものです。これまで述べてきたように、題目の五字とは寿量品の肝心であり、南無妙法蓮華経とは即ち寿量品への信念であることは疑いありません。一通り考えれば、約二千五百年前に釈迦牟尼仏が印度の人に向かって説かれたように思えますが、深く立ち入って法華経の目的を考えれば、今日生まれている私達のために釈迦牟尼仏が説き給うた経典であると日蓮聖人は解釈したのです。そして、それを法華経の迹門と本門との二段に割って説明をされます。法華経の迹門十四品中の正宗分、方便品第二より学無学人記品《がくむがくにんきほん》第九に至るまでの八品は、一通り考えると当時の二乗の人、即ち声聞・縁覚の人を第一の目的とし、加えて菩薩と凡夫を救うために説かれているようですが、立ち入って考えてみれば、やはり迹門も釈尊が入滅以後の凡夫を救う目的で説かれたことが分かると言われています。その証拠は法師品第十に「この経は、如来の現在すらなお怨嫉《おんしつ》多し。いわんや滅度の後をや」と言われ、そして見宝塔品第十一では「法をして久住《くじゅう》せしむ」ために、多宝如来ならびに十方分身の諸仏が集められたことが説かれているからです。即ち迹門もまた末法のため、現在の人のために説かれたものであるわけです。

そして更に本門は、正しく今日の私達のために説かれたものであることが、在り在りと分かると言われています。一通り見れば、久遠の過去に下種された者が、法華経以前の諸経典と法華経の迹門によって調熟され、法華経の本門に至って解脱を得たようですが、涌出品において迹化・他方の大菩薩が「我れ身命を愛せず、ただ無上道を惜しむ」と仏の滅度に法華経を弘めることを誓うと、釈尊はこれを制止して、大地より召し出した地涌千界の大菩薩に釈尊の内証である寿量品を託し、寿量品の肝心たる妙法蓮華経の五字をもって世界中の衆生に授与せしめることを仰せつけられます。また、涌出品において弥勒菩薩が、この地涌の菩薩達を釈尊が久遠の過去より教化されたということを説明して下されなければ、私達は信じるとはいえども、滅後の菩薩、未来世の善男子は疑いを起こして悪道に墜ちてしまうということを申して、それから寿量品の久遠実成ということが顕かにされることからも、寿量品の法門は釈尊滅後の人々ために説かれているわけです。その寿量品には「この好《よ》き良薬を今留めてここに在《お》く」と言われている。留め置くということは在世の者のためではありません、後代の人のためにこの寿量品の良薬は留められたということです。更に分別功徳品には「悪世末法の時」と言われているように、どこから見ても寿量品をお説きになる趣旨は、仏の滅後のためである、滅後の中には末法のためであることを日蓮聖人は色々に論証されたのです。

「今の遣使還告《けんしけんごう》は地涌なり。是好良薬《ぜこうろうやく》とは、寿量品の肝要たる名《みょう》・体・宗・用《ゆう》・教の南無妙法蓮華経これなり」

この良薬を飲ませるために、経文に「使いを遣わして還って告ぐ」とあるのは、地涌の菩薩を指してのことです。寿量品の譬えは、毒薬を飲んで苦しんでいる子供達があり、その父が良き医者であって、良き薬を拵《こしら》えてこれを飲まそうとしますが、子供達は毒のために心を失って飲もうとしません。そこで如何なる方法手段によって薬を飲まそうかということで、父は他国に身を隠して使いをよこし、「お前のお父さんは亡くなった。うかうかしていては誰も救ってはくれないぞ」という驚きを与えて薬を飲ませます。そして、子供達がその薬を飲んで毒の病が癒やされたことを聞くと、父は直ちに帰って再び子供達に見《まみ》えたのです。毒薬に中《あ》てられた子供というのは、色々な迷いのために心が転倒している私達衆生のことであり、毒薬とは私達の精神を惑わすところの自己の煩悩や、社会からの誘惑、誤った教えや偏った主義主張のことです。そして、その私達を迷いから救わんと智慧と慈悲をもって活動されているのが父であるお釈迦様です。その釈迦牟尼仏が大導師として良き薬を調合されて、それが四万八千の教えと言われる一切経となり、それを擣《つ》き篩《ふる》い和合して法華経とし、更に一丸の良薬としたものが本門寿量品の南無妙法蓮華経です。是の好き良薬とは、寿量品の肝要たる名・体・宗・用・教の南無妙法蓮華経であり、良き医者とは言うまでもなく本仏釈尊です。そして毒に中てられた子供達とは一切衆生であり、その良薬を飲ますべく遣わされたのが本化上行菩薩の再身日蓮聖人です。

如来神力品において釈尊が「要を以てこれを言わば、如来の一切所有の法、如来の一切自在の神力、如来の一切秘要の蔵、如来の一切甚深の事、皆この経において宣示し顕説す」と言われているように、妙法蓮華経の五字とは単なる題名ではありません。その五字の中に一切の大事なものが含まれている、妙法蓮華経という言葉は袋であって、その袋の中に広大なる仏の神力、仏の功徳がみな入っているのです。名・体・宗・用・教とは、天台大師が「法華玄義」で妙法蓮華経の題目を五重に解説したもので、これは如来の一切の所有《しょう》の法、如来の一切の自在の神力、如来の一切の秘要の蔵《ぞう》、如来の一切の甚深《じんじん》の事《じ》が、皆この妙法蓮華経の五字に込められていることを説いたものです。結要《けっちょう》付嘱と言って、釈迦如来の有している一切の大事なものを妙法蓮華経の五字に込められて、そして上行等の菩薩に付嘱したのです。更に伝教大師は「果分の」ということを言われて、それはお釈迦様の覚りの上の大切なものであると説明されています。法華経を信じる人のために、釈迦牟尼仏が一世一代の智慧を絞り、慈悲を絞って、そして末法の衆生のために大切な教えを留め置き下さったのです。ならば私達が手を合わせて南無妙法蓮華経と唱える時には、父である釈迦牟尼仏に深き感謝の念を起こすことは当然のことです。そして南無妙法蓮華経と唱える所には、寿量品を説かれた霊山虚空会の説法の儀式が現れて来るようにしなければなりません。そうすれば、天台大師が「これ我が弟子なり。我が法を弘むべし」と言われたように、妙楽大師が「子 父の法を弘む」と言われたように、私達もまた本仏の子となれる、本仏釈尊の久遠の弟子、本化菩薩の自覚を得ることが出来るのです。

「像法の中末《ちゅうまつ》に観音・薬王・南岳・天台等と示現し、出現して、迹門を以て面《おもて》となし、本門を以て裏となして、百界千如・一念三千その義を尽くせり。ただ理具を論じて事行《じぎょう》の南無妙法蓮華経の五字、並に本門の本尊いまだ広くこれを行ぜず」

像法の時代に、観世音菩薩の生まれ変わりと言われた南岳大師、そして薬王菩薩の生まれ変わりと言われた天台大師が世に出られて法華経を弘められましたが、それは迹門を以て面《おもて》となし、本門を以て裏となすものでした。同じ法華経と言っても、歴史上の釈尊が始めて正覚を得て、即ち迹仏として説く法華経前半の迹門と、釈尊が本仏であることを顕して説く法華経後半の本門があります。天台大師は迹門を以て面として法華経を弘めたというのは、日蓮聖人は本門を面として法華経を弘めるということに他なりません。迹門を面にするということは、宇宙の実相真如から論じていくということです。そして本門を面にするということであらば、どうしても本仏顕本の教義、人格実在の教義を面にして法華経を見なければなりません。そして「一念三千その義を尽くせりと雖も、ただ理具を論ず」と言われて、天台大師は実相論の方においては哲学的に深い事を論じられるけれども、信仰として南無妙法蓮華経と唱え、そして本門の本尊に依って信行成仏するという意味は未だ現わしていないことを日蓮聖人は述べたのです。その本門の本尊を観心するために日蓮聖人は曼荼羅《まんだら》を描かれたわけですが、その本門の本尊とは仏法僧の三宝式となっています。即ち、本仏として久遠実成の釈迦牟尼仏、本法としての妙法蓮華経（五字）、本僧としての上行等の本化菩薩です。この仏法僧の三宝に帰依するということを表しているのが本尊なのです。日蓮聖人は、ただ題目を唱えよと言ったのではありません。この本仏を光顕し、そして妙法の五字を弘められたのです。浄土宗が称名念仏を教えたからと言っても、ただ南無阿弥陀仏と唱えているわけではありません。そこに慈悲誓願の力にとって一切衆生を救うという阿弥陀如来という人格を意識して、そして南無阿弥陀仏と唱えているのです。法然上人は念仏を唱えたが、日蓮聖人は題目を唱えたのだ、向こうは南無阿弥陀仏、こっちは南無妙法蓮華経、その他には何もない、ただ南無妙法蓮華経の字を拝んで、訳が分からぬとも題目さえ唱えれば良いのだと言うのであれば、それは極めて低級な思想となります。宗教の資格は、本尊の完全なる意義を説明することによって定まります。そして宗教の信仰を告白し、かつ自己が実在人格と結びつく方法として唱え言葉があるのです。それ故に私達は南無妙法蓮華経と本仏釈尊に唱えている、題目を唱える向こうに感応を垂れる仏様が無いということになれば、それは意味の無いものになってしまいます。日蓮聖人が「我弟子、これを惟《おも》え。地涌千界は、教主釈尊の初発心の弟子なり」と言われたのも、私達が本化菩薩の自覚に至ることを促すためである、そのことをよく噛みしめなければなりません。

「この四菩薩、折伏を現ずる時は、賢王と成って愚王を誡責《かいしゃく》し、摂受を行ずる時は、僧と成って正法を弘持《ぐじ》す」

法華経は一切経の王様です。日蓮聖人は理想を高くして、そして一切の宗教を率いて立つ先覚者となられた方です。ただ信者を増やせば良いというような事を主張した方ではありません。正法を信じる者は爪の上の土ほどでも宜しい、正法を説く行者は一人でも構わない、しかしながら遂にこの正義は最後の勝利を占めて、そして一天四海悉く妙法に帰するのだということを宣言した人です。教えを曲げても信者を増やせばよいというような堕落した精神は、日蓮聖人の主義においては最も禁物です。一生涯正法の宣伝に従事して、一人の信者をも持ち得なくても、それは時不運の致す所で仕方がありません。信者が出来ないから法を曲げるというくらいならば、教えを弘めることは止めなければなりません。宗教というものは多数を味方にすることを目的としているものではありません。正しき法を宣伝して、一人と雖もこの正法の下に来れば宜しいという絶対の権威を保って、初めて宗教には値打ちがあるのです。本化の菩薩の現れ方には二通りがあります。折伏を現じる時には、賢き王となって愚かな王を攻めるとあるように、これは涅槃経にも説かれていることですが、仏教は正義を守るためには武力を使用することを認めています。平和主義を称して武力を否定する人がいますが、泥棒が入って来て直ぐに頸《くび》斬られるとか、敵国が侵略してくれば直ぐに滅ぼされるとか、如何に正義を訴えても直ちに打ち砕かれてしまうということでは何の価値もありません。日蓮聖人があの龍の口に坐らされた時、ピョンと頸が飛んで、穴を掘って放り込んで、それでお仕舞いであったら話になりません。日蓮聖人の正義の精神が天地を感動せしめて、江の島の方より月のごとく光りたる物が飛来して、兵士が怖じ気づくということが起こらなかったら何の意味もなしません。米国が如何に人道正義を標榜《ひょうぼう》しても、テロ組織や国家が人々を迫害、殺害をしているのを放置して、地域の安定と秩序の回復のために軍隊を送らなかったならば、米国には何の値打ちもありません。そこを日蓮聖人は言われているのです。世が険悪であるならば、折伏のために正義の武力を持った王として現れ、間違った王を倒すのも本化の菩薩です。そして僧として現れた時には、摂受をもって愚かな王を導き、如何なる迫害も堪え忍んで法華経を宣伝するのが本化の菩薩なのです。涅槃経に説かれた有徳王と覚徳比丘の関係の如く、一方は正義を守る王、そして一方は正義を弘める沙門《しゃもん》、この二つが結合するならば、実に鬼に金棒というべきものですが、時不運にして正義の沙門ありと雖も正義の威力を伴う王がない、ここが日蓮聖人の慨嘆した点です。そして天変地妖の起こるのも、国家に困難の起こるのも、この正義の沙門と正義の威力の結合が出来ないためであるということを説かれるのです。

「この時、地涌千界出現して、本門の釈尊の脇士《きょうじ》となりて、一閻浮提第一の本尊、この国に立つべし」

今末法に至ったならば、本化上行等の菩薩が出現し、本門の釈尊の脇士となって、全世界第一の本尊がこの日本に現れる時である。本化の菩薩が本門の釈尊の脇士となるというのは、横綱が土俵入りする際の脇立ちと同じで、本仏釈尊の威徳を顕すためです。ところが、本尊の説明において「釈尊の脇士は上行等の四菩薩なり」と日蓮聖人が述べられているにもかかわらず、この文を「地涌千界出現して本門の釈尊を脇士となす一閻浮提第一の本尊この国に立つ可し」と曲解して読ませ、お釈迦様を見下して上行菩薩の方が偉いなどと教義を立てる、あるいは釈尊を脇士とする南無妙法蓮華経如来が本尊だと主張する愚かな輩が日蓮門下には存在します。聖徳太子は四天王寺をお建てになったけれども、阿弥陀仏を本尊となさった。聖武天皇は東大寺をお建てになったけれども、華厳経の毘盧遮那《びるしゃな》仏を本尊とされた。そして伝教大師が出られて法華経の真実義が大分顕われたが、未だ時が至らぬが故に東方の薬師如来を本尊とされた。このように比較して日蓮聖人が力を入れて言われているのは、即ち本門の寿量品において顕本された絶対の釈尊を指してのことであるのは明白です。その本門の本仏を顕すためには、どうしても本化上行等の菩薩の出現を待たなければならない。もしこの本化の菩薩が仏に約束して置きながら出現しないということがあれば、大嘘つきの菩薩となってしまいます。ならば如何なる事があろうとも、神力品の時に付嘱を受けて「承知しました」と釈尊に約束したのであれば、どのような迫害困難が襲い来たろうとも、この使命は果たさなければならない。そのことを日蓮聖人は自ら任じて論じておられるわけです。

「天晴れぬれば、地明らかなり。法華を識る者は、世法《せほう》を得べきか」

天台大師は、「雨の猛《たけ》きを見て竜の大なるを知り、花の盛んなるを見て池の深きことを知る」と言われた。激しい雨が降れば龍の大きいことが分かる、また蓮の花が一杯に咲いていれば、池は深くして泥が肥えていることが知れるようなものである。そして妙楽大師は「智人は起を知り、蛇は自ら蛇を識《し》る」と、賢い人は物の根源を知る、蛇の道は蛇というように、事の起こりの原因は何処にあるのかを突き止め、これから何が起こるのかを知ることが出来ると述べている。そして日蓮聖人は、今この日本の国に起きている色々な天変地妖、飢餓疫病は何のためであるかを知る者は他にあるまいということを言われたのです。外には蒙古が我が国を襲わんとし、内には人心が乱れている。天変起こり飢餓起こり、疫病が流行って如何にも嘆かわしいことではある。しかしながら、この禍《わざわい》は意味なくして起こっているのではない。そして、この禍の起こりを知っている者は、法華の行者たる日蓮より他にはないということを言われたのです。然らばその災難の起こりは何であるかと言えば、前にも述べた通り、正しい思想に導く法華行者の出現と、この正義を守る国家の威力、所謂正法と国家の結合が出来ていないためです。そこで驚きを与えて「これでもか、これでもか」という警告を与えて、そして立正安国を実現させるために、この如き災難が頻発しているのだと明言されたのです。神秘的な説明のようではありますが、信仰者ならばそこに深い意味を感じなければなりません。悪政なれば災異が起こる、これは必ずしも神秘的に説かなくとも、理論的に説いても、国家が邪法と結びついていたならば何時かは大変なことになります。それを力説することが、即ち「天晴れぬれば、地明らかなり。法華を識る者は、世法を得べきか」ということであり、国家が正法と結びついて善政を行えば、必ず世界の安定と繁栄が成し遂げられると信じることなのです。

五、結文

「一念三千を識《し》らざる者には、仏大慈悲を起して、五字の内にこの珠を裹《つつ》み、末代幼稚の頸《くび》に懸けさしめ給う」

日蓮聖人は、更に信仰の意義をまとめて言われています。この本尊は一概に智慧を斥《しりぞ》ける訳ではありませんが、智慧観念を凝らせば最高の悟りが得られるというものでもありません。絶対の真理というのは、どうしても我々の智慧を超過した玄妙なものとなる、その言い難し玄々微妙《みみょう》の境界を自分の智識をもって修めようとすれば、必ず失敗します。時間というものが、幾ら移り変わっても、幾ら経過しても永遠にその終わりを見ないように、仰げばそこに益々高きものがあって、永遠に渇仰を捧げていかなければならないものが絶対の真理です。智慧によって真理を究めようとした西洋の哲学者は、すっかり昇り詰めたと思う時には他の批判に晒《さら》されて直ぐに失脚し、遂には真理の探求などということは投げ出してしまいました。それに対して広大な哲学者たる釈迦牟尼世尊が、智慧に誇らずして更に偉大なる信仰に進み入ったのが仏教です。それ故に、少なくとも私達仏教徒は、哲学的思想を研究すれば直ぐに失脚する、信仰を説けば哲学とは離れていくような西洋における哲学・宗教は、総掛かりになっても釈迦牟尼世尊の覚りには及ばない、そう信じることにおいて初めて仏教徒であると言えます。そこで日蓮聖人は言われます。一念三千の事は理解に及ばぬでも、偉大なる本仏を信じなければならない。その本仏によって与えられた妙法の五字は、文字としては僅かであるけれども、絶対の釈尊が智慧を絞り、慈悲を絞って、私達のために留め置き下さったものである。この五字の中には一念三千の真理の珠《たま》も、釈尊が積んでおられる功徳の珠も、私達の迷いを去らしめる力も、皆悉く包み込まれているのである。そして、この妙法五字の袋と珠を、幼き私達の頸に懸けるために、日蓮聖人が出でて度重なる迫害をも忍び下さったのです。「懸けさしめる」とは、本仏釈尊が上行菩薩、即ち日蓮聖人に命じたということ、本仏釈尊に命ぜられて上行再身の日蓮聖人は働かれたということです。「五字の内にこの珠を裹《つつ》み」とは、結要《けっちょう》付嘱と言って、如来の一切の所有《しょう》の法、如来の一切の自在の神力、如来の一切の秘要の蔵《ぞう》、如来の一切の甚深《じんじん》の事《じ》を、本仏釈尊自らが妙法蓮華経の五字の中に包められたということです。そして「末代幼稚の頸」とは、難しいことは理解できなくとも真心から信仰する人のことです。「一念三千」とは、実相真如からいえば宇宙絶対の真理には違いありませんが、妙法蓮華経の五字には、ただ冷たい真理ばかりが入っているのではありません。この「一念三千の珠」とは、「一念三千の仏種」のことであり、そこに釈迦如来の無限の智慧と無限の慈悲、無限の力、そして永年積まれた功徳が込められていることが大事です。「何だか分からぬが、南無妙法蓮華経とは真理じゃ」などと威張ったところで、信仰としては何の意味もなしません。真理とは冷たいもので、石に蹴《け》つまずけば転ぶ、悪行をなせば報いを受けるというのが真理です。人のことは知ったことじゃないと、どうか善いことをなし悪い事をせぬようにと考えないのであれば、それは温かき宗教とはなり得ません。故に日蓮聖人は観心本尊抄の結文を仏の大慈悲に結ばれて、そして四菩薩がこの末代幼稚の法華行者を守るということを述べておられるのです。斯くして観心本尊抄は完結しますが、この中に現れている所の様々な尊い教義は、幾度も繰り返して読んで、そして味わって下さることを希望致します。(完)

撰時抄

本書の概要

撰時抄は、日蓮聖人の御年五十四歳、健治元年、丁度佐渡よりお帰りになって身延山にお入りになった頃の著作です。聖人の遺文には、忙しい間に手紙として書かれたものが沢山ありますが、この撰時抄は心を落ち着けて、書物として順序よくお書きになられたものです。題号に「時を撰らぶ」とあるように、この御書の全体の精神としては、「時」ということが論じられます。開目抄の終わりに「仏法は時によるべし」と結んであったことに引き続き、撰時抄は「それ仏法を学せん法は必ず先《ま》づ時をならうべし」との文で始まっています。仏法の本体は萬世《ばんせい》不易、古今に通じて変わるものではありませんが、これを修行する、その教えを弘めて行くには、「時」というものが非常に大事となる、その時代に適応することが頗《すこぶ》る大切だからです。天然自然の上からして、春夏秋冬という時が定まっているように、仏法にも弘まって行く順序・次第というものが定められています。ご承知の通り、仏教には、浅い法もあり深い法もある、また一時的にあてがった法もあれば、永遠に動かぬ真理もあります。ですから、素人の人が考えているように、仏教の何処でも捉えて来て、好き勝手に信じても良いというようなものではありません。「時」というものは、非常に大切な意味を持っています。即ち時に合う、合わぬということによって、その事が無駄になるか無駄にならないか、効力を生じるか生じないかということが起こって来るからです。農夫が如何に土壌を肥やし、如何に労力を払っても、種子を蒔《ま》く季節というものを考えなかったならば、その仕事は全くの無駄になってしまいます。そのように、宗教を弘めるにしても修行するにしても、その時代を誤らないようにして法というものを用いていかなければなりません。時を重んじる観念がないと、三百年も千年も前に論議された既に死せる問題を今日に繰り返して、現代に横たわっている実際に必要のある問題を逸することが多くなって来ます。涅槃経に「時を知るを以ての故に大法師と名づく」と説かれているように、時を知らないようでは、如何に本を読もうとも、教理を研究しようとも碌《ろく》な者ではありません。時ということを観察しないがために、今は巷《ちまた》に出て活動すべき時であるにもかかわらず、俗世との関わりを断っているなどと言って、昔のように宗教家が薄暗い本堂でポクポクやっている、あるいは隅に座って居眠りをしているようでは駄目なのです。

本書の内容

一、仏法と時機

「それ仏法を学《がく》せん法は必ず先《ま》づ時をならうべし」

日蓮聖人が宗旨を立てる初めから、「時」ということに最も力を入れているにもかかわらず、日蓮門下の僧侶なり信者が、時という観察を有さずに、昔のように千巻陀羅尼《だらに》を読んで、水を被《かぶ》ってジャブジャブやって、またウトウトやることを何時までも善いことだ、有り難いことだと思っていたのでは、時を知らないものだと言わざるを得ません。今の仏教の修行、功徳を積むというものは、そういうことではありません。まあ、有り難いような気がして帰ってくるという事も、宗教としては悪いことではないと思うかも知れませんが、今日の国民が要求するところの宗教、また時代の人心に対する教化ということから考えたならば、そういうものは全く無価値であると言わねばなりません。「時をならう」ということは、死せる仏教としてはいかぬということです。仏教の本体は古今を通じて変わらない、法華経も変わらず存在するけれども、その運用を誤るが故に、その効力が現代の社会の上にも国家の上にも、個人の上にも生じて来ないというのであれば、今の仏教は死んでいると言わざるを得ません。日蓮聖人は教えを弘めるには、「教・機・時・国・序」の五綱を心得なければならないと論じています。「教」とは教えの浅深、「機」とは教えを受ける者の能力、「時」とは教えを弘める時代、「国」とは教えを展開させる国土、「序」とは教えの順序です。そして今この撰時抄は、この五綱の第三、極めて重要な「時」の問題を説かれているのです。

「世尊は二乗作仏・久遠実成をば名字をかくし、即身成仏・一念三千の肝心、その義を宣《のべ》給《たま》はず。これらは偏《ひとえ》にこれ機はありしかども、時の来らざればのべさせ給はず。経に云く、説くべき時いまだ至らざるが故に」

法華経の化城喩品《けじょうゆほん》には、過去の大通智勝仏《だいつうちしょうぶつ》が世に出られて、十小劫という永い間一経も説かずに黙って座って居られたのは、それは時の未だ至らざる故であったと説かれている。そして今の釈迦牟尼仏も、一番大事な本懐の法華経を四十二年の間説かれなかったのは、「説くべき時いまだ至らざるが故に」と方便品に言われている。また「老子は母の胎《たい》に処《しょ》して八十年」と時を考えて世に出たと言われ、仏説に依《よ》れば釈迦如来の次に仏として出る弥勒菩薩は、兜率《とそつ》の内院に籠って五十六億七千万年も出現の時を待っているとされる。

それは時を誤れば出ても効能が無いから、時を計って居るのである。そして、時鳥《ほととぎす》は春を過ぎて夏の始めに鳴き、鶏が暁を待って鳴くように、畜生さえも時を知っているのであるから、況《いわ》んや人間で、しかも仏法を習い、世を救うことを志す者が、時の観念を忘れているようでは駄目だということを日蓮聖人は示されたのです。釈迦牟尼仏が初めて寂滅道場で華厳経を説かれた時は、十方の世界から大勢の仏が現れ、一切の菩薩も集まり、一大事の説法があるかのように見えたが、未だ時至らざるが故に、二乗作仏・久遠実成の二大教義を明かさず、即身成仏と一念三千についても述べることは無かった。それは、経に「説くべき時いまだ至らざるが故に」と説かれている通りである。

「二乗作仏」とは、他の大乗経典で成仏を否定された二乗のように利己心に囚《とら》われた者も、法華経によって成仏が許されるということです。他の大乗仏教から自利心に囚《とら》われたる者として殆ど捨て去られた二乗が、菩薩の精神に生きて、即ち温かき慈悲の精神に活きて、枯れた木に花が咲くが如く、美しき精神になっていくということは、華厳経と雖《いえど》も説いていません。これは現代社会において置き換えれば、自利心に囚われた心を捨て去って、他を思いやり、そしてもっと高い思想を基として社会全体のために尽くしていくならば、そこに真の温かき理想の世界を作ることが出来るということです。また「久遠実成」という、真の大人格たる釈迦如来が、始めも無く終わりも無く、今も現に私達を照らしておられるという、その実在の意義は法華経に至らねば説かれていません。他の阿弥陀仏などは想像によって創り出された仏様であって、まあ経典上に有るとして頭を下げているものの、疑えばその存在は消えてしまいます。また、「天に在す我等の神よ」と神の実在を信じるキリスト教も、神とは宇宙を創造した全知全能の絶対者と言うだけであって、その人格は如何なるものかと問えばよく分からない、人格実在の義を立証し得ていないのです。仏教においては、弘法大師などが大日如来を立てていますが、その大日如来とは何だと問えば、宇宙そのものだ、地水火風空識の六大だ、森羅万象みな大日如来の現れだ、蝉《せみ》が鳴くのも馬の小便も大日如来の説法だというものであっては、断じて熱烈な至誠、天地を貫く信念を培養する所以《ゆえん》とはなりません。道徳を説く宗教は、この絶対人格者が実在であるということが非常に重要となります。それ故に法華経には、絶対の智慧もあり、慈悲もあり、活動もあり、三十二相八十種好《はちじっしゅごう》を具せる美《び》尽くしたる釈迦如来が厳然と健在して居られる、完全なる人格者が今も現に私達を照らして、大慈大悲の光を発射して居られることが説かれているのです。そして、無神論・唯物論に対して、哲学からも科学からも来る批判に対して、世界を通じての宗教がやられている大事な問題を一人で背負って、人格実在を力説して健闘するのが、真の日蓮主義に立つ者です。この人格実在に満腔《まんこう》の誠意を捧げることが出来ないから、それが原因を為《な》して実利主義となり、利己主義に流れ、戦争となり、泥棒となり、人殺しともなり、そして人類全体を悩ましているのです。それらの誤れるものの根源を粉砕するのが、法華経に現れている久遠実成の教えです。そこで日蓮聖人は、久遠実成を知らなければ、仏教ありと雖も、人に魂を失えるが如く、天に日月無きが如しと「開目抄」に叫ばれた、それが今この撰時抄にも繰り返されているのです。

「即身成仏」というのは、女人は女人から成仏が出来る、悪人は悪人から成仏が出来る、如何なる地位からでも成仏が出来るということです。人間の真心を開いたならば、如何なる境遇に落ち込んでいる者でも、尊き本仏を拝することが出来る、人間如何に落ちぶれている者でも、心の誠を開けば直ちに本仏と交わることが出来る、これが即身成仏ということです。世間には、貧乏人も居れば金持ちも居る、位が高い者も居れば位の低い者も居る、学問のある者が居れば学問のない者も居る、社会においてはそこに様々な差別が生じますが、この絶対の信仰のみは、あらゆる階級にあって虐げられている者を一遍に活かすことが出来ます。低い地位に居ながらにして、絶対の喜悦を握るのが宗教信仰の妙致《みょうち》であり、それが社会の不公平を調節するのです。一念三千の教義も面倒くさく言うから分からなくなる、九界即仏界、仏界即九界であって、如何なる地位からでも絶対の本仏と交わり、終《つい》に成仏することを論証したのが一念三千の極致です。そういうことは華厳経には説いていません。時至って釈尊が霊鷲山《りょうじゅせん》上にて法華経を説かれた時には、提婆達多のような悪人でも法華経の教えに照らされて、天王如来という成仏が許され、五つの障《さわ》りありとして嫌われた女人も法華経において成仏を許されます。決定性《けつじょうしょう》の二乗といって、小乗の心に囚われてしまった人達が、法華経において成仏を許されるのは、焦げた種に花が咲き、果実がなる如くであり、如何にも尊い意味合いがそこに現われているのです。法華経の一字は如意宝珠《にょいほうじゅ》の如くであり、南無妙法蓮華経と唱える言葉の中には、一切の大事なる意味合いを含んでいます。二乗を救う意味も妙法であり、本仏が顕れるのも妙法です。提婆の如き悪人も悦びの心を開き、五障の女人も悦びの心を開き、全宇宙の者が皆悉く歓喜に満ちるということが即ち妙法です。そして、この如き尊い妙法が説かれるのは、まさに説くべき時が来たから説かれるのであって、それ故に法華経に「今正しく是れ其の時なり、決定して大乗を説かん」と言われているのです。

「良医薬を病人にあたう。病人嫌いて服せずして死せば、良医の失《とが》となるか」

それから第二の問として、そのような結構な法を愚かな者に与えたならば、却って誹《そし》りを起こし、罪を作って悪道に堕ちはしないかということが問われます。そんな優れたものは手に及ばない、結構ですと逃げ出して悪道に堕ちるのならば、説く者に罪があるのではないかと言うわけです。それに対して日蓮聖人は、道に迷う者があるからといって、道を拵《こしら》えた者に罪があると言うのは筋の立たぬことである、また医者が一番良い薬であると言っているにもかかわらず、そんな薬はいらないと服《の》まずに死んだとしても、それは医者の罪では無いと言われます。薬ならば結構なものであっても非常に高価で服せないこともあるかも知れませんが、宗教の信仰は精神的なものですから、如何に身分が卑しかろうとも、無学であろうとも、最高絶対のものを求めなければなりません。荒ら屋に住もうとも、破れた服を着ていようとも、心に信じる宗教の本尊は、最高絶対、完全なるものを採ろうとするのが宗教の本旨です。そうであるのに、教えを難行《なんぎょう》易行《いぎょう》に分けて、そんな難しそうなものはいけない、そんな上等なものはいけない、なるべく容易《たやす》い方が良いなどというのは大きな間違いです。ところが第三の問として、法華経には「無智の人の中にこの経を説くことなかれ」、愚かな者のためには説くな、妄《みだ》りにこの経を説くなとあるではないか、日蓮聖人のように相手を選ばずに法華経を説くということは、法華経のお示しにも背くのでないかというような意味合いが述べられます。

これに対して日蓮聖人は反駁《はんばく》して言われます。法華経の不軽品を読んでみたならば、不軽菩薩は「我れ深く汝等を敬う」と自ら進んで人を敬って、今汝は迷っているが、その迷いが覚めれば立派な人間となれる、少し奮発心を起こせば立派に奮励する人となれる、それ故に我はどんな人でも皆拝むという、実に優れた法華経の精神を示しているではないか。初めから頭ごなしに、お前は馬鹿だろう、お前は罪が深かろう、だから止めておけというようなものではない。人間には各自に持っている光を啓発するところの教訓を与えなければならない。人々が「失望だ」という時に、「失望するなかれ」と教えるのが宗教である。不軽菩薩はすべての人を敬って、そこに大いなる自覚を与えられているのである。余計なお世話だと腹を立てて悪口罵詈《あっくめり》する者がある、「何だ、このクソ坊主」と杖にて打ち、石を投げつける者もあるけれども、その場合には遠くに避けて、また振り返っては、お前の考え違いだ、お前の心のその奥には最も結構な仏性があると言って敬われたのである。相手が嫌がるのならば何も言わぬというようなことでは、この不軽菩薩の修行は出来ないではないか。勧持品には、法華経を弘めるには必ず反対があるが、その迫害の中に立って正義を守れと言われている。これは、説く人に失はないということである。

「天台云く、時に適《かな》うのみ。章安《しょうあん》云く、取捨宜《しゅしゃよろし》きを得て一向にすべからず等と云云。釈の心は、或時《あるとき》は謗《ほう》じぬべきにはしばらく説かず。或時は謗ずとも強《し》ひて説くべし」

「無智の人の中にこの経を説くことなかれ」というのは、法華経の摂受行を説いたものであり、不軽菩薩は折伏行を示したものです。法華経には両方の法門が説いてありますが、摂受行と折伏行は水と火のように違います。安楽行品を読めば、人の過失を言ってはいけない、人前で大きな声を立ててはいけない、女性を前に法を説いてはいけない、山寺で静かに座禅でもしなければならないというようなことが説いてあります。しかしながら、勧持品、不軽品を見れば、反対を意とせずして、自ら進んで奮闘的に法を弘めよと説いてあります。これは一体、どのように心得たらよいのかという問に対して、天台大師は「時に適《かな》うのみ」と言われ、章安大師は「取捨宜《よろし》きを得て一向にすべからず」と言われたと日蓮聖人は述べています。法華経は如何に良いものであっても、時に適するように実行しなければ価値はありません。反対があるから説くのを見合わせる時もあれば、謗《そし》る者があっても説かねばならぬ時もあります。如何に反対が強くとも、身命を賭して正義を主張せねばならない時があるのです。万人が反対するといえども、説くべき時には強いて説かなければならない、間違ったことでも多数の気に入るようなことをしていたのでは、決して正しい道は行われ得ないからです。

「せんずるところ、機にはよらず、時いたらざれば、いかにも説かせ給はぬ」

釈迦如来が初め華厳経を説かれた時も、次の鹿野園において阿含経を説かれた時にも、大勢の偉い方が集まっていたが、法華経は説かれなかった。また方等部の時、父である浄飯王《じょうぼんのう》を教化する時にも、母である摩《ま》耶《や》夫人を教化する時にも、他の経を説くのみで法華経は説かれなかった。こうしたことから考えれば、一大事とか真実というものは人の機によって説かれるのではない、時が至らなければ説かれず、また時の至れる場合には、如何に反対があったとしても説かねばならないということである。日本の仏教は、互いに方便の教えを突き合わせて、こっちは阿弥陀如来だ、いやこっちは薬師如来だ、いいや大日如来だと張り合ってきました。また修行するにしても座禅だ隻手の声を聞けだとか、いや護摩を焚いて印を結ぶのだとか、唱え言葉は念仏だ、いや真言だと、それぞれが違うことを言ってきました。そして、挙げ句には占術・祈祷をもってすれば病気が治る、成功が得られると現世利益を売り物にしている者も沢山いるわけです。そういうことは宗教の形式の一部であって、お釈迦様が一代を通じて人々を教化した方法とは明らかに違います。お釈迦様は教えを説いて説いて五十年間、縦に説き、横に説き、あらゆる方面から人心を教化されたのです。言論をもってその人の精神に感化を与えることが唯一の方法であり、人心の奥深い所に訴えて説法教化するところに宗教の本領があるからです。宗教の普遍的活動は、言論をもって人心を教化することにある、それを日蓮聖人はここに仰せられて、「お釈迦様が法華経を説かれなかったのは、詮ずるところは機には依らず、時が至らなかったからである」と断定せられたのです。

二、五箇の五百歳

「仏眼をかりて時機をかんがへよ。仏日を用《も》て国をてらせ」

それでは如何なる時に法華経を説くべきであるのかと問われ、等覚《とうがく》の菩薩といって、もうすぐ仏陀になる偉い者であっても時を知るということは難しい、ましてや凡夫である我等が時を知ることは容易ではないと日蓮聖人は言われます。すると相手は、時を知れと説かれながら分からないのですかと問うてきますが、それに対して日蓮聖人は仏眼を借りて考えよと答えられたのです。ここが宗教の本領です。学者はあれこれと智慧を巡らすのかも知れませんが、仏教徒ならば経文という鏡に照らして時を考えなければなりません。他の宗教と違って仏教は、釈迦如来が五千巻とも七千巻ともされる経巻の中に、あらゆる問題について解決が既に与えられています。したがって「時」というようなことも、仏教は斯くの如く変遷して、こういう状態が現れてくるということが詳しく書かれています。そして、「大集経」に現されている五箇の五百歳は、殊に注意すべき所であることを示されたのです。五箇の五百歳とは、釈尊滅後を五百年ごとに区切ったもので、第一の五百年は「解脱堅固」の時であり、仏法も盛んで悟りを開いて解脱する者が多い時代です。第二の五百年は「禅定堅固」といい、解脱までは至らぬけれども、座禅工夫を凝らして禅定を修行する人が多い時代。第三の五百年は「読誦多聞《たもん》堅固」といい、仏道を実践修行することよりも、御経を沢山読んだり、仏法を熱心に聴聞したりする人が多い時代。第四の五百年は「多造塔寺堅固」といい、御経には少し縁が薄くなりますが、功徳を積むためにと寺塔などが盛んに建立される時代。そして第五の五百年は「闘諍《とうじょう》堅固」といって、仏法が衰えて邪見がはびこり、互いに自説に固執して論争が激しくなる時代です。正しい教えが滅びていくが故に、戦乱も激しくなってくる、自己の利益を優先して道徳を顧みる者も少なくなってくる、即ち釈尊が入滅された後、二千年から二千五百年までの間は、最も仏教の危ない時、一つ間違えれば仏教は滅びてしまう時であると大集経には説かれているのです。ところが日蓮聖人が生まれる五十年ほど前から、浄土門の人達は、この第五の五百年に至れば法華経といえども滅びてしまう、一切の仏法が滅びてしまう時に役に立って残るものは、ただ弥陀の三部経である、念仏を修行する人だけが極楽浄土に往生すると盛んに言い出しました。キリスト経を名乗る一派にも、そのような末法思想を説く者達が居ますが、そのような邪義を打ち破って、それは間違っている、この第五の五百年に至って一般の仏教が勢力を失う時に、真実の光を顕して来るものは法華経である、それには経文の証拠もあり、道理もある、世界の戦争が激しくなり、言論の戦いが激しくなっても、最後の光を顕して彼等の誤れる思想を粉砕し、凱歌《がいか》を奏するものは法華経である、そのような時にただ「ナンマイダー」と阿弥陀如来を有り難がっていても駄目である、この法華経の如き活き活きとした教えでなければならぬということを日蓮聖人は力説されたのです。

「法華経の第七に云く、我が滅度の後、後の五百歳の中に、閻浮提《えんぶだい》に広宣流布して、断絶せしむることなけん」

日蓮聖人は、第五の五百歳の闘諍堅固の時、即ち一方には戦乱が起こり、一方に思想の闘いが起こる時には法華経が光を現して説かれるべきである、そのためには今の日本国の人々皆が「南無阿弥陀仏」と唱えているように、世界中の人が「南無妙法蓮華経」と唱えるように広宣流布すべきであると言われました。そして、その証拠は如何にと問われて答えたのが、法華経の七の巻の、この法華経が後の五百歳の中に広宣流布するという経文です。法華経には、この第五の五百歳闘諍堅固の時には上行菩薩が現れる、それが坊さんとして現れると、ガラクタ坊主が反対し、そして高僧に唆された者達が悪口を言って様々なる迫害を加えることが説かれています。しかしながら、釈尊の勅命を受けたこの大菩薩は、たとえ生命に及ぶようなことがあっても法華経の精神を曲げず、また敗北することもありません。それ故に、ますます彼等は正法の行者を苦しめるわけですが、そうなれば天は怒り激しくして天変地夭が起こり、遂には他国からも攻められて大戦争が起こるわけです。その時には、初めは悪口ばかりを言っていた者も、頭を地につけ、掌《たなごころ》を合わせて、南無妙法蓮華経と唱えて助けを乞うようなことになる。このままではいかぬと人々は漸《ようや》く気付いて、そして法華経に近寄り、その智者が唱えていた議論に精神が目覚めるであろう。その有様は、法華経の神力品の時に、大勢の人が「南無釈迦牟尼仏、南無釈迦牟尼仏」「南無妙法蓮華経、南無妙法蓮華経」と唱えたようであると日蓮聖人は予言されたのです。

「天台大師云く、後の五百歳、遠く妙道に沾《うるお》わんと。妙楽大師云く、末法の初め、冥利《みょうり》なきにあらずと。伝教大師云く、正像稍《やや》過ぎ已《おわ》りて、末法太《はなは》だ近きに有り」

それから更に、後の五百歳に法華経が弘まるという経文は分かったが、その他に先師などの予言はあるかと尋ねられます。そこで日蓮聖人は、既に経文に明らかなる以上は、最早人師の釈を引く必要はないと断りながらも、なお一層の信心のために天台大師、妙楽大師、伝教大師の申し置かれた事を引用します。天台大師は、釈迦如来入滅二千年より後に、段々と法華経の有り難い意味が強く現れてくると言われ、妙楽大師は、末法の初めにこそ法華経の利益があると言われ、そして伝教大師は、正法千年、像法千年は過ぎ去って末法が近づいてきた、まさに法華経が弘まる時であると言われている。この三師が末法に法華経が弘まることを恋い慕われながら、その時代に生まれることが出来なかったことは、例えば、お生まれになった悉達《しった》太子の人相を観て「家に留まるならば転輪聖王《てんりんじょうおう》とならん、出家すれば正覚を成じて仏陀とならん」と予言した阿《あ》私陀《しだ》仙人が、自分は既に九十歳を越えているから太子の成道を見ることが出来ない、後生は無色界に生まれるから娑婆世界において五十年の説法を聞くことが出来ないばかりか、正法千年、像法千年、末法万年の時節にも生まれ合わすことが出来ないと嘆かれた如くである。そのことを思えば、今日蓮が後五百歳の時に生まれて、正しく法華経の流布すべき時に、自らこの大法を弘める任務に就きしことは、如何にも身に余る光栄である。されば人の悪口を言う位のこと、流し者にされる位のことは何でもない。人々の心の迷いを照らし、心の罪を除いて浄き精神に導き、すべての世の中の混濁を打ち払う仕事は最も神聖なものである。人生の活動の中に、人々の精神を浄化することほど高潔なことは無い。そして日蓮聖人は「道心あらん人々はこれを見きゝて悦ばせ給へ」と、法華経の弘まるべき時に遭遇したことは、道を求める志ある人であったならば、如何にも嬉しい事ではないかと述べられたのです。ところが今日の人達は、「法華経が弘まる時だ」と言ったところが、「ハハン、そんなものかな」とぼんやりしている、法華経があろうが無かろうが一向に構わない、「誰かがやってくれるだろう」などと思っているから、その悦びが分からないのでありましょう。思想の闘いにおいて、正しい帰結を与えようとするには、法華経でなければ駄目である。誰がこの思想の闘いにおいて最後の帰結を与える者であるのか。戦が始まったならば、その戦にはどういう方法において勝利を収めるかということは最も大事なことである。それを「誰かがやるだろう」などと思っているのは無自覚極まることである、そんな志の足りないことではいかぬということを、日蓮聖人は今ここに仰っているとと思わなければなりません。

「正・像二千年の大王よりも、後世《ごせ》を思はん人々は、末法の今の民《たみ》にてこそあるべけれ。これを信ぜざらんや。彼の天台の座主よりも南無妙法蓮華経と唱《とな》うる癩人《らいにん》とはなるべし」

これが日蓮聖人の道に対する熱情です。人の永遠の生命から考えたならば、正像二千年の間に王に生まれることよりも、末法今の民に生まれていることの方が幸福である。国王に生まれたとしても、善き教えを信ぜず、道も行わず、徳も積まずして、一時の栄華に耽《ふけ》っているならば、何の価値もない。正法像法の時代に生まれるならば、真実の如来の教えに遇《あ》うことは出来ない、最高の法華経に値《あ》うことは出来ない。末法の民に生まれて貧しい生活をしていたとしても、法華経という尊い教えが世にあれば、これを信じることが出来るのである。日蓮聖人の主義から言えば、幸福ということの標準は世間の地位や金銭に置くのではなく、正しい道を得て生涯を終えるかどうかに懸かっています。ここに天台宗の座主を挙げたのは、本当の幸福とは正しき法を正しく護ることであるのに、当時の座主がただ官位と俸禄《ほうろく》を貪り、権勢をほしいままにして、正義を抛《なげう》つというような浅ましい状態にあったからです。錦を纏《まと》って従者を伴い、威張って歩くのが嬉しいがために、法は乱れようが道は廃れようが構わない。それがために、天台の教えは真言にやられ念仏にやられて、天台大師・伝教大師の弘められた法華経の精神は悉く廃れてしまっている。それを日蓮聖人は痛嘆せられたのです。正しき教えを信じて正しき道念を維持することを知らない天台の座主等は、如何にも憐れむべき輩《ともがら》である。日蓮の考えでは、天台の座主となって権勢を誇るよりも、たとえ癩《らい》病となって不遇であったとしても、法華経の正義を信じて、そして向上して仏様になることが幸福であると説かれたのです。日蓮門下にあっても、天台座主までは行かないけれども、その真似をして、大きな寺の中に入って中啓《ちゅうけい》か何かを持ってオホンと気取っている、そういうことは如何にも浅ましいことです。飽くまでも正義のために戦い、正義の宣伝に従事して、そこに真の幸福を味わうものでなければ、日蓮聖人の主義に生きた栄冠は得られません。

そういう意味を法華の僧俗は分からなければなりません。生ぬるい迷信みたいな事をやって、「御利益がある、商売が繁盛する」というようなことは、明らかに信仰の行き方が間違っています。そういう目前の利害に迷う心が、そもそも人間の卑しい所なのです。正義に生きなければならない、人間は物質的な幸福が得られても、それよりも更に道義のために進まなければならないのです。

事無くして旨い物を食べ、ただぼんやり暮らせる時は何も問題は起こりません。正義を守り、牡丹《ぼた》餅も食えるなら無論結構なことでしょう。しかしながら、そうは行かないことが多いのが人生です。そのような時に、正義を捨てて牡丹餅を食うか、牡丹餅を捨てて正義に生きるかという所に人間の修養が要るのです。牡丹餅を諦めて正義を守ろうと決心する、そこに人の光が輝くのです。宗教は正義の観念を重んじなければならない、正義を守って永遠の栄えに就くのが宗教です。日蓮聖人は「法華経を信ずる人は冬のごとし」と言われました。冬は寒い、寒いけれども必ずや春になるという希望がある。一時は困難と闘っても、冬を凌《しの》げば春が来る如く、法華の行者は現在生活においては冬の生活であっても、永遠の春を迎えるというのが日蓮聖人の主義に立つ者の理想であり確信です。世間にすら「艱難《かんなん》汝を玉にす」、人間は苦労・困難を乗り越えることによって立派な人物になるとの格言があるのですから、どうしても初めに一つ艱難を凌いで、後に華を咲かさなければなりません。初めから幸福な生活のみを思って、気楽に暮らそうと考えても無理なことです。

大いに奮闘してそこに基礎が出来上がって、それから楽しもうということでなければなりません。初めから生ぬるい事であれば終いには崩れてしまう、日蓮聖人はそのことを私達に教えているのです。

三、正法・像法・末法の弘通

「一には彼の時には機なし。二には時なし。三には迹化なれば付嘱《ふぞく》せられ給はず」

それから次には、天台・伝教大師のことは理解したが、龍樹《りゅうじゅ》や天親《てんじん》は如何なる考えであったかということが尋ねられます。それに対して日蓮聖人は、無論龍樹や天親も内心には法華経を弘めたいと考えていたけれども、一には彼等の時代の人々は法華経を信ずべき機根に未だ熟しておらず、二には所謂第二の五百年であって法華経を弘むべき時が至っていないこと、そして三には彼等が迹化の菩薩であって、釈尊より法華経の弘通を委嘱されていなかったからであると言われます。そして、釈迦牟尼仏入滅以後の仏教の弘まって来た順序次第を詳細に述べられたのです。釈尊入滅後の翌日、二月十六日からは正法千年の時となる。迦葉《かしょう》尊者が仏の付嘱を受けて二十年の間中心人物として仏法を弘め、次に阿難《あなん》尊者が二十年、商那和修《しょうなわしゅ》が二十年、優《う》婆崛多《ばくった》が二十年、そして提多迦《だいたか》が二十年、この五人によって百年の間は小乗経のみを弘めた。大乗経はその名さえもなかったのであるから、況んや法華経の弘まるはずもない。次には弥遮迦《みしゃか》等の五人が出られて、少しは大乗経の法門も出て来るけれども、特には弘めず、小乗経を面として説くだけであった。これが正法の先の五百年、解脱堅固の時である。正法の後の五百年、禅定堅固の時には、馬鳴《めみょう》菩薩・龍樹菩薩等の十余人の人々が出て、次第に深い教えが盛んとなって大乗経が小乗経を破し、そして法華経も説かれたが、諸経と法華経の勝劣は明瞭にされず、法華経の重要な法門も明らかにされず、法華経の中に現れている、釈迦如来が何時《いつ》教化を始められて、何時仏に成られたかというようなことには少しも言及されていない。

これは非常に大事な問題であって、お釈迦様が悉達太子から成道を遂げて、初めて鹿野園において五人のために法を説かれた時を教化の最初とすれば、それより以前の人々は釈迦如来と少しも関係が無いということになります。そうなると釈迦如来より他の仏が幾らでも出て来る、梵天王という婆羅門の神様が世界を造ったといい、阿弥陀如来は十小劫前に成仏していたといい、そうなると釈迦如来などは相当な後輩になってしまうわけです。そこで釈迦如来の衆生済度の働きは何時を起点に置いているかという問題が、仏教では非常に大事なことになってきます。それ故に法華経寿量品において釈尊の顕本を説いて、今度世に出られたのは、釈迦如来が衆生教化の時を計って出られたのである、「三世に高く十方に遍し」と言って、実は始めなき以前より、終わりなき後に至るまで、娑婆世界のみならず十方の世界に衆生教化の大活動をされていることが明かされるのです。さもなければ、何時から何時までは、誰々が仏であった、それから後は誰が救うのか、此処《ここ》から此処までは救うが、その外は誰が救うのかという問題が起こってきます。色々と拝めば良いじゃないか、日本は寛容な多神教だと言うような人がいますが、それは宗教に対して真面目な態度であるとは言えません。宗教科学が発展して、宗教は絶対と唯一に達しなければならないと考える西洋の人にとって、阿弥陀如来は西方極楽世界だ、薬師如来は東方浄瑠璃世界だ、お地蔵様は賽《さい》の河原《かわら》だと、幾つも肩を並べて存在し、あるいは狐や狸を拝んでいるとなると、日本人は劣等な宗教を奉じている、日本人の宗教は劣等な多神教であると見られます。そこで一日も早く目を覚まして、我々の信じる所は本仏顕本の如来を中心とする仏教である、汎神的な基礎には沢山の仏があり、菩薩があり、神があるけれども、信仰の帰結としては統一的な本仏を奉じているのであり、多神は唯一の本仏より分かれて働いているものであると言わなければなりません。それは天の月は一つであるけれども、万の水に影を映すが如きものである。お月様は一つだと言っても、池にも映り、たらいの水にも映る。一神教ということを窮屈に考えて、それ以外には何もないというのであれば、却ってそれは絶対ではない、絶対とは一にして万、万にして一ということでなければならない。それが分からなければ、もう少し哲学というものを学んだ方が宜しいと言うならば、彼等も必ず感服するに違いありません。そこが法華経の優れた所でもあるのです。

「智顗《ちぎ》と申す小僧《しょうそう》一人《にん》あり。後には天台智者《ちしゃ》大師と号したてまつる。南北の邪義をやぶりて、一代聖教の中

には法華経第一、涅槃経第二、華厳経は第三なり等と」

像法に入って中国に仏教が伝わりましたが、初めは道教や儒教などとの争いがあったがため、仏教に疑問を抱かせないためにも、仏法の中の浅い深いというようなことは言わないで教えは弘められました。その後は南三北七と言って十流に分かれ、互いに自説に偏執して争っていましたが、その大綱において華厳経第一、涅槃経第二、法華経第三ということは一致していました。しかしながら、中国に仏教が伝来して四百年、幸いに天台智者大師が出られて一切経を御覧になり、法華経に優れる教えはないことを証明して、四教五時の判釈《はんじゃく》を立て、今まで乱れていた仏教を統一されます。しかしながら、その後には時の皇帝の帰依を受けた玄奘三蔵によって、仏教は人の機根に随《したが》って法を説くべきである、三乗の機のためには三乗真実一乗方便なりと説く法相宗が盛んとなり、また華厳宗の法蔵法師が華厳経第一、法華経第二、涅槃経第三と主張し、善無畏三蔵などが大日経等を持ち込んで真言宗を弘めて、釈迦の顕教である法華経は密教である大日経には及ばないと言い出します。そして当時の法華宗の中に天台大師ほどの智者がおらず、公場において論じられることもなかったために、再び法華経を根本とする思想を失って、一切の人々が仏法に迷うこととなったのです。これらは像法の後の五百年の前二百余年のことです。

仏教徒である以上、法華宗だから法華経が良い、浄土宗だから阿弥陀経が良い、真言宗だから大日経が良いと言うのではなく、釈尊の説き給うた経典は全部私達に与えられたものですから、十分に研究して、その浅深勝劣を判断しなければなりません。華厳経は確かに良い所がありますが、今日の華厳宗は、お釈迦様の時間的・空間的な無限の活動を説かなかったがために、実在ということの意識がはっきりせず、毘盧遮那《びるしゃな》仏という大きな身体になって東大寺で観光者に眺められているだけで、少しも有り難い信心というものが生じていません。ただ学問化してしまって、宗教としては滅びてしまっているような状態にあります。そして最も罪が深いのが真言宗で、仏教の中に二人の仏を立てて、釈迦如来よりも大日如来の方が偉いと言い出しますが、大日経は詳しくは「大毘盧遮那成仏神変加持経」と言って元来釈迦如来が説いた御経であり、大日如来というのも釈迦如来のことです。大日如来が現れて御経を説いたなどということは一切ありません。「大日」とは釈迦如来の徳を誉めた言葉であって、釈迦如来が一切衆生の心の闇を除き給う、その徳がお日様のように優れたものであることから「大日」というのです。「毘盧遮那《びるしゃな》」という梵語を中国で「大日」と翻訳の際に意訳したのであって、法華経の結経の中にも、「釈迦如来を毘盧遮那《びるしゃな》遍一切処と名づけたてまつる」とある通りです。ところが大日如来は釈迦如来とは別の偉い仏だと言い、そして法華経には無い印契《いんけい》を結ぶことと真言を唱えることを説いているから、大日経の方が優れていると言うわけですが、「印契」といって袖の内で指を結んでみたり、「真言」といって「ノーマクサンマンダー」とか呪文を唱えたりするような、そんな神秘的なことをもって宗教の優劣を判断するならば、仏教は殆ど迷信化してしまいます。そういうものは、みなバラモン教から来た思想です。印度での発展過程で、護摩を焚き、呪文を唱え、印を結ぶバラモン教が仏教に取り込まれたことによって一部が密教化し、そして中国に伝えられたものが、最新の仏法と勘違いされて弘法大師・空海によって持ちこまれたのが真言宗です。そして当の印度では遂に崇高な仏教は滅びてしまい、俗信化して台頭したヒンズー教において釈迦をビシュヌ神の九番目の化身としてしまったのは、真言宗が釈迦も大日如来の化身の一人だと言うのと同じことなのです。宗教というものは人々の精神的苦しみを除いて楽しみを与え、人々の罪悪の性を矯《た》めて善良なる性にするという実際の力を要求するものです。人間の心の疑いを解き、精神的教化を重んずべきものであって、そういう迷信のような詰まらぬことを言って人心を惑わすようなものは健全な宗教とは言えません。しかしながら、今なお迷信に囚われている者が宗教を信じていると言い、宗教とは迷信に囚われることだと蔑視している人が多くいることは非常に残念なことです。それ故に日蓮聖人は、宗教は決してそういう神秘な通力であるとか不思議に依るものではない、飽くまで教えの筋に依って哲学的に、道徳的に、また宗教の本義に照らして吟味して、正邪曲直を見分けなければならない、呪《まじな》みたいなことは駄目であるということを度々御遺文の中に論じておられるのです。

「伝教大師は、その功を論ずれば、竜樹・天親にも超え、天台・妙楽にも勝《すぐ》れておはします聖人なり」

次に日蓮聖人は、日本に仏教が渡来した以降について述べられます。像法に入って四百余年、第三十代・欽明《きんめい》天皇の御宇に百済国より一切経ならびに教主釈尊の木像、僧尼が日本国に渡る。そして欽明《きんめい》天皇の御子・用明天皇の上宮王子即ち聖徳太子が仏法を宣揚し、特に法華経・浄名経・勝鬘《しょうまん》経の三部を護国の妙典と定められた。その後、第三十七代・孝徳天皇の御宇に百済から三論・成実の二宗、中国（漢土）から法相・倶舎の二宗が伝わった。第四十四代・元正天王の御宇には、大日経が渡って来たが弘まることなく、第四十五代・聖武天皇の御宇に新羅国より華厳宗が伝わり、天皇の帰依を得て東大寺の大仏が建立された。同時期に大唐の鑑真和尚が来て律宗と天台宗を伝え、東大寺に小乗の戒壇を建立したが、法華三大部を弘めることはなかった。そして、第五十代・桓武天皇の御宇に最澄、後の伝教大師が出て、初めは三論・法相・華厳・倶舎・成実・律の六宗並に禅宗を習われたが、後には法華経中心の思想によって仏教を統一され、桓武天皇の御帰依によって、論破された六宗七大寺も帰伏して伝教大師の弟子となったのである。その上に、比叡山に法華経の円頓《えんどん》の戒壇を建てられたことは、今なお仏教史を照らす偉功である。しかしながら、真言宗との勝劣を公場において明らかにされなかったために、伝教大師以後には真言宗が力を得て仏教の統一が乱れ、天皇から万民にいたるまで、真言宗は天台宗より優れていると思うようになってしまった。この伝教大師の時は、像法の末、大集経の多造塔寺堅固の時であり、いまだ闘諍言訟《ごんじょう》・白法隠没《びゃくほうおんもつ》の時にはあたらない。

「大集経の白法隠没の時に次で、法華経の大白法の日本国並に一閻浮提に広宣流布《こうせんるふ》せん事も疑うべからざるか」

そして今は末法に入り、仏法が衰微して一閻浮提に闘諍の起こるべき時である。既に仏の予言通りに、中国や朝鮮では戦乱が起き、日本もまた蒙古によって他国侵逼《しんぴつ》の危機に晒《さら》されている。それ故に日蓮はあらん限りの声を出して、釈尊が後五百歳に一切の仏法が滅せんとする時、上行菩薩に妙法蓮華経の五字を持たし、謗法《ほうぼう》の恐ろしい病に冒された者達の良薬にと、梵・帝・日・月・四天・竜神等に仰せつけられた金言に虚妄があるはずはないと叫ばれたのです。

四、法難と法華行者

「法華経を弘むる者は日本の一切衆生の父母なり」

日蓮聖人は法華経を弘めるために末法の世に出でて、そして種々の法難をお凌《しの》ぎになりました。大難四ヶ度小難数を知らずというように、種々なるご辛労をなされたのですが、それは何のためかと申せば、上は釈迦牟尼仏の使いとして、下は迷い陥る一切衆生を憐れんで、法を語り、人を救うという大精神の下に斯かる法難を忍ばれたのです。如来の使いであるとの志からすれば、日本国の人々のためには親しき父母であり、父母であるが故に子である人々が過ちに陥り迷い苦しむのを救おうとされたのです。ところが、彼等は日蓮を憎んで罵《ののし》り、あるいは石を投げつける、権力を握っている者は日蓮を頸《くび》の座に引き出し、あるいは島に流すというような迫害を加える。また多くの僧侶は悪口をもって日蓮を非難しているから、善神はこれを御覧になって、地神・天神は怒りをなして、様々なる天変が起こっているのではなかろうか。例を求めれば、他国にも正法を弘める聖者高僧の出られた場合に、これを迫害したことがあって、その時も天罰を蒙《こうむ》っている。檀弥羅王《だんみらおう》は師子尊者の頸を刎《は》ねた時には、その右手は刀とともに落ちてしまった。徽宗《きそう》皇帝は法道三蔵を憎んで、その顔に焼き印を押して江南という土地に流したが、半年もしない内に異民族に国を滅ぼされて殺されてしまった。この例をもって考えれば、蒙古が我が国を襲わんとするに至っているのは、法華経の行者である日蓮を迫害する故ではなかろうか。文永の役の時には、壱岐・対馬は酷い目に遭わされ、男は悉く殺され、女も一人残らず右の掌《てのひら》と左の掌とに穴を開けられ、麻縄を通して素っ裸にして海の中に放り込まれてしまった。その時は風が吹いて、幸いに本土は侵されなかったけれども、蒙古は決してそれで思い止まった訳ではない。再び軍備を整えて将に日本国を襲わんとしているのは明らかである。他の者は国家を思う観念が薄いから、その事を憂慮しないだけであって、向こうは軍隊を増強して公然と脅かしてきているのである。どれ程沢山の兵を集めても、鉄囲山《てっちせん》を城とするが如くに防塁を築こうとも、その国が天の精神に背き、正義を無視して、天の責めを蒙《こうむ》るのならば、到底防ぎきることは出来ないであろうと日蓮聖人は言われたのです。

「日蓮は閻浮《えんぶ》第一の法華経の行者なり」

釈尊は法華経に、末世に生まれた法華経の行者に悪口罵詈《あっくめり》する者は、一劫という長い間仏に反対して怨《あだ》する者よりも、百千万億倍も罪が深いと説かれている。然るに今日日蓮に対して日本国の人々がやっていることは、軽い悪口どころではない、日蓮を極力罵倒して迫害を加えているのである。それにもかかわらず、天変地妖も飢饉疫病も起こらず、蒙古も襲って来ないならば、日蓮は法華経の行者ではないことになる。悲しむべき事に明らかな証拠が現れていても、「日蓮は法華経の行者ではない、あれは邪僧である、悪僧である」というならば、一体誰が法華経の行者であるというのであろうか。法然の如く、法華経は千人信じても一人も救われない、投げ捨てよと言った人を法華行者というのであろうか。弘法大師の如く、法華経は戯言《たわごと》であると言った人を法華経の行者というのであろうか。日蓮は不束者《ふつつかもの》であるかも知れないが、能く法華経を持ち、能く法華経を説いている者であって、それを迫害するが故に天変地妖斯くの如くに至っているのではなかろうか。されば日蓮をもって、法華経の行者であると言わなければならぬではないか。

この日蓮が法華経の行者なるかならざるかの問題には、非常に重要な意味があります。法華経の神力品に「如来の滅後において、仏の所説の経の因縁及び次第を知つて、義に随つて実のごとく説かん。日月の光明の能《よ》く諸の幽冥《ゆうみょう》を除くがごとく、斯の人世間に行じて能く衆生の闇を滅し、無量の菩薩をして畢竟《ひっきょう》して一乗に住せしめん」とあるように、この法華行者という栄冠を担えば、一切の仏教を統一し思想を統一して、そして最後の安住点を教えることが出来る、第二の釈迦牟尼仏の如く人々を救うことが出来るからです。今日のように、御祈祷が効くなどと言って、大きな数珠を首に掛けて木剣を振り回し、陀羅尼《だらに》を張り上げてさえいれば法華行者であるならば、何千人でも何万人でも速成的に法華行者を作ることが出来ます。しかしながら日蓮聖人の言う法華行者とは、紛乱せる仏教を統一して、釈尊の御精神の通りに、この世界の人類を救済するところの秩序ある宗教を建設せんと奮闘する者です。今のように宗教を侮っている場合には、法華行者に何の価値も見出すことは出来ないかも知れませんが、もし人々の心に精神生活がなければならぬということになれば、精神生活は健全なる宗教によって導かれなければなりません。その健全なる宗教とは仏教である、仏教の中には法華経である、法華経の教義をもって一切を解決しなければならない、この法華経によって世界の人類は救われるとなれば、日蓮は法華経の行者であるか、あらざるかという一言は非常に大きな意味を持つわけです。末法の世の中は、専門の人は兎《と》も角《かく》、回りくどい議論を沢山言ったところで、多くの者にはよく分かりません。また専門の人といっても誤魔化すことが多く、本当に分かっているかどうかは怪しいものです。しかしながら、日蓮が法華経の行者なりということになれば、「俺の言うことを聞け、俺の言うことを聞くならば間違いはない」と、一遍に仏教のことが分かるようになるのです。それ故に、勧持品二十行の偈は、日蓮によって既に一々証明されている、日蓮は、この世界に肩を並べる者がない第一の法華経の行者であるとの揚言がなされたのです。

「今のごとくの大難は一度もなきなり。南無妙法蓮華経と一切衆生にすすめたる人一人もなし。この徳はたれか一天に眼《まなこ》を合せ、四海に肩をならぶべきや」

如何に日蓮聖人に気炎があっても、それがために本仏釈尊を冒すというようなことはありえません。ところが「日蓮が閻浮第一と言ったなら、釈迦は第二だ」などとふんぞり返り、「釈迦も釈迦の教えも役に立たない、日蓮大聖人が本仏だ」とか、「南無妙法蓮華経如来が本仏で、釈迦は脇士だ」と主張する輩が日蓮門下に次々と出て来ます。法華経の行者は如何に偉くとも、釈迦牟尼仏より法華経の付嘱を受けて「汝上行、末法に出でて仏法の混乱を統一せよ」という仏勅を賜った者です。「日蓮は如来の使いとして」と再三仰せられているにもかかわらず、「四海に肩をならぶべきや」というのだから、釈迦如来だって日蓮聖人に肩をならべることは出来ないなどと言うのは、全くの謬見《びゅうけん》であり邪説です。四海に肩を並べる者はいないというのは、仏滅後に日蓮の如き大難に遭いながらも仏法を行じた者は、この四海に他には居ないということです。然るに仏法を教えた教主であり本師であり、本仏である釈尊に対して、それをも肩をならぶべからずと言うならば、それは全くの逆賊です。大名の方が将軍より偉い、将軍の方が天皇よりも偉いということになれば、世間の秩序は乱れて大変なことになる、知事は大臣よりも偉いということになれば、国の行政は一度に破壊されてしまいます。仏法の方においても、そういう秩序は少しも違えてはなりません。そこを厳格に教えているのが、我が顕本法華宗の宗粋《しゅうすい》です。折角日蓮聖人が命懸けでお弘めになった法華経です。日蓮聖人の思し召しから言えば、日本国を最初の振り出しとして、行く行くは一天四海を法華経の大教義の下に統一しよう、一天四海皆帰妙法《てんしかいかいき》という大理想を抱いて立たれていたのですから、私達は我慢偏執の心を捨てて、天下に通用する所の説を守って行かなければなりません。僻論《へきろん》だの邪説ではいけません。日蓮の主義に立つ者は、天下の広居に立って天下の大道を行うという観念を持たなければなりません。他に通用しないようなことを、頑《がん》迷固陋《めいころう》に語り合っているというような、そういう勝手な議論は慎まなければならない、如何なる宗教の前にも、如何なる哲学の前にも、世間の知識の前にも、あらゆる文明の面前に立って、堂々と押し進む所の思想を持って行かねばならないのです。

「日本一州皆同じく円戒の地になして、上一人《かみいちじん》より下万民《しもばんにん》まで延暦寺を師範と仰がせ給ふは、あに像法の時、

法華経の広宣流布にあらずや」

日蓮聖人は先ず問を設けられます。仏が涅槃されて浅い時、即ち正法一千年の間には仏の教えも間違わずに伝わっているはずであるから、その時に法華経も弘まりそうなものである。龍樹菩薩などが大乗を弘め、天親菩薩は法華経論を書かれたのであるから、それ等の人によって法華経は既に明らかになっているのではないか、真諦三蔵が書かれている所によれば、天竺（印度）に法華経を宣伝する人が五十余人もあったとある。また像法に入っては天台大師という偉い方が出られて、法華経のために題号の妙法蓮華経の五字を講釈した「法華玄義」十巻、それから「法華文句」と称して法華経の文々句々について詳細に解釈されたものが十巻、更に法華経の精神を取って一念三千の妙義を説かれた「摩訶止観《まかしかん》」が十巻ある。この三十巻をもって法華経の淵底《えんてい》を極め、法華経の意味合いは残る隅なく説明されているのではないか。その上、日本においては伝教大師が出られて桓武天皇の帰依を得て、天台大師も為し得なかった円頓の大戒壇を比叡山に建立し、何宗の者と雖も、比叡山の門を潜って授戒を受けなければ一人前の僧侶にはなれなかったのである。それならば、最早何も日蓮が出てきて、法華行者であるの何のと言う必要があるのか、自分が出たために天変地夭が起こり、閻浮提第一の難が起こり、第一の法が弘まり、第一の人が現れるなどと言うのはどういう訳か。天台大師出《い》でて伝教大師出でて法華経のことを既に弘め終わったとすれば、その後に日蓮が出て来ようとも、別段尊いこともなかろうとの疑いを挙げられます。

「**不軽菩薩は誹謗の四衆に向つていかに法華経をば流通《るつう》せさせ給ひしぞ。されば機に随ひて法を説くと申すは大なる僻見なり**」

法華経の経典は一つですが、中は二方面になっていて、前半の迹門を表にして見たる法華経と後半の本門を表にして見たる法華経とがあります。これを修行の方から言えば迹門は智慧行によって観念に進み行くものであり、その法体は諸法実相の真妙を究極とし、本門の方は信行であって、尊信する所は絶対の本仏です。そして迹門の教えを弘める人は迹化の菩薩であり、本門の教えを弘めるのは本化の菩薩です。また、時は像法と末法の違いがあって、時が違えば教えを説くべき人々の機根にも違いが出て来るのです。世間の学者は、機に従って法を与えると言う、殊に浄土門などは、末法の衆生は下根下機なるが故に、如何に善い法があっても用はなさない、下根下機に当てはまるような低い法を用いよ、したがって易行《いぎょう》を取らねばならぬと言います。しかしながら、彼等が難行であるという法華経においては、須利槃特《しゅりはんどく》という自分の名前も憶えられない愚者でも救われています。悪人の方では提婆達多《だいばだった》、女人の方では娑伽羅《しゃから》龍王の娘と、法華経では悪人でも女人でも、如何なる者でも悉く救われています。それは人に悉く仏性があり、それらの者にも直心《じきしん》という正しく真っ直ぐな心があるからです。「柔和にして質直なる者」、これを啓発すれば如何なる者でも成仏するというのが法華経です。ところが彼等は機を本とするから、教えが深いとか整っているとかは問題にしません。それを日蓮聖人は痛撃されたのです。

しかしながら、釈迦牟尼仏の御心は、けっしてそうではない。時を表としているが故に、如何に上根上機の人であっても、龍樹菩薩や天親菩薩のような如何なる偉い人であっても、法華経の弘まるべきでない時には、法華経を説かずして般若経などを弘めている。仏滅後の仏法の弘まる順序を見たならば、先ずは小乗、権大乗、そして法華経迹門、法華経本門と弘まって来ているのであるから、機によらずして時に従ったことは明白である。浄飯大王、摩耶夫人は、釈尊の父母であるから、一番の善い教えを説かれそうなものだが、大王のためには権大乗の観仏三昧経、夫人のためには摩耶経をお説きになった。それは如何に縁が深くとも、時を得ない限り真実は説かれないからである。したがって日蓮聖人は、機を本にして法を選ぶことは大いなる間違いであると言われています。末法の人は下根下機だから、最上の法は説くことが出来ない、一番低いもので良いということになれば、仏教は機のために段々と低下されてしまい、詰まらないものになってしまいます。例えば今日のように、人々の我欲・自利心ばかりが強くなって、仕方がないから、そういう者を満足せしめるために、信心したら成功するとか儲《もう》かるとか、少々嘘をついても構わないというような教えを立てれば、その教えは蔓延《はびこ》るかも知れませんが、それは最早仏教ではありません。仏教とは、そういう誤れる者を改善していく教えです。たとえ下根の者と雖《いえど》も、導くに道をもってすれば必ず変わる、そこが即ち人間本性の尊い所であり、宗教が必要な所以です。悪人を善人たらしめ、愚かな者を賢くし、欠点のある者を全き人格に導くのが教化であり、これこそが宗教の本領です。末法の衆生は下根下機となり、暗闇《くらやみ》の世になると言われていますが、日蓮聖人はこれを夜が明ける時と見ています。後五百歳末法の時は、法華経の最大の正法が光顕せらるべき時であると主張されたのです。

「羅什《らじゅう》三蔵を除きては、いづれの人々も誤らざるはなし。その中に不空三蔵は殊《こと》に誤り多き上、誑惑の心顕《あらわ》なり」

次に移って、更にこの法華経の正法を未だ先師が弘めていない証拠を挙げられます。龍樹菩薩は中論という優れた書物を作られたが、これは未だ般若経の思想であって、十分に法華経の義理は現されていない。また、真言宗は不空三蔵の伝えた「菩提心論」を龍樹菩薩の作った書物だとし、真言の法の中にのみ即身成仏の義が説いてあると言うが、この菩提心論には龍樹菩薩の言とは違うことが多いことからも、不空三蔵が龍樹菩薩の名を使って書いたものと思われる。また不空三蔵は、法華経「寿量品」の仏を阿弥陀仏とするなど非常に翻訳に間違いが多い人でもある。したがって、この人の訳せる経・論は信じることは出来ないと日蓮聖人は断言されます。

「羅什三蔵の訳し給へる経々、殊に法華経は漢土にはやすやすとひろまり候しか」

天竺（印度）の言葉を中国語に翻訳した人は、千三百年ほどの間に百八十七人もいますが、優れた人物ばかりだとは言えず、翻訳には色々と間違いがあります。ただし、この法華経を翻訳した羅什三蔵には、決して間違いがないと日蓮聖人は論じられます。羅什三蔵は、「身を不浄になして妻を帯すべし。舌ばかり清浄になして仏法に妄語せじ。我《われ》死せば必ずやくべし。焼かん時、舌焼くるならば我が経をすてよ」と言われた。そして死して身はすべて灰となったが、舌だけは火中に焼けずに残った。そのように、仏の御心が正しく翻訳されているかどうかは、経を弘める上で第一の大事である。羅什三蔵は、亀茲《きじ》という天竺と支那との間に位置する国に、国王の妹を母として生まれました。その母も立派な人で、羅什は七歳にして出家し九歳より母に従って五天竺を巡り、偉い学者の方々の所で勉強をされます。そして若くして小乗・大乗の奥義を極め、人々は悉く羅什三蔵に信伏するようになりました。その名声は諸国に広く伝わり、それ故に羅什三蔵を支那に連れて来させるために戦争が起こります。拉致された羅什三蔵は、「妻にしなければ娘を殺す」と脅かされて亀茲王の娘を娶《めと》り、直後の支那の内乱よって十九年という長い間その途中に留まることになりますが、その間に漢語にも熟達し、遂には長安の都に国師として迎えられて、当時の学者八百人を統率して沢山の経典を翻訳されました。それまで他国の僧侶によって、たどたどしい漢語に翻訳されて間違いが多かった従来の経典も、羅什三蔵の働きによって美しく優れた文章として完成したのです。そして殊に法華経のために力を尽くされたのは有名な話です。それ故に日蓮聖人は、かつて日本でも伝教大師が南都六宗と議論した時に、他が訳した経典には誤りがあるが、羅什三蔵には舌根不焼の証拠があると言われことに、桓武天皇が感激されて法華経に帰依されたことを述べて、幼少より五天竺を巡り、様々な困難を経て、法華経を伝え来たったこと、法華経の翻訳のために苦心されたことを忘れてはならぬ、そしてこの羅什三蔵によって翻訳された法華経には間違いがない、他の翻訳者のものには間違いがあるから、一概に信じることは出来ないとお示しになったのです。

「ただし詮と不審なる事は、仏は説き尽し給へども、仏の滅後に迦葉・阿難・馬鳴・竜樹・無著《むじゃく》・天親、乃至、天台・伝教のいまだ弘通しましまさぬ最大の深秘の正法《しょうぼう》、経文の面《おもて》に現前なり。この深法、今末法の始、五五百歳に一閻浮提に広宣流布すべきやの事、不審極りなきなり」

天台大師による法華経の解釈は実に申し分がないものであって、それは恰も太陽が天に出でて幽谷《ゆうこく》を照らすが如きものである。そして日本の伝教大師は、天台大師の教えを弘められただけではなく、天台大師の為し得なかった大乗円頓の戒壇を比叡山に建立されたのである。しかしながら、その天台大師、伝教大師と雖も、未だ法華経について真実を現されていない。法華経は弘められたけれども、法華経の魂となっている所の、最大の深密の正法は、経文の上に明らかであるのに、未だ弘めておられないのである。ただしこの法門を説くにあたっては、先ず三つの大切な事柄について述べなければならない。それは念仏宗、禅宗、真言宗の誤謬である。仏法は五逆罪を犯した者や不孝の者をも救うが、ただし正法を誹謗する一闡提《いっせんだい》の者が、持戒の大智者のように振る舞うことは許されないのである。一闡提とは、信不具といって信心の起こらない者であって、そのような者が正法に背きながらも表面は戒律を持《たも》って聖人の如くし、利養を貪っている場合には十分に注意しなければなりません。法華の数珠を掛けて「自我偈」を暗唱している者でも、狐を拝んで商売繁盛を祈るというようなことは、即ち正法に背いています。仏教の信仰は善い事をする方に心を向けても、自分の力では足りないから、仏様の力なり神様の力を借りて、先ずは自己の人格を正しき方に向けること、それが信仰の最も大切なことです。そこから本当の喜びも出て来る、力も出て来るのです。これが思想の根本となって来れば、如何なる困難に遭遇しても、そこに喜びと感謝を得られるのです。日蓮聖人が塚原三昧堂のような冷たい所に閉じ込められた時でも、「悦び身に余る」と言われたのは信仰の力です。それが本当の信仰であって、如何に形式的な戒律を保っていようとも、書物などを沢山読んで智慧を誇っていても、清い直心に活きて、活き活きとした信仰に来たらなければ、何にもなりません。幾ら大きな声で題目を唱えても、心に法を重んじ道を重んずる柔順なる精神がなければ駄目なのです。

五、末法における諸宗の批判

「一には念仏宗は日本国に充満して、四衆の口あそびとす。二に禅宗は三衣《さんね》一鉢《いっぱつ》の大慢の比丘《びく》の四海に充満して、一天の明導《みょうどう》とをもへり。三に真言宗はまた彼等の二宗にはにるべくもなし」

そこで日蓮聖人は、当時勢力を得ていた念仏、禅、真言の主義主張を挙げられて、汝等どう考えるかということを詳論されます。今の日本の大勢の人は、宗教の信仰などは、何も国家の興廃に関するとは思っていません。宗教の信仰とか、道徳の観念とか、思想の如何などによって、国が滅びることはないと思っています。しかしながら、それが浅見であることは、現代の世界を見渡してみれば明らかなことです。原理主義者などが起こす紛争が絶えないことからも、人心の帰するところ、即ち道徳なり宗教なりの、その根本の主義信念が誤って解釈された場合には、直ちに国家を覆没することが歴々として分かってきたのです。日蓮聖人は、この点を痛論されているのです。信仰が乱れれば国家が乱れる、故に思想の根底を明らかにして、そして正しき教えを盛んにして国を安らかにする、この立正安国の精神から評論されるのであって、決して小さな宗派に執した見解から起ることではありません。

「南無阿弥陀仏」というのは、自律的の道徳観念は持たないで、一にも二にも他力に縋《すが》ることです。自分の力を発揮しようとはせず、現在は苦しみが多いから、一刻も早く阿弥陀様の世界へ行こうと言うわけです。そういう思想が盛んであったならば、国民の力を十分に発揮することなど到底出来ません。念仏宗は易行であることを誇りとしますが、道徳や宗教にして善きものがあっても、それは難しいからと国民が滔々《とうとう》として高い深い正しき道を離れたらどうなるでしょうか。たとえ難しかろうとも、正義を履《ふ》んで進むというのが人間の覚悟でなければなりません。難しいことに出会ったときには易い方へ避けようというような了見では、決して進歩は見られません。浄土宗の曇鸞《どんらん》法師は、竜樹菩薩の十住毘婆沙論を見て、難行道と易行道を立てた。陸路を一人で歩くのは辛いが、大乗の教えによって船に乗っていく方が楽だと説いてあることを、曇鸞は何を誤解したのか阿弥陀如来に縋《すが》って行くことが易行道であって、一切の他の仏教は難行道であると言い出した。その後に続いたのが道綽《どうしゃく》禅師である。聖道門と浄土門の二門を立てて、聖道門とは徳を積んで悟りを開こうとする偉い人のやるべきことであって、普通の人ではこの世で碌《ろく》なことは出来ないから、阿弥陀様に縋ってやるのが宜しいという。人を教化して現在より向上せしめんと努力させるのが宗教や道徳であるのに、この世の中は駄目だと現在に見切りを付けて、浄土の門まで駆け付けろと言うのである。更に道綽の弟子善導は、正行《しょうぎょう》と雑行《ぞうぎょう》を立てて、ただ阿弥陀様のことだけを考えるのが正行である、阿弥陀経以外の経典を読むこと、阿弥陀仏以外の仏を礼拝すること、南無阿弥陀と唱えることより外は総て雑行であるとした。そして日本においては後鳥羽院の御宇に法然という人が出て、末法の時には法華経も他の経も一切役に立たない、釈迦如来などは捨てて、ただ南無阿弥陀仏と唱えて縋るより外に道はないと「選択集」に書き、法華経などの聖道門は捨てよ、閉じよ、閣《お》け、抛《なげう》て、そうでなければ極楽には往生できないと言い切ったのである。このような教えは本来弘まるものではないが、比叡山に恵心僧都という相当な人が出て、どうしたわけか「往生要集」というのを書いて、どうも自分は阿弥陀の力に縋るより仕方がないというようなことを説かれていた。それがために、浄土門は非常に勢力を得て、日本中の人が「南無阿弥陀仏」と口ずさみ、皆一同に法然の弟子の如くになったのである。法然の弟子となれば皆これ謗法の同罪である。譬へば千人の子が一同に一人の親を殺害せば、千人共に五逆の者なるように、法然一人が謗法の罪を背負うのではなく、その弟子は悉く無間地獄に堕ちることになる。そこを日蓮聖人は慨嘆されたのです。

また禅宗は戒律を持《たも》ち聖者の如くに行い澄ましているが、この宗旨は教外別伝といって、釈迦如来の説いた教えの外に別に仏心を伝えたものがあると言う。「禅宗をしらずして一切経を習うものは、犬の雷をかむがごとし」と、禅宗を知らなければ釈尊の説いた一切経は反古同然になると傲語《ごうご》している。以心伝心と、心から心にポンと伝えたものが真理だと言うが、釈迦如来の立派な悟りはそういう具合にうまく入るものではない。禅宗が繁昌したのは、善悪など考えるなと、そういう事をもって悟りの境地に至ると説いたからである。だから不孝にして親に捨てられる道楽息子も、無礼を働いて主君に勘当される者も、学問など馬鹿らしいと怠ける若い法師も、夢もヘチマもあるものかと物狂いになる遊女も、皆この邪法に走ったのである。このように道徳を破壊する教えであるから、天は眼を瞋《いか》らし地神は身を震わせて、天変地夭が起きたのであろう。

そして、念仏・禅宗とは比較にならないほどの大僻見の宗旨が真言宗である。伝教大師の御弟子である慈覚大師が、この真言宗を取り立てて、叡山の天台宗を一向に真言宗としてしまったために、弘法大師の邪義をとがめる人は誰もいない。そもそも真言宗は、善無畏三蔵・金剛智三蔵・不空三蔵の三人が大日経などの真言三部を印度から中国に伝えたことから始まる。大日経にも一乗という言葉があるが、それは小乗に対して少し優れている程の考えであって、ただ印相と真言を説いてあるだけで華厳経や般若経にも及ばない方等部に属する経典である。善無畏三蔵が中国に来た際には、天台の法華が弘まっており、法華経の序分の無量義経には「四十余年には未だ真実を顕さず」とあり、法華経の法師品にも法華経以後に説かれる経は法華経よりも低い、我が所説の諸経の中において法華経最第一と説かれていることから非常に具合が悪かった。そこで善無畏三蔵は天台宗の一行禅師を騙《だま》して、このように書かせたのである。そもそも法華経と大日経は、天竺では同じ一経である。釈迦仏は印と真言を略したものを法華経として説き、それを羅什三蔵が伝え翻訳して、天台大師は宗旨を立てた。それに対して、大日経は釈迦が説いたのではなく、大日如来が雲の上で菩薩達に説いたものである。したがって、印と真言を具えた真言宗は、甲鎧《よろい》を着て弓矢を持ち、腰には太刀を差している将軍であり、天台宗は武器を持たない赤裸の将軍のようなものであると。そして善無畏等の地位は高く人格にも優れ、当時の天台宗に天台大師ほどの智者は現れなかったために、日々に真言宗は勢力を得ることとなったのです。このことについて日蓮聖人が、宗教というものは、そういう手と指で印を結んで真言を唱えるというような形式をもって第一義とすべきではないと痛烈に批判されたことは勿論のことです。宗教は厳密なる研究を積んで、道徳上の考察、哲学的な考察、社会の影響、国家の影響等あらゆる方面から考察を積んで、これなら宜しいというものにならなければなりません。形式的・神秘的に流れて、カリスマ的な宗教指導者にかぶれたりすることは実に危ういことです。宗教を信じるということは、ただ自己一人だけに限ったことではありません。家庭に及び社会国家に影響するのです。今日の教育の普及した時代においても、相当学問もあり地位を得ている人が、神秘的な話に乗せられて新興宗教等に騙《だま》されていることは実に嘆かわしいことです。元来釈尊の教えは、印とか真言というような形式的・神秘的なことを本にしません。飽くまでも精神的であり道徳的であり哲学的なものであって、それは仏教をよく見れば実に明白なことです。

日蓮聖人はそれを示されているのであって、法華経に印・真言が無いから劣るということはない、法華経のような立派な経には、道徳的、哲学的、宗教の大事なことが堂々と説いてある、印・真言の如きことは説く必要がないから説かないのであると仰せられたのです。

「弘法大師の十住心《じゅうじゅうしん》論・秘蔵宝鑰《ほうやく》・二教論に云く、かくのごとき乗々《じょうじょう》、自乗に名を得れども、後に望めば戯《け》論《ろん》と作す。また云く、無明の辺域にして、明《みょう》の分位にあらず」

ところがどうしたものか、情けないことに天台宗の学者の中に真言の説にかぶれた者が出てきます。元来大日如来というのは、お釈迦様とは別の仏ではありません。華厳経の教主・毘盧遮那《びるしゃな》を梵語（Vairocana）から中国語に意訳したものが大日であり、法華経の結経・観普賢経に「釈迦牟尼仏を毘盧遮那遍一切処と名づけ」とあるように、人の心の闇を照らす釈迦如来の徳を称えた異名が大日ですから、大日如来は偉いが釈迦は取るに足らないということはありません。ところが弘法大師は、十住心論などに釈迦の説いた法華経は戯論である、釈迦如来は未だ煩悩を断ちきっていない無明の辺域であると言った。更に酷いことには、正覚房覚鑁《かくばん》は「舎利講式」という本に、「釈迦如来は大日如来の車を引くにも及ばない。釈迦の説いた顕教である法相・三論・華厳・法華は、密教である真言の履物取りにも足らない」と言い放ったのです。印度のヒンズー教の方では、釈迦牟尼仏をビシュヌ神の第九番目の化身とし、敢《あ》えて人々を惑わす教えを説いた者としていますが、護摩を焚いて呪文を唱えるバラモン教と土着の信仰と共にヒンズー化したものを密教と称して悪逆無道なる暴論を許して置いたならば、釈尊の説いた仏教が亡ぶどころではない、そういうものにかぶれると国家が危うくなる、そこで日蓮聖人の痛烈な批判、真言亡国論が起こってきたわけです。

「日本国にして真言宗を法華経に勝ると立つるをば、叡山こそ強《こわ》きかたきなりぬべかりつるに、慈覚をもつて三千人の口をふさぎなば、真言宗はをもうがごとし」

次に日蓮聖人は、念仏・禅・真言が釈尊や法華経を蔑《ないがし》ろにしている以上に信じ難き最大の悪事があると述べられます。伝教大師の弟子、慈覚大師は入唐までした学者だが、真言の教義に心を奪われて、法華経の実相の理と真言の教義は同じであるが、法華経には印と真言の二つが欠けているから真言の方が上である、理同事勝といって法華経より真言の方が優れていると言い出した。真言宗の方が優れているということに反対すべき法華経の根本道場であるのに、慈覚によって比叡山の学徒三千人の口は塞がれてしまったのである。また安然和尚という叡山第一の学者が、第一真言宗・第二禅宗・第三天台法華宗・第四華厳宗などと書いたものだから、禅宗が日本国中に充満し、恵心僧都という学者が往生要集を書いたがために、法然の念仏宗が流行ったのである。もし叡山の学者が伝教大師の精神を守って、法華経を中心として仏教を立てることを忘れなかったならば、正法を失って国を危うくするような真言宗と禅宗と浄土宗、さらには浄土真宗が勃興《ぼっこう》することはなかった、そこを日蓮聖人は嘆かれているのです。

叡山においては、伝教大師は勿論のこと、第二祖の義真和尚、それに次ぐ円澄《えんちょう》大師においても決して法華経中心の思想を捨てていません。真言を取り入れたと言っても、あくまでも修行として天台宗の止観と真言という立場であって、比叡山の根本中堂は、法華経・金光明経・仁王経の三部をもって国家を治める大事の教えとしていました。この金光明経・仁王経は護国のための経であって、政治を執る上では仏教の信仰及び尊徳を加えていかなければならないことが説かれているであり、決して法華経の向こうを張るようなものではありません。ところが慈覚大師は、総持院という大講堂を建てて大日如来を御本尊とし、真言の善無畏三蔵の書いた大日経の疏《しょ》に基づいて、金剛頂経の講釈を七巻・蘇悉地《そしっち》経の講釈を七巻、合わせて十四巻の書物を書いた時に、密印と真言等の事法を説いていない法華経は真言の三部経に劣っているというようなことを書いたのです。この慈覚大師の伝によれば、書くには書いたが、法華経を圧するように書いたことに気が咎めるので、自分の書いた趣旨が仏の心に背いてはいないか、仏前において七日七夜の祈請をしたとありま す。そして五日目の夜が明ける頃にウツラウツラとしていると夢を見た、正午の時にお日様に向かって弓を射たところが、矢が当たってお日様が引っ繰り返った、それで仏意に適《かな》っていると悟ったと言うのです。慈覚大師は時の仁明《にんみょう》天皇に宣旨を請い、真言の三部経を鎮護《ちんご》国家の経としました。それがために、桓武天皇や伝教大師などの建立された日本国中の寺院は悉く真言の寺となってしまったのです。

「仏の未来を定めたまうに云く、法に依りて人に依らざれ」

仏教には「法に依って人に依らざれ」という釈尊の誡《いまし》めがある。弘法大師が如何に立派な人であろうと、慈覚大師が如何に立派な学者であろうとも、お釈迦様の本懐に背き法華経の本意に背く時には、これを用いることは出来ないと日蓮聖人は論ぜられています。「法に依って人に依らざれ」とは、涅槃経に限らず阿含の初めから釈尊が言って来られたことです。偉そうな人だからといって、その人の言うことに従っていては仏法が乱れるから、必ず我が説く所の法に依れと、お釈迦様は注意して来られたのです。剣術の達人が縦横無尽に刀を振り回しているようでも、その中には厳格な法則がある。優れた書家が自在に字を描いているようであっても、そこには必ず法則があるように、釈迦如来は自由自在に教えを説かれているようでも、そこには動かすべからず所の綱格《こうかく》があります。そういうことが法に依るということです。

伝教大師も「仏説に依憑《えびょう》して、口伝を信ずることなかれ」と、仏説に依らない人師の口伝を信じてはならないと言われました。日蓮聖人は、たとえ慈覚大師が偉くとも、法を外れている説は採ることは出来ません。大体そういう面倒な議論をしなくても、慈覚大師が見た夢が彼の間違いを示しています。第一に仏法のことを判断するに自分の夢を本にしてやるという了見は、根本から間違っています。法華経と大日経の優劣を観ようとするならば、その両方の経に説かれている所の意味合いを比較して、一切を照らし合わせて優劣を判断すべきです。しかも、慈覚大師の日輪を射るという夢を吉夢ということは出来ません。仏教の経論五千七千余巻や仏教以外の三千余巻の中に、お日様を射て、そのお日様が地に落ちたと見て、それを吉夢だという証拠は何処にもありません。阿闍世《あじゃせ》王は天から月が落ちる夢を見て、如何なることかと耆婆《ぎば》大臣に尋ねると、「それは釈迦如来が遠からず入滅せられる前兆でありましょう」と答えられました。須抜多羅《しゅばつたら》は、お日様が天から落ちる夢を見て、これはお釈迦様が入滅なさる前兆であろうと言われています。また阿修羅が帝釈天と戦をする時には、まず日月を射るのだそうです。そして中国において、悪王と言われた夏の桀《けつ》王・殷《いん》の紂《ちゅう》王は、どちらも常にお日様に弓を引いていたがために、遂に身を滅ぼし国をも滅ぼしてしまいました。その反対に、摩耶夫人はお日様を孕《はら》む夢を見て悉達太子をお生みになった、それ故にお釈迦様の幼名を日種と申し上げたのです。また我が国を日本国というのは、天照大神が日天であられたからです。ならば慈覚大師がお日様を射たという夢は、我が国にとっては天照大神に刃向かう精神、仏教にとっては釈迦如来を射落とす精神であるからして、この如き夢を見たならば、驚き畏れて、今まで書いた金剛頂経と蘇悉地経の疏は火に焼いてしまうべきはずである。然るに、これなら宜しい、後世に伝うべしと言ったのは慈覚大師の大間違いであると日蓮聖人は言われたのです。

「法華経を失ふ大禍《たいか》の僧どもを用ひらるれば、国定めて亡びなん」

叡山の偉い坊さんからして過ちを犯しているが故に、日本の仏教は乱れてしまっている。法が乱れるならば国が乱れる、如何に法律制度が完備していても、思想の上から壊乱して来れば、その国家は覆滅を免れません。釈迦如来を捨てて素性も知れぬ大日如来に乗り換えるという思想、大分勢いが良さそうだからそっちに付こうじゃないかという、この正義の観念に背くような宗教の信仰を容認するならば、国が亡びるのは防ぎようがないと日蓮聖人は警告されたのです。宗教の権威が厳然として存する時には、その国家は壊乱しません。今日の日本の仏教はただ形式的に流れて、既に事実上の力を失っています。これまでは沢山の信者檀家があって組織され、全国の寺も雨が漏らずにやって来られましたが、今のガラクタ坊主では今後どうなるでしょうか。どこでも葬送さえしてくれればよい、火葬場もあるし葬儀場もある、会社にして手当をあてがって置けばその方が経済的である、宗旨などは何でも構わない、お参りした時に茶の一つでも飲めて、塔婆の一つも立ててくれればよいということになれば、宗教は実に力の弱いものとなります。故に日蓮聖人は、教えが間違って宗教の威力が衰えて来た時には、国の上に及ぶことの証拠を挙げられたのです。

承久の合戦の時には多くの真言師が祈祷したが、かえって調伏された方の北条が戦に勝って、後鳥羽院は隠岐に、順徳天皇は佐渡の島に流しものとなった。それ故に今また日本と蒙古の合戦において、真言師に祈らせれば日本は非常に危ないことになると日蓮聖人は言われたのです。法と国の関係、今日でいえば思想が国家の興廃に関するということは、余程の智者でなければ分かりません。今は鎌倉が勢力を得たるために、東寺・叡山・園城寺などの真言師等と、自分の宗旨など忘れてしまった法華宗の坊さんが関東の方にやって来て、頭を下げ、膝を屈《かが》めて鎌倉武士の心に取り入って、そうして何処かの寺に置いて貰おうとしている。今まで京都で朝廷のために祈りをしていた者が、今度は鎌倉の武運長久を祈っているのである。宗教の本領の何たるをも弁えず、権勢に阿《おもね》っているその態度は実に浅ましいことである。今日の人道だ、平等だ、平和だと高らかに言う思想に対して、日本の仏教徒が追随する態度にも実に危ういものがあります。仏教は平等を唱え、人道主義を説きますが、同時に他の一面では秩序を教え、国家の興隆を重んずるものです。ただ世論の勢いに付いて、彼等の勢いが良さそうであるから、坊主もじっとしていては体裁が悪いからと、率先してパフォーマンスをしているようでは、いつまで経っても仏教は振興しません。彼等の言う人道・平等・平和というものを導いてこそ、仏教が完全なる思想を持っていることが示せるにもかかわらず、どっちに行くにも分からない始末で、それでも良い気になっています。仏教は偉大なる慈悲を持っていますが、如来の教えは国家を通してその偉大なる思想を現すのです。故に国王の恩を説き、国家と宗教の調和を保って、その教えの発揚を図って行くのです。口にばかり国民道徳を擁護すると言っても、教義の趣旨がつまらなければ擁護することは出来ません。然るに日蓮の主義は国家に阿るものであると誹《そし》り、リベラルと称する者達の口真似を仏教徒がする、その馬鹿さ加減が分からないのであれば非常に危険であると思います。

六、末法における法華経の弘通

「まづ眼前の事をもつて日蓮は閻浮《えんぶ》第一の者としるべし」

国の滅びることが悲しいが故に、身命を捨てて彼の謗法を諫《いさ》め諭しているにもかかわらず、国の指導者たるべき者は、かえって彼等の悪口を聞いて様々に日蓮に迫害を加えている。不軽菩薩は「汝等は、その心の中に仏性を有している。何時かは醒めて必ず菩薩となる」と人々を拝んだために、腹を立てられ、石を投げつけられ杖木をもって打たれたが、それでも遠く離れてはまた拝んだのである。「汝等は釈迦牟尼仏の弟子ではないか、正法を宣伝し衆生を済度する任を帯びているのではないか」と言って日蓮が受けた迫害は、その不軽菩薩の難にも優れ、また覚徳比丘が正法を弘めて殺害されそうになったことをも超えている。それ故に諸天善神は怒りをなし、天変地異を起こして戒め、それでも迫害を加え続けるが故に、隣国に日本を攻めさせ、国には内乱を起こさせているのであろう。

日蓮聖人はなお議論を進められて、題号には教えの簡単なる意義が表現されていることを論ぜられます。日本という二字の中に、日本全国の津々浦々が収まっているように、妙法蓮華経の五字の中には、法華経の一切が包まれています。恵心・永観そして法然の三人によって、日本国中が念仏者となってしまいましたが、そもそも念仏は、浄土三部経といわれる大無量寿経と観無量寿経と阿弥陀経の題名であって、その纏《まと》まりの良い所をとって、南無阿弥陀仏と唱えているわけです。法華経を尊敬するがために南無妙法蓮華経と唱えるように、阿弥陀経を尊敬するがために南無阿弥陀仏と唱えているのです。その浄土三部経は権大乗に属するものであって、実大乗経典である法華経に比べれば浅い経典ですから、その権大乗の題目である念仏が弘まるというのは、次に実大乗の題目が弘まる序であると日蓮聖人は断言されています。権経が弘まれば、次に実経が弘まるのは道理である。日が出れば星が隠れ、賢王が現れれば愚王は亡びるように、法華経が出づれば浄土三部経は光を失い、智人が南無妙法蓮華経と唱えれば人々がこれに随うことは間違いない。南無妙法蓮華経と唱えよと他人に勧め、自らも唱えた智人は未だかって聞いたことがない。ならば日蓮は日本第一の法華経の行者であることは疑いがない、今の中国にも、印度にも、世界中にも、肩を並べる者はないと宣言されたのです。ここに「日蓮は閻浮《えんぶ》第一の者と知るべし」とあるからと言って、「釈迦よりも日蓮の方が偉いという証拠だ」と馬鹿げたことを言う宗派が日蓮門下にはありますが、日蓮聖人が閻浮第一と言われているのは、如何なる迫害が起こっても、如何なる反対が起こっても、釈迦如来の正法を曲げざる点において、その護法の精神が閻浮第一であると述べていることは言うまでもありません。

「悦《よろこば》しきかなや、楽《たのしい》かなや、不肖の身として今度心田《しんでん》に仏種をうえたる」

日蓮聖人は、邪法を弘める者を取り立てて、正法の導師を迫害しているならば必ず天変地夭が生じ、他国からも攻められることになる、今の日本の災難はそれ故に起こっているのであると、金光明経や仁王経、その他色々な経を引いて立証せられます。そして天変地夭、飢餓、疫病相続いて起こり、内には内乱あり外には蒙古が攻めて来る状況にあるが、ただ嘆いていてはいけない、この機会に大なる自覚を起こして、この禍《わざわ》いを転じて幸たらしむことを考えなければならないと言われたのです。ここが日蓮聖人の非常に偉いところです。当時世界最大の帝国である蒙古の勢いは実に非常なもので、大蛇のような勢いで目障りになる者どもは飲み込んでしまうような国家でした。その形勢に対して日蓮聖人は「なあに」と押し返している。この難局に立った時にも、我れ日本の柱とならんとの偉大なる決心を示されて、そして大切なる日蓮の頸を刎《は》ねて、日蓮を倒す者は日本を倒す者であると言われる程の自覚を持たれたのです。日蓮聖人の主義によって薫陶された者は、この自覚に倣《なら》って立たなければなりません。そして、この責任の自覚を国民に普及していかなければなりません。この自覚に立てばこそ、個人の人生はもとより、日本の国としての前途も洋々たるものとなるのです。

今に見ているがよい。大蒙古国が数万艘《そう》の兵船をもって日本を攻めて来たならば、国中の人が声を合わせて「南無妙法蓮華経、南無妙法蓮華経」と唱え、「助けたまえ、日蓮御房、日蓮御房」と叫ぶことになる。彼の不軽菩薩を誹り、杖木をもって打った大慢の比丘たちは、後には掌を合わせてその失を悔いた。釈尊を傷つけて血を流させた提婆達多は、臨終の時には「南無」とは唱えたものの、「南無仏」と言わなかったばかりに地獄に堕ちてしまった。今の日本国の高僧等も人間の低き名誉心とか、拗け根性とかいうような、つまらぬものがあって、「南無日蓮聖人」とは言わずに、ただ南無とばかり唱えることであろう。実に不憫《ふびん》なことである。これは日蓮聖人がただ虚勢を張って言っているのではありません。悪しき行為は必ずその報いを受ける、それが自業自得というものです。それ故に、悪口を言われたとか害されたとか、そういうことに思い煩ったりするのではなく、「可哀想に、哀れむべきことである」と受け流して、自らは為すべきことを成す、そこにエネルギーを注ぐこと、それが「いまにしもみよ」という日蓮聖人の力強い言葉に込められているのです。

「この三つの大事は、日蓮が申したるにはあらず。ただ偏《ひとえ》に釈迦如来の御神《みたましい》我が身に入りかわせ給ひけるにや。我が身ながらも悦び身にあまる。法華経の一念三千と申す大事の法門はこれなり」

世間の書物では未だ兆《きざ》さないことを知るのを聖人、仏教では過去・現在・未来の三世を見通すのが聖人というが、日蓮には不肖ながら三度の高名があると言われます。第一とは、文応元年七月十六日に立正安国論を最明寺時頼に奏上し、飽くまでも教えを正しくして国を安らかにせよ、人心乱れるが故に国家乱れるということは万世易《かわ》らぬ事であることを申し立てたことです。世の中が堕落するとか退歩するというのは、皆人間の心が濁ることによって起こります。社会を治めるには政治だけに任せておけばよいと言うのではなく、もう一つその根本に各人の精神修養がなければならない、どうしても人間の心を後回しにしてはならないのです。そのことを日蓮聖人は言っているのです。どうしても教えを正しくして、そして国の礎を築かなければならぬという方策を立てられたのです。第二は、去る文永八年九月十二日、平頼綱《へいのよりつな》が松葉ケ谷の草庵を襲い、龍の口で日蓮を斬首に処せんとした法難の時です。「日蓮は日本国の棟梁《とうりょう》なり、予を失ふは日本国の柱を倒すなり」と、今にも国内に反乱が起こり、国外から攻められて、この国が危ういことになるということを申されたこと、第三は去年すなわち文永十一年の四月八日、佐渡流罪を赦《ゆる》され鎌倉へ帰ってきた時に、頼綱が何時敵は攻めて来るのかと尋ねたので、「経文にははっきり何時とは見えないが、天の御気色《みけしき》からすれば怒り少なからず、急のようである。よも今年を越すことはないであろう」と答えられたことです。

この三度の予言は、決して日蓮が智慧や才から出たのではない、お釈迦様の魂が日蓮をして言わしめたのであると述べられています。ここを聞き落としてはなりません。日蓮門下の人は、ただ日蓮が偉い、閻浮第一だというような傾向がありますが、それでは日蓮聖人の御精神に背くと言わなければなりません。蒙古は何時頃攻めて来るだろうと尋ねられても、経文には月日は書いてないから分からない、今年中に来るものやら、三年後に来るものやら、そこまでは経には書いてはいない。それを日蓮聖人は「よも今年はすごし候はじ」と答えられた。もしこれが違ったならば、日蓮聖人は尾を巻いて逃げ込まなければなりません。ところが予言したのが四月で、蒙古来襲の一回目、文永の役が十月ですから、その間は半年しか経っていなかったわけです。そして、それもこれも皆釈迦如来の御智慧である、日蓮が偉いのではないと言われている。釈迦如来の魂が我が身に入られていること、これが法華経の一念三千と申す大事の法門であると言われているのです。ここに続けて「十如是《じゅうにょぜ》の始の相如是《そうにょぜ》が第一の大事にて候へば、仏は世にいでさせ給ふ」、日蓮聖人が如是相《にょぜそう》と言わずして、相如是《そうにょぜ》と言われていることにも注目しなければなりません。仏が世に出現される第一の大事とは、方便品の「一大事の因縁」です。その「一大事の因縁」とは、衆生の有している所の仏知見、即ち仏の智慧を開き、そして示し、悟らせ、道に入らしめることなのです。

「日蓮が法華経を信じ始しは、日本国には一渧《たい》一微塵《みじん》のごとし。法華経を二人・三人・十人・百千万億人唱え伝うるほどならば、妙覚の須弥山《しゅみせん》ともなり、大涅槃の大海ともなるべし」

一念三千においても何事においても、最初というのは最も大切なことです。そこで日蓮聖人は言われます。微塵は積もって須弥山ともなる、様々な流れが集まって大海となる。一塵が積もって山となり、一滴が溜《た》まって海となる。遂にはそこに妙覚の山が出来、涅槃の海ともなる。日蓮が法華経を信じ始め、南無妙法蓮華経と唱え始めたことは、この大きな山を造る所の最初の一塵、大きな海を造る所の最初の一滴をなしたのである。全世界の人類がこの法華経の教化を受けて、忌まわしき煩悩の精神を捨てて、誤れる思想を捨てて、釈迦牟尼仏の教えを奉じ、皆一様に南無妙法蓮華経と唱える時が来るようにせねばならない。「仏になる道はこれよりほかにまたもとむる事なかれ」と日蓮聖人が言われているのは、仏になる功徳は、自分一人が徳を積むというのではなくして、この大きな事業の完成、この理想の実現に参加することにおいて、そこに成仏の道が開かれる、この大法を世に広宣流布する聖業に参加することによって成仏し得るということです。日蓮聖人が理想した所の一天四海皆帰妙法、正法の光が東から西を照らすという、この大事業に参加することより外に、仏になる道は求むるなかれと言われているのです。

「日蓮が大難にあうを今度かわらせ給はずは、一には日蓮が法華経の行者ならざるか、忽《たちまち》に邪見をあらたむべし。もし日蓮法華経の行者ならば、忽に国にしるしを見せ給へ」

日蓮聖人は、ただ国を助けんがため、生国の恩を報ぜんがため、国の害となる道徳、国の害となる宗教、国の害となる思想を傍観などせずに折伏の刀を向けられました。然るにもかかわらず、立正安国を主唱された日蓮聖人の言うことを用いないのみならず、日蓮聖人が懐中せる法華経第五の巻をもって散々に打ち叩き、結局は鎌倉の大路小路《おおじこうじ》を馬に乗せて引き回し、「この坊主の頸《くび》を切ってしまうからよく見ておけ」と言えば、「ざまを見ろ」とガラクタ坊主は喜んで唾を引っかけたのです。その実状は日蓮聖人の主義に立つ者ならば、けっして忘れてはならないことです。法華経は秩序を立てて仏教の教義に統一を図らなければならないと説いているのに、統一もヘチマもないと言って、一緒に仲良くやればよいと誤魔化しているのでは法華経の精神は全く壊されてしまいます。諸天は法華経の行者を守護すると誓いながらこの度庇《かば》われないのは、日蓮が法華の行者ではないからであろうか。そうであるならば、先ずは自らの邪見を改めなければならない、その場合には命を取られても構わない。しかしながら日蓮の申すことが正しくて、他宗の者が間違っているのならば、日蓮が法華経の行者であるならば、すぐにも国に験《しる》しを見せ給え、そのように日蓮聖人は祈ったのです。そして、その験しとして現れたのが自界叛逆《ほんぎゃく》の難、鎌倉幕府の執権・北条一門の内乱でありました。それ故に、自分は言うに足りない凡夫であるけれども、法華経を持っている分際なれば日本第一の大人なりと申された、歴史に現れた高僧偉人の事積を色々と引いて、それらの人にも日蓮は決して劣らないと言われたのです。この自信力・自重心、これが日本人の特色であり日蓮聖人の主義に立つ者の本領です。へこたれ根性ではいけない、善いものは善い、悪いものは悪いと言わなければなりません。そして、最も優れた法華経を持つ者は最第一であると説いてあることを挙げて、今の日本の学者は多少の光を持っているとしても、それは星くらいのものである、「当世日本国の智人等は衆星のごとし、日蓮は満月のごとし」と仰せられたのです。これは日蓮一人をいうのではない、法華経の行者は皆そうである。のみならず、法華経を行ずる者にはこの如き功徳があり、この如き利益があるということを述べられて、法華経の行者の非常に尊い意味をお述べになったのです。

「されば我が弟子等、心みに法華経のごとく身命《しんみょう》も惜しまず修行して、この度《たび》仏法を心みよ、南無妙法蓮華経、南無妙法蓮華経」

法華経が如何に尊いからと言っても言葉だけでは駄目です。日蓮聖人は我が弟子信者ならば、実際に法華経が活きているのか死んでいるのかを試みなければならないと、実験的の信仰というか、体験的信仰を奨《すす》められています。南無妙法蓮華経と信心して修行したならば、御利益があるかないか、誠心を込めて実際に試してみよと言われたのです。それを日蓮聖人は、龍の口で頸《くび》切られんとする時に試験された。法華経のために捨つる命は敢えて惜しまない。しかしながら、それがために法華経の行者の頸がムザムザ飛んでしまっても、いけないということも一方に考えておられたのです。日蓮聖人が龍の口の刑場に引き出される途中の鶴岡八幡宮の社前において、八幡大菩薩に申すべきことありと馬より下りられ、「今日蓮は日本第一の法華経の行者なり。日蓮今夜に頸切られて霊山浄土《りょうぜん》へ参った時には、いかに八幡菩薩はまことの神かと、教主釈尊に申し上げねばなりせぬぞ。痛しと思われるならば急ぎ急ぎ御計らいあるべし」と告げられたのは名高い話です。八幡宮とは、応神天皇を仏教の守護神、武運の神である八幡大菩薩として祀《まつ》るものです。当時は、神人《じにん》として神社を警固する武士も詰めていました。日蓮聖人は、若い頃この鶴岡八幡宮の経蔵で一切経を閲読されていましたから、この武士達とも交流があったのでありましょう。それ故に、役人が頸を斬らんと刀を振り上げた時に、江ノ島の方より一丈あまりの光りものが鞠《まり》の如くに飛び来たって目がくらみ、他の兵士も怖じ気づいたというのは、奇跡とはまた違うものであると私は考えています。

法華経の行者は身命を惜しまず無上道を惜しむ、菩提を大切とします。命は軽いが国は大事である、仏法は更に大事である。我不愛身命但惜無上道《がふあいしんみょうたんじゃくむじょうどう》とは、日蓮聖人の主義に立つ者の生命とも言うべきものですが、日蓮聖人は「いかやうなる事のあるゆへに、身命を捨つるまでにてあるやらん、委細に承はり候はん」と、敢《あ》えて問を設けてこれに答えられます。今の世間の多くの人は、命よりも尊いものはないと考えているから本当の宗教に入れないのです。しかしながら、このたわいもない命を法華経に捧げて、それが国のため法のため一切衆生のためになるならばこれ程の悦びはない、この自分を惜しまず法華経を護るというところに、日蓮聖人の主義に立つ者の真意義があります。日本人は、命よりも以上のものを了解しているところに、大和魂があるのです。この大切なる命をただ取られるのではありません。それを国のため社会のために捧げるか、法のために捧げるのか、それが人生の本義です。一銭の値打ちも付けて貰わないで、おまけに葬式料を取られて死んでいくのが一般人の死に方です。そこを真に考えなければならない、昔からの偉い人はそこを考えている、日蓮聖人はその点を懇々《こんこん》とお説きになられたのです。伝教大師や弘法大師、慈覚大師等の人が命を懸けて中国に渡られた。その時分の船は小さなもので、風が吹けば何時沈むか分からない。無事に船が着いても、気候風土の異なった所であるから、何時命を落とすか分からないけれども、法のために命を懸けて入唐なさった。あるいは雪山童子《せっせんどうじ》が、半偈のために身を投げ、薬王菩薩が法華経のために肘を焼いたのも、これみな命以上のものがあることを知っているからである。この命以上の尊いところに法があり、国があり、一切衆生を救うということがあることを、よく考えなければなりません。不軽菩薩が大勢の人々に仏性があるのを礼拝し、それがために罵られ石を投げられたけれども更に進んで臨んだ如くに、日蓮の主義に立つ人々がその価値を現すためには、命を捨ててもこの教えの普及を図らなければならないのです。

「経文に我不愛身命と申すは、上に三類の敵人をあげて、彼等がのり、せめ、刀杖に及んで身命をうばうとも、とみへたり」

法華経の説くところは、命懸けで海を渡ったり、身を投げたり、肘を焼いたりすることではありません。経文によれば、「我不愛身命」とは、三類の敵人《てきにん》が法華経の行者を罵り、責め、杖刀をもって身命を奪うとも、教主釈尊の真意である法華経を一切経の頂にあると人々に知らしめることです。しかしながら、この事を仕上るには、反対が非常に多い。第一には、他の誤った教えを信じている者が、悪口をもって危害を加えてくる。第二には、その向こうに、それを煽動する根性のねじ曲がった坊主などがいる。そして第三の何よりも強敵であるのは、智者として称えられている高僧や指導者の中にいる大謗法の者です。彼の人は国の王臣等に尊重され、そして法華経の行者は力が乏しいが故に、国中の者がこぞって蔑んでくる。それでも不軽菩薩の如くに、強いて彼等の謗法を申すならば身命に及ぶ。これが第一の大事なことであると日蓮聖人は述べられています。法華経の精神を日本にだけ弘めるのも容易ではありません。いわんや全世界を、一天四海皆帰妙法の暁とするには非常な困難が横たわっています。しかしながら、その困難に中途で挫折しているようでは、日蓮聖人の主義に立つ者ではありません。一人でもやって見せるという所がなければなりません。そこに日蓮聖人の血が沸いているのです。

「霊山浄土の教主釈尊、宝浄世界の多宝仏、十方分身《じっぽうふんじん》の諸仏、地涌千界《じゆせんがい》の菩薩等、梵・釈・日月・四天等、冥《みょう》に加し顕《けん》に助け給はずば、一時一日も安穏《あんのん》なるべしや」

あらゆる反対を打ち破って正しい法華経を弘めるということは、裸で火の中に飛び込むよりも困難なことです。須弥山《しゅみせん》を手に取って投げるよりも、大きな石を背負って大海を渡るよりも、法華経を弘めることは困難なのです。日本国にこの法門を立てるのは容易ではありませんが、この正法を広宣流布する事業の一端に加わった者には、広大無辺の功徳があって、直ちに成仏が出来、一切の願もそこから叶うのです。この精神を忘れた時には、日蓮聖人の主義に立つ者ではなくなります。日蓮聖人は、房州の清澄山、旭の森に立って、東の海から昇る旭日に向かって南無妙法蓮華経と唱え、日は東より出でて西を照らすならば、法華経によって興った日本の仏教が世界を照らすに違いない、この事ばかりは間違わぬと信念を持たれました。しかしながら、お釈迦様なり諸天善神の助けに依らなければ、この戦いを継続することは出来ない。釈迦牟尼仏の助けがあったが故に、今日まで永らえているのである。そうでなければ、一日一時も安穏でいることは出来なかったであろうと、日蓮聖人は、釈迦牟尼仏のお陰であることを感謝して、この撰時抄は終わっています。ここが日蓮聖人の偉大なる点です。常に本仏釈尊を忘れずして、大きな希望決心を言い表す場合には、偉大なる仏様に結び付いて己の心を力付けていく、これが宗教の真諦《しんたい》です。非常に自分の確信が高調して、自分という存在に誇りを持ったとしても、最後に行くと更に偉大なる仏を仰いで、もし仏の御守護が無かったならば一日片時も無事安泰ではおられない、今日も生き永らえているのは仏様のお陰であると報恩謝徳の精神を現す所に、真の宗教があるのです。これにて、撰時抄の大要を講じ終えたいと思います。(完)

報恩抄

本書の概要

報恩抄は日蓮聖人が書かれている御遺文の中で、殊に重要な書物である五大部最後の一つです。この書物の最後には、身延山において健治二年に、清澄山の二人の兄弟弟子浄顕房と義浄房に宛てて送られたことが書かれています。時に日蓮聖人の御年は丁度五十五歳でありました。元来法華経は真に結構な教えであるが、正法には敵多しというて、人生には善いことが必ずしも易々《やすやす》と行われるものではない。悲しいかな人生は正邪相闘うもので、多くの場合には邪が勢力を得るものである。釈迦牟尼仏は、この人生を慨嘆して言われている。正しき者と邪なる者、善き者と悪しき者との永遠の戦いである。そして余程の決心を持たなければ、何時も正しき者の方がやられるのである。正法の者は爪の上の土、正法に反対する者は十方の土の如きものであるが故に、正しき教えを立てる場合には必ず反対が起こる。日蓮が多くの迫害を受けたのも、これは決して一身のためではない、自分の弘める所の教えが正しく、真実の事を述べているからである。この度お師匠様の道善房が没された。早速自ら行ってお師匠様の菩提を弔いたいと思うけれども、一旦身延の山に入った者であるから、自分には隠遁《いんとん》などという考えはないが妄《みだ》りに山を出て騒ぎを起こす訳にもいかず、弟子を使わしてこの二冊に書いた報恩抄を送る。この中には仏法に関して随分大事なことを書いて置いたが、志のない者に聞かせたならば、あなた方もこちらも安穏としてはいられなくなる。それ故に、浄顕房と義浄房の二人で、高い森の頂に登って二三遍繰り返し読み、そしてお師匠さんの墓の前で、また一遍読み上げて貰いたい。この報恩抄の送り状には、そのようなことが書いてあります。そして、この御遺文の表題に恩を報ずるとあるように、最初の第一段には報恩の道徳が最も大切であることを示されたのです。

本書の内容

一、仏教の報恩

「それ老狐《ろうこ》は塚をあとにせず、白亀《びゃっき》は毛宝《もうほう》が恩をほうず。畜生すらかくのごとし。いわうや人倫をや」

狐は自分が産んで貰った穴の方に足を向けては死なない。自分の親が産んでくれた大切な所であるから、最後に何れの土地で死のうとも、自分の生まれた穴に足を向けては死なないと言われている。それと毛宝《もうほう》という人が遊びに出た時に、子供におもちゃにされている亀を不憫に思い、これを購って川に逃がしてやったことがある。後年将軍となった毛宝が、戦に敗れて河を渡って逃れようとした時に、その亀が現れて、背中に乗せて助けたという名高い話がある。狐でさえも、亀でさえも斯くの如く恩を忘れない、ましてや人間ともあるものが、恩を受けて恩を忘れるということがあってはならない。畜生でさえ恩を知っているのであるから、人間にして恩を知らなければ、畜生にも劣ることになる。豫譲《よじょう》という賢者は、国士として優遇してくれた主君の恩に報ぜんと、仇を討つために炭を飲んで声を嗄《か》らせ、顔に漆を塗って癩病のように爛《ただ》れさせ、乞食を装って敵に近づいたが果たせずに自決した。また弘演《こうえん》という人は、他国での使いを終えて帰国すると、戦いに敗れて無残に殺された主君の肝《きも》が打ち捨てられているのを悲しみ嘆き、自らの腹を裂き割ってその肝を入れて壮烈な忠義の死を遂げた。世間の人でもこの通りであるから、いわんや仏法を習う者は、恩に報いる観念を忘れてはならない。そして第一に「父母の恩」、それから「師匠の恩」「国の恩」ということをお書きになったのです。

「仏法を習い極めんと思もわば、いとまあらずば叶うべからず。いとまあらんと思もわば、父母・師匠・国主等に随いては叶うべからず」

この大恩に報ずるためには、仏法を習い究めて智者とならなければならない。ただし、そのためには仏法を習い究める暇《いとま》が必要である。暇を得て仏法を究めようと思うならば、父母・師匠・国主等に随っていては叶わない。日蓮聖人は、このような考えを世間の人は礼儀に外れ仏の教えに背くと思うであろうと前置きした上で、親の恩を報ずるにしても、師匠の恩を報ずるにしても、正しき教え、正しき道というものを先ず考えなければ真の報恩は出来ないことを示されます。ただ旨いものを食わせておけば親孝行だというようなものではありません。自分が宗教の正しい信仰、道徳の正しき観念を打ち立てて、親もまたその正しき所に導いていくということでなければなりません。親を不道徳の人たらしめ、無信仰の人たらしめ、罪多き人生を送らしめ、死んだ後には永遠に闇黒の巷《ちまた》に陥らしめるということでは、親孝行だとは言えません。親を正しき信念、正しき道徳、正しき生涯に導いて、そして永遠の生活に光明あらしめなければならない。それには先ず自ら道を学ばなければならないことを、日蓮聖人は示されているのです。

仏法の大事を学ぼうとするには、ただ普通の道徳のように、親が「家に居れ」と言うから「ハイ」と従う、「こんな事をするな」と言うから「ハイ」と止めてしまう、そういう皮相な親孝行では全うすることは出来ません。道を学ぶがためには親孝行することが出来ないこともある、あるいは親に背いて国難に赴くこともあります。表面からすれば無慈悲のように見える場合があっても、道の観念によって活きて行かねばなりません。普通の眼からすれば、親の精神に背いて出家するということは、不孝な子であると思うかも知れませんが、そういう形式的な孝養心が勝利を得ている間は、立派な人間となることは出来ないのです。日蓮聖人は「恩を棄てて無為に入るは真実報恩の者なり」と仏典に説かれていることを論じて、釈迦牟尼仏が悉達太子よりして、父の止めるにもかかわらず夜半に迦毘羅城《かびらじょう》を抜け出て、修行を積んで遂に正覚《しょうがく》を成ぜられたことを手本としています。釈迦如来は偉大なる教えを立て、そして三千年の今日なお人類の光明となっている。その宏大なる功徳を、自分の父母に回向なさるということになれば、釈迦牟尼仏ほど親孝行の人はありません。釈迦牟尼仏の父は浄飯王《じょうぼんのう》、母は摩耶《まや》夫人ということは、仏教を習うものならば誰でも知っていることです。釈迦牟尼仏のために父母の名が永遠に伝わっているのです。その釈迦牟尼仏も自ら孝養の精神を捨てないことを表して、父浄飯王を教化なさることに非常に心を尽くされていました。日蓮聖人もまた、何処までも親を大切にし、国主を尊んでおられ、そして師匠をも大切になさったのです。

二、仏教の分派と法華経の最勝

「大乗の七宗いづれもいづれも自讃《じさん》あり。我が宗こそ一代の心は得たれ得たれ等云云」

釈迦如来の教えとしては、統一的な帰着点というべきものがなければなりません。ところが日本には、倶舎・成実・律・法相・三論・真言・華厳・浄土・禅宗・天台法華宗という十の宗派があって、それが何れも立派な宗旨であるということになれば、仏教が十派に分裂することになります。そして、この中で倶舎・成実・律の小乗の三宗は、しばらく置くとしても、大乗の七宗が各々に他を批判して「俺が偉い、俺が偉い」というのですから、これは実に困ったことです。それぞれの宗旨に立派な者が出て教えを開いたが故に、華厳宗の方から言えば華厳経が一番だ、真言宗から言えば大日経が一番だ、禅宗から言えば楞伽《りょうが》経が一番だ、浄土宗から言えば阿弥陀経が一番だという風になって、大勢の弟子も信者もあって仏教は分裂して来たのです。我々凡夫は、どの師であってもただ信じて従って行けば良いのであろうか。この点において日蓮聖人は、「日蓮が愚案晴れ難し」と言われています。我々が仏教を信じる信仰の根拠は、そういう曖昧なものであってはあってはならない。この大切な信仰を決定するにあたっては、仏陀の本意は何れにあるか、宗旨宗派の小さな考えなどは振り捨てて、大聖《だいしょう》釈迦牟尼世尊の御本懐は何れにあるか、一切経の帰着点は何処にあるか、仏法の本意は何処にあるかということを、少しも囚われない精神において、全く公明正大なる精神において、誤らざるところを握らなければならぬと、日蓮聖人はそこを突っ込んで来ておられるのです。

色々な宗派が肩を並べて、どれもこれも仏教の本旨だというようなことは、甚だ宜しくない。それは譬えを挙げて述べるならば、国主とはただ一人であって、それが二人ともなれば国家は穏やかに治まらない。家にも主人が二人あれば、その家は必ず乱れる。一切経もその通りであって、十宗七宗が互いに論争して譲らず、それぞれ自宗こそが第一だというのであれば、まるで国に七人十人の王様が出て争っているようなもので、仏教の本意は乱れ万民も穏やかではなくなる。思い起こせば、かつて天台大師が専ら経文を師として、南三北七と十に分裂していた仏教に秩序を与えた如く、どうしてもこれは分裂を否定して、仏教の本意は此所《ここ》であるという統一的なる所を発見しなければならない。涅槃経には仏の遺言として、「法に依つて人に依らざれ」と説かれている。末代に偉そうに言う者があっても迂闊《うかつ》に乗ってはならない、何処《どこ》までも法を本にして人を頼りとしないようにせよ、私が説き置く一切経に依れと言われている。また、その涅槃経に、一切経には了義経と不了義経、即ち真実の経と方便の経がある、義理を十分に説き尽くしているものと義理の隠れているものがあるから、そのことをよく弁えておかなければならないと説かれている。そして日蓮聖人は、一切経を開いて見れば、法華経が了義経であること、一切経第一であることは明白なることであるとして、更に論《ろん》鋒《ぽう》を進められたのです。

「大日経・華厳経等に法華経の勝れ給えることは、日輪の青天に出現せる時、眼《まなこ》あきらかなる者の天地を見るがごとく、高下宛《おん》然《ねん》なり」

法華経の安楽行品に「この法華経は諸経の中に於て最も其の上に在り」という明文が出ている。それは須弥山の頂に帝釈天という神が居るが如く、転輪聖王《てんりんじょうおう》の頂きに如意宝珠《にょいほうじゅ》が乗っているが如く、数多の木の上に月が宿るが如くであって、誰でも一切経を開いて見れば、法華経が秀でていることは明白に分かる。この経典が秀でていることは、「誰が言った」「彼が言った」ということに依らずして、経文を本とすれば一目瞭然である。他の経にも、この経は他に対して優れたことが説かれているという言葉はあるが、それは一部分に対して言うのであって、一切経全体に対して述べているのではない。小国の王が自分の臣下に対して大王と言うようなものであって、法華経は諸王に対して大王と説かれているのである。ただ、涅槃経だけは法華経に似た経文があり、天台大師が出る前には学者が色々と迷っていたが、涅槃経には「法華経において大勢の声聞《しょうもん》が救われた。この涅槃経は米を収穫し終わった後の、落ちている稲穂を拾うようなものである」と説かれている。されば涅槃経は法華経には及ばぬということは明らかであろう。この経文をもって、法華経・涅槃経の勝劣のみならず、十方世界の一切経の勝劣をも知るべきである。然るに、天台大師、伝教大師の後を継承した叡山の学者でありながら、慈覚や智証が迷いを起こし、法華経よりも大日経が上だというような事を言いだしたのだから、他宗の人が迷うのは尚更である。ある人は疑って、中国日本に伝わった経典の中では法華経が一番かも知れないが、印度や竜宮や天界には法華経よりも優れたものがあるに違いないと言う。しかしながら、「あったらどうする」などという議論は実に詰まらぬことであって、南の空しか見ない者が東西北の空にも別の太陽があるかも知れない、山の向こうに煙が立っていても、火が見えなければ火はないと言うのと同じ愚かなことである。そして法華経の場合には十方世界の諸仏が集まって、法華最第一ということに賛成なさっているから、決して他の世界に法華経以上のものはないということを、日蓮聖人は論結されたのです。このことは、今日においても、よく考えて論究する必要があります。弘法大師などは「天の金剛法界宮という所で大日如来が説いた大日経というものが法華経よりも上だ」ということを言い出し、また浄土門などでは、娑婆世界では道徳を守らなければならないとか、責任を果たさねばならぬとか色々と面倒なことがあるけれども、悪人だろうが何だろうが、阿弥陀様が救ってくれるから、早く足を洗って極楽浄土へ来いと言います。他の世界に善いものがあろうというようなことから大日如来を引っ張ってきたり、阿弥陀如来を引っ張ってきたりするために、娑婆世界の釈迦牟尼世尊の教えを乱すことになっているのです。

「愚眼《ぐげん》をもて経文を見るには、法華経に勝れたる経ありといはん人は、設《たと》いいかなる人なりとも謗法は免れじと見えて候」

ところが華厳宗は澄観、真言宗は善無畏乃至弘法、更には叡山の慈覚・智証という偉い学者が、「華厳経は法華経より勝れたり」、「大日経等は法華経に勝れたり」ということを言い出した。我々如きの智慧では容易に反対することは出来ないが、如何に彼等が偉かろうとも、それは明らかに道理に反し、釈尊の金言に反していることである。どうか仏教に来たからには法華経には背かぬよう、釈迦如来の思し召しに背かぬようということを頭において貫いたいと、日蓮聖人は段々と論を進められます。どうかすると日蓮聖人は独善的に自分の意見を主張したかの如くに考える人もありますが、そうではなくて、日蓮聖人は飽くまでも正義を主張して、そして道徳の意義においても、また仏教の本旨においても、公明正大なる立場から論を進めて行かれたのです。今日でも仏教を熱心に研究する者は、必ず法華経に至ります。ひたすら題目を唱えれば願いが叶うとか、鬼子母神の霊力が云々などというのは別ですが、少し日蓮聖人の教えに近づいている人ならば、真言の信者と出会っても天台の信者に出会っても、禅宗の信者に出会っても、決して引けを取ることはないでありましょう。そして、日蓮聖人の主義から学び得たる真理、法華経に示されたる金言《きんげん》、その信仰の意識をもって他の宗派の人と問答するならば、彼等の信仰が如何に薄弱であるか、彼等が如何に真理に反し、また仏教の本旨に反しているかということは、直ぐに了解することが出来ると思います。

法華宗が思うように弘まらなかったのは、江戸時代に徳川幕府が自由な布教活動を制限して圧迫を加え、個人の改宗改派を禁じて檀家制度を強要したからです。そして現在日本の宗教が腐敗するのは、教えを説くことよりも教団の利益を守ることを最優先とし、家は先祖代々○○宗だと押さえ込んでしまったことによります。僧侶は世襲となって職業化すれば、教えの浅い深いなどということはどうでも良くなる。優れているか劣っているかは分からないが、何でも良いから信心して、お布施だけは払えとなれば、人々の信仰心は薄れて、やがて見向きもされなくなります。「信教の自由」が保障されて、今こそ優れた信仰が勃興しなければならない時であるのに、耳に聞こえの良いことを言う新興宗教ばかりが盛んとなり、その一方で宗教に関わることを遠ざける人が増えることになっているのです。今は国民の思想が動揺しています。個人主義が誤って解釈され、義務や責任を脇に置いて、得をすること、損をしないことばかりを考える人が多くなったように思います。偏った主義主張の言い争いを見て、何を信じれば、理想の人生に臨めるのか、社会全体のためになるのか分からなくなっているのです。終いには日蓮を騙りながら「釈迦の説いた法華経は役に立たない」という宗教団体が日本最大となり、政権与党として権力を行使していても何とも思わなくなってしまったのです。今日日蓮聖人がおいでになったならば、確かに第二の立正安国論を作って国民に大警告を与えるに違いありません。日蓮聖人は、各宗の勢力の盛んなる中に法華経の正義を力説して、四方八方を敵に囲まれながら、法と国について正しい教えを発表して下さった。日蓮聖人の主義を奉ずる僧侶信者であるならば、今は眠りを貪る秋ではない、どうしても目覚めて日蓮聖人の主義発展のために、大努力をしなければならないと思うのです。

「いかんがせん。言《いは》んとすれば世間をそろし。止《やめん》とすれば仏の諫暁《かんぎょう》のがれがたし」

各宗には何れも立派な祖師があって各々に宗旨を立てているが、法華経の行者ならば、これらの宗旨が誤っているということを明らかにして法華経第一の主張を標榜するのだから、左様な人を挙げて敢えて敵としなければならない。これは今日も繰り返される問題であって、日蓮聖人の主義に立つ者ならば、必ず恐るべき迫害が現れてくることに腹をくくらなければなりません。仏教の正義を信ぜんとする人の第一の困難はこれです。右を見れば真言宗があって善無畏乃至弘法の高僧があり、左を見れば法相宗があって慈恩等の学者がある。前を見れば浄土門があって法然・親鸞がいる。後ろを見れば禅宗があって達磨・慧可等がある。どれも偉い者だということになれば、居すくまって手も足も出ないことになります。宗派の分裂が仏教を災いしているわけですが、あっちを向いてもペコペコ、こっちを向いてもペコペコするようなことになってしまえば、仏教の正義を信じることは出来ません。如何に偉い人があろうとも、その基づく所をお釈迦様に置いて、そして教えの中では何れが真実なりやと経々の比較を定めて、正しき信仰に入ろうという勇気をもって当たらなければなりません。すなわち、剛健なる決心の下に仏教を論じなければ、仏教の正義は得られないということを日蓮聖人はお示しになったのです。これは現代の思想の問題について一つの模範を与えているものであって、右を聞いてもご尤《もっと》も、左を聞いてもご尤もということであれば、自己の理想信念を打ち立てることは出来なくなります。故に思想の決定には先ず確固たる標準を定め、拠《よ》り所を定めて、その標準に違う場合には如何なる人といえども、臆面もなく斥ける決心がなくてはならないのです。釈迦如来は法華経をもって一切経第一の経なりと説き、今日一切経を比較研究しても、法華経に勝る経典がないのは明々白々の事です。然るにその法華経を抑え込むというになっては、一切経の勝劣、浅深、権実ということが紛乱して、経の秩序というものが破壊されてしまいます。それ故に仏教を活かすために、釈迦如来の本懐を発揮するためには、断固として高僧碩徳《せきとく》といえども、謗法の罪人として論断せざるを得ないと日蓮聖人は言われたのです。

枝葉の坊主や訳の分からぬ信者などは後回しにして、まずその元祖に向かって肉薄せねばならない。それらの人が学徳高き故に、敵に回しては不利益であると考えて、例えば「弘法大師や法然上人は偉かったが、今の坊主が悪い」などというような生温いことを言っていたならば、虻蜂《あぶはち》取らずで何にもならぬことになる。そのことは釈迦如来が涅槃の夕べに遺言されている。涅槃経には、敵が強いとか、善いことを言うのは困難だとか言って、我が教えの正しい所を曲げることがあってはならない、寧《むし》ろ命に及ぶとも正しき教えを真正直に貫けと言われている。そして「日蓮これを知りながら人々を恐れて申さずば、寧ろ身命を喪《うしな》うとも教え匿《か》くさざる者の仏陀の諫暁を用いぬ者となりぬ」と、釈迦如来の御遺言がひしと自分の良心に呵責《かしゃく》を与えてくる次第を述べたのです。進退窮まることであるが、この法華経の真実を弘めようと思えば、反対多くして中々容易なことではない。「況んや滅度の後」と法華経に説かれているのは、この事であろう。釈迦如来の在世に色々の反対があったのも、実は法華経のために起こったことである。釈迦牟尼仏が摩耶夫人のお腹に宿られた時に、第六天の魔王は、これは容易なことではない、この懐妊している子供が生まれて人の世に出るならば、我々が悪を働こうとしていることは全滅されてしまうと考えた。法華経という尊い教えを説いて人々に与え、その法華経の利剣によって斬りまくられては堪《たま》らないから、今のうちに謀《はかりごと》を立てなければならぬ。そこで医者に化けて浄飯王宮に入り込み、「この薬を召し上がれば安穏にお産が出来ます」と言って、毒薬を摩耶夫人に服ませたのである。また、お生まれになった時には石を降らせ、乳に毒を混ぜて悉達太子を殺そうとした。そして悉達太子が城を出て修行されようとする時には、黒い毒蛇となって道を塞ぎ、更には提婆達多や阿闍世《あじゃせ》王などの身に入って、大石を投げつけて殺そうとしたり、酒を飲ませた像に踏み殺させようとしたりと、釈尊が法華経を説き給うのを恐れて亡き者にしようと謀ったのである。法華経には「如来の現在すら猶《なお》怨嫉多し」と言われたのはこの事である。そして「況んや滅度の後をや」とあるように、今末法に釈迦如来の御身に起こった大難よりも恐るべき難が法華経の行者にはあると説かれている。兎《と》にも角《かく》にも度々の難が起こって、如何にも容易ならぬことであるとの証拠がなければ、真実の法華行者とは言われないのである。諸宗の祖師が偉い人であって、それに味方している僧侶や信者が沢山いて、法華経第一という主張をする日蓮を寄って集って迫害しようとすることは、これは正しく日蓮をして法華行者たらしめ、法華行者たることを証明していることとである。恐ろしいことではあるけれども、一面から言えば実に愉快なことである。それ故に日蓮聖人は「小失なくとも大難に度々値《あ》う人をこそ滅後の法華経の行者とは知り候わめ」と、法華経を活かし、自ら法華経の行者たることを証拠立てる点において、喜び身に余ると述べられたのです。

「像法に入て五百年、仏滅後一千五百年と申せし時、漢土に一人《いちにん》の智人《ちじん》あり。始《はじめ》は智顗《ちぎ》、後には智者大師とがうす」

日蓮聖人が師として仰ぐのは、法華経を第一とされた天台大師と伝教大師であって、天台大師が中国において南三北七の十流の学説を統一し、日本においては伝教大師が南都六宗を統一したる事蹟は、日蓮聖人の最も深く感激しておられることです。そして日蓮聖人一代の目的も、やはり鎌倉時代における仏教の紛乱を統一しようとすることにありました。故に今日といえども、日蓮聖人の主義を受け継ぐ者の目的は、やはり仏教を統一し、進んではこの思想問題に対して健全なる思想の統一を図ることにあると思います。思想を軽んじ、思想について注意を引かず、影響も少ないと考える時には、如何なる尊い思想も詰まらぬ思想も分からないものです。しかしながら、少し考える人ならば、かかる宗教、かかる道徳、かかる思想は大いに社会に害があるということに気付きます。日蓮聖人が憤慨して論じたる主張は、そこにあります。日蓮聖人が「真言亡国」と言われたことも、ただ悪口を言ったと思う人がありますが、よく考えれば、弘法大師が出て来て「釈迦如来はいけない、釈迦の説いた仏教は駄目だ、大日如来は釈迦如来など側《そば》にも寄れない非常に偉大なものだ」ということが宗教の世界で許されるならば、道徳の上において如何なる大事なことであっても、同じようなことが起こります。のんべんくらりとした人であれば、仏教徒がお釈迦様を捨てることを何とも思わないのかも知れませんが、キリスト教国民においてイエスを捨てるというようなことになれば、容易な事ではありません。神聖なる仏教を信じる者が、釈迦如来をポーンと捨ててしまう、釈迦の説いた一切経は皆役に立たぬと言われて「ハー左様ですか」と捨てる、この捨て方において、恐るべき思想があるのです。そのように仏教徒でありながら釈迦を蔑《ないがし》ろにし、一切経を捨てるという思想が一転して国民に入ったならば、遂には日本の国家を滅ぼすことになるということを日蓮聖人は叫んだのです。今日においても、そういう思想を持った宗教団体が国の政治権力に関わっていたならば、一体どういうことになるか、そこを考えなければならないのです。

「かくて一切経の中に法華第一・涅槃第二・華厳第三と見定めさせ給いてなげき給うやうは、如来の聖教《しょうぎょう》は漢土にわたれども、人を利益《りやく》することなし。かへりて一切衆生を悪道に導びくこと、人師《にんし》の苅《あやまり》によれり」

天台大師は六世紀、像法の時代の中国に出た偉い人で、始めは智顗《ちぎ》法師と言い、後に智者大師と称せられ、法華経を第一と主張された方です。無論天台大師以前にも、師子尊者や龍樹菩薩、馬鳴菩薩というような偉い人も段々と出て来ますが、天台大師程に一切経を見分けた人は居ないので、「智者以前に智者なく、智者以後に智者なし」と言われています。その天台大師が、その頃江南に三派、江北に七派と十派に仏教が分かれていた、その十人の大学者を対手にされた訳ですが、その中に南三の第三流派に属する光宅寺の法雲法師という取り分け偉い人がいました。法雲法師は釈尊一代の仏教を五つに分類し、その中から華厳経、涅槃経、法華経を選び出します。そして華厳経が第一であることは大王の如くであり、涅槃経が第二であることは摂政関白の如く、法華経が第三であることは公卿《くぎょう》の如くであると言われたのです。法雲法師は梁《りょう》の武帝《ぶてい》が光宅寺という寺を建てて帰依した人で、法華経にも非常に縁があり、法華経を前後百回も講釈したと称せられています。大干ばつがあった時には、法華経・薬草喩品の「その雨普《あまね》く等しく四方より倶《とも》に下る」という句を講釈されただけで雨が降ったそうです。その法雲法師が法華経義疏《ぎしょ》という講釈を書いているのですが、「この経未だ碩然《せきねん》ならず」、即ちこの経には大事な所が未だ明確になっていないと言われたのです。ですから、もし天台大師が出ないでそのままになっていたならば、法華経は仏教中の第三に押し込められて日本に伝わっていた可能性があります。ちなみに、日本の聖徳太子は偉い方で、法華経を第一とされましたが、天台大師の「法華文句」などは未だ見ておられなかったため、法華経の講釈を法雲法師の書物に依って書かれています。この法雲法師が亡くなられた後に、智顗法師即ち天台大師が生まれます。そして南岳《なんがく》大師という偉い方を師として、特に華厳経を研究されました。しかしながら、これは何のためかと言えば、法雲法師が華厳経第一・涅槃経第二・法華経第三と立てたことを不審に思い、十分に華厳経を調べて、果たして何処《どこ》に法華経が華厳経に及ばぬ所があるというのか明らかにしようと思ったからです。そうして南岳大師から智者大師に至って、一切経の中においては法華経が第一、涅槃経が第二、華厳経が第三ということをお定めになったのです。

「智顗法師は末座に坐して色を変《へん》ぜず、言《ことば》を悞《あやま》らず、威儀《いぎ》しづかにして、諸僧の言を一々に牒《じょう》をとり、言《こと》ごとに責め返へす」

天台大師が法華経第一の議論をすると、盛んに反対が起こり「智顗法師の頭を割るべきか、国から追放すべきか」との大騒ぎとなり、それを聞いた国王の命によって、法雲法師の弟子、その他の百人余りの偉い坊さんと議論することになります。「あの若い青坊主、やってしまえ」という訳でありましたが、天台大師は実に不出世の高僧で少しも動じない。非常に落ち着いた態度をもって、百人ばかりの学者を対手として戦われました。そして天台大師が「法雲法師が第一華厳・第二涅槃・第三法華と立てた証拠となる経文は何処にあるか。挙げられるのならばその証文を出されよ」と責めると、みな顔を伏せて返答がない。更に法華経の開経である無量義経には「次に方等部経・摩訶般若・華厳海空を説く」と華厳経の名をあげて、未だ真実を顕していない、即ち「未顕真実」と説かれている、それをどのように考えて華厳経を第一と言うのかと責めると、百余人の学者の誰一人として答えることが出来ない。次に「涅槃経が法華経よりも勝れているという経文は何処にあるか」と問えば、これまた返答が出来ない。涅槃経よりも法華経が勝れているということは涅槃経に明らかである。法華経において大勢の弟子達が成仏の記別を受けた。法華経は、秋に稲を刈って冬には蔵に収めたようなもので、涅槃経は残された落穂《おちぼ》を拾い集めて歩くようなものであると説かれている。

涅槃経が法華経よりも劣っていると自ら述べているのに、何故に涅槃経を法華経より勝れているとして第二に置いたかと問えば、やはり何も答えることが出来ない。そして彼等は少しも答弁することが出来ないから、遂に天台大師の議論に従わなければならなくなったのです。これによって、法華経は華厳経、涅槃経に勝れているということが支那の国中に知れ渡ったのみならず、天台大師の名声は天竺にまで聞こえ、天竺の書物も天台大師の法華経の講釈には及ばないと称賛された、まことに天台大師の功績は偉大であるということを日蓮聖人は述べられています。そして日蓮聖人も自らこの通りに仏教諸宗を統一して、再び思想の紛乱を救わんと念願されたのです。

「**法華経を打ちかへして、三乗真実、一乗方便、五性各別《ごしょうかくべつ》と申せし事は心うかりし事なり。天竺よりは渡れども、月氏の外道が漢土に渡れるか**」

大乗の宗旨と言われているのは、華厳宗・法相宗・真言宗に天台宗を加えた四宗です。華厳経については如何に立派な御経であると言っても、釈尊の久遠実成を現していない、我々仏教徒の奉ずる所の仏身観が明らかになっていないことから、華厳経は法華経より劣るということを日蓮聖人は論結されています。そして次の法相宗は、天台大師が御入滅された後、七世紀前半の唐の時代に玄奘《げんじょう》三蔵が出られたことにより起こりました。玄奘三蔵が印度に十七年も行って色々の経論を求め、それを中国に持ち帰って翻訳された功労は大なるものです。彼の有名な「西域記《さいいきき》」は、その印度歴遊の間の見聞を書かれたもので、今でも当時の印度の様子や歴史を知る上で大事な書物となっています。ところが彼の研究したる仏教の趣意が、天台大師の教えたる法華経を中心とした仏教とは、全く正反対の主義にあるのです。それは当時の印度は、仏教がヒンズー教の影響によって次第に密教化していた時代であったことによります。日本では、伝教大師に破られて法相宗は殆ど滅びてしまいましたが、奈良の仏教として一時は非常に勢力を占めて多くの学者も輩出していました。玄奘三蔵は「法華経は一切経には勝れているが解深《げじん》密経よりも劣る」と言い出し、その法相宗は「五性各別」ということを論じます。五性各別とは、人々に五つの性質の違いがあり、（一）菩薩の性質を帯びている者、（二）縁覚の性質、（三）声聞の性質、（四）不定性《ふじょうしょう》と言って、どうにでも変わる性質、（五）無性といって徹底して仏性を有さない性質があると、人間を五つに区分します。そして決定性《けつじょうしょう》といって縁覚と声聞に決定してしまった者と、無性といって仏性を有さない者は、如何なる仏が出て来ても力に及ばない、成仏することは出来ないと論じています。これに対して法華経の方は「人開会」といって、人格の平等を認める、如何なる者でも、表面は違っていても、人として生まれてきた以上は、その価値は同じであるという原則を力説するのです。それは今日にも残るヒンズー教徒のカーストによる徹底した差別に、印度の新生仏教徒が立ち上がる根拠ともなっているのです。

法華経は人格の平等を認めますから、第一に決定性と言われる所の舎利弗《しゃりほつ》、目連《もくれん》、迦葉《かしょう》、阿難《あなん》がみな二乗作仏として成仏を許されます。そして無性としては提婆達多や阿闍世王のような非常に悪い者、何処《どこ》を叩いても仏性などありそうもない悪人を活かして来て、これを天王如来とするのです。それに続いて、女人の成仏、愚者の成仏が許される、即ち龍女が女人の代表となり、須利槃特《しゅりはんどく》が愚者の代表となって、皆悉く法華経によって救われる、悪人でも女人でも愚者でも、十界悉く仏道を成ずるということを法華経は主張します。然るに法相宗が、五性各別であって、仏性が無いと極まった者と、二乗の極まった者は成仏出来ないと言い、また「三乗真実、一乗方便」と、声聞、縁覚、菩薩という三乗に別々に説いた教えが本当である、法華経のように畢《ひっ》竟《きょう》して一乗に住せしめる、みな成仏するというような教えは方便であると主張したがために、そこに非常な議論が起こったわけです。これは非常に古い問題のようですけれども、実は今日にとっても大事なことです。表面は違っていても根本においての価値の平等を認めなければならない、これは現代の文明を作る上で打ち立てなければならない根本の思想です。表面的には悪人と善人に違いはあっても、その悪人が何処までも悪人ではない。心の奥底には仏性があり明徳があるから、導くに道をもってすれば必ず変化されるものである、この変化の可能というものがなくてはならない。そして変化の可能をいうには、人格の平等が根本になくてはならないのです。現在は教育の上においては、一切平等です。人種、信条、性別、社会的身分、経済的地位などによって差別されることはありません。誰もが努力すれば一流の人格となれる可能性を持っているのです。それが仏教の理想としてきたことです。そして宗教とは、本当の人間の心得を教える、普通の大学よりもう一つ大きな大学です。本当の人生学、宇宙学として、如何なる人間でもこの大きな学校に入れる場合には、誰でも生徒となり、誰でも卒業せられるということを、変化の可能として前提に置くのです。それを最初から、「こいつは駄目だ、あいつはいかん」と言って撥《は》ね除《の》けることはいけないというのが法華経の教えです。即ち二乗作仏、仏性の開発ということが法華経の特色であり、それが法華経の二大教義の一つとなっているのです。

「華厳・深密《じんみつ》・般若・涅槃・法華経等の勝劣は顕教の内、釈迦如来の説の分也。今の大日経等は大日法王の勅《ちょく》言《げん》なり」

その後、中国では法相宗の後に、善無畏三蔵と金剛智三蔵が天竺（印度）からやって来て、次の三代目に不空三蔵が現れました。日本の弘法大師は中国に学問に行って、この不空三蔵の弟子から色々と教えて貰って帰って来たのです。彼等は「大日経」、「蘇悉地経《そしっちきょう》」、「金剛頂経」という三部を真言の妙典と称しています。そして、その大日経は釈迦如来より偉い大日如来が説いたものだと実に妙なことを言い出したのです。人類の歴史上、釈迦牟尼仏より他に世の中に出て仏法を説かれた方は居ません。ところが、ヒンズー教と同じようにお釈迦様の向こうを張り、宇宙には大日如来という釈迦如来よりも偉い仏がいると担ぎ出し、法華経は釈迦如来の説であって民の正言《しょうごん》ほどであり、大日経は天子の正言であると言うのです。最初はそうはハッキリと言っていなかったものの、弘法大師に至ってはそれが一層明確になって来ます。中国で当初言われていたことは、法華経には印と真言が無いから大日経の方が宜しいというようなことでした。印とは指を色々と組み合わせて妙な形に結ぶことで、真言とは「阿《あ》」とか「吽《うん》」とか、短い呪文を口に唱えることです。そしてその「阿とか吽」ということが、宇宙万物の初めと終わりを象徴するものだとか大層なことを言うのです。バラモン教など印度の宗教は、そういう呪文を神聖視する傾向が強いものでしたが、釈迦如来の仏教は、寧《むし》ろそういう形に囚われた宗教を改革したるものです。印を結ぶとか断食するとか、妙な言葉を唱えるとか、山の中に入って素っ裸で石の上に座るとか、そんな事はやっても仕様がない。形において色々なことをするよりも、宗教の本領は先ず精神において正しき心を持ち、正しき道徳観念をもって何事も行わなければならぬことを説かれたのです。弘法大師はそこが分からなかった、「筆《ふで》の誤り」どころではありません。最新の仏教と思って持ち込んだ密教は、実はバラモン教の影響を受けて護摩を焚き、ヒンズー化を始めた本来の仏教とは異なるものだったわけです。幸い中国では、そこに天台大師に次ぐ大学者である六祖妙楽大師が出られて、天台大師の「摩訶止観」「法華玄義」「法華文句」に、「摩訶止観輔行伝弘決《ぐけつ》」「法華玄義釈籤《しゃくせん》」「法華文句記」という各々十巻の注釈書を加え、法華経の卓越したることを再び発揮し、法相宗・華厳宗・真言宗の三宗を厳しく批判したために、それ以来法華経に刃向かうほどの学者が出ることはありませんでした。

「聖徳太子仏法を読み始め、和気《わけ》の妹子《いもこ》と申す臣下を漢土に遣わして、先生《せんしょう》の所持の一巻の法華経を取り寄せ給いて持経と定めたり」

次に日本への仏教伝来が述べられます。日本国には人王第三十代欽明天皇の御宇十三年十月十三日（五五三年）に、百済国の王が「真に有り難い教えであるから信心なさったら良かろう」と一切経と釈迦仏の像を貢献して来ました。さて、これをどうするかと色々と議論のある所に、彼の有名な聖徳太子が出られます。最近では、教科書における聖徳太子の表記を変えるか変えないかで物議を醸《かも》していましたが、聖徳太子は用明天皇の第二皇子で、小さい時分から学問が出来る実に非凡な方であり、八耳の皇子と言われるが如く、八人の話を一遍に聞き分けたと言われます。歳の若い時分から博学で、七歳から学問を始めて、儒教などの本は大抵を読み、その後は仏教を学ばれ、前世で所持しておられたという法華経の講釈と維摩《ゆいま》経・勝鬘《しょうまん》経の講釈を書かれた非常に偉い方です。そして「篤《あつ》く三宝《さんぼう》を敬え、三宝とは仏・法・僧なり」と憲法十七条に定められて、日本の文明は花が咲いたのです。ところが明治維新の時に、聖徳太子を葬ると同時に廃仏毀釈《きしゃく》と言って仏教を嘲り排斥し、神道をやれば仏教の悪口を言い、儒教をやれば仏教の悪口を言い、そこへ西洋の思想が襲ってきたのですから堪《たま》ったものではありません。仏教にはこういう有り難い所がある、儒教にはこういう大切な所がある、神道にはこういう動かすべからざる事があるとして、日本の文明を育んできた思想を十分に復活してから、西洋の思想の善し悪しを分別し、そして吸収すべきは吸収するべきであったのに、それをしなかったがために非常な動揺を起こしました。しかしながら、これを機に殊に大乗仏教を哲学的に再解釈したことにより、一挙にその近代化を図ることに成功し、その後の日本の思想に大きな影響を与えることになったのです。

「最澄上人は六宗の人々の所立《しょりゅう》一々に牒《じょう》を取りて、本経本論並に諸経諸論に指し合わせてせめしかば、一言も答えず、口をして鼻のごとくになりぬ」

聖徳太子以後には、南都六宗といって、華厳・法相・倶舎・成実・三論・律宗の六宗が日本では盛んとなります。聖武天皇によって造られた大仏のある東大寺を始め、奈良には大きな寺が七つありました。そこに非常に秀才なる伝教大師が現れて、法華経を本にして行きさえしたならば、一切の仏教は分裂することなく一つになると結論し、二十三歳の時に桓武天皇に申し上げて、高雄寺において南都六宗を対手に法論をされたのです。そして南都六宗の有力な学者十四人を相手に、仏教の統一のために一人伝教大師は法華経を拠《よ》り所にして論を進め、彼等の主張する教義の一々を論破されました。このことを日蓮聖人は「口をして鼻のごとくになりぬ」、六宗の人は何一つまともに答えることが出来なかった、即ち物を言わぬ有様であったと書かれています。今日の坊さんは、宗教の大事な本尊を論じても駄目、我々の信仰意識を論じても駄目、宗教と道徳、宗教と国家の関係を論じても全く駄目で、しかも我執ばかりは強いですから幾らやられても降参しませんが、その時代の坊さんは中々偉いものでした。桓武天皇の御前では誤魔化すことも出来なかった六宗十四人の学者は「承伏の謝表」という文書を奉って、今までの疑いは伝教大師のお説によって氷の如く解け去りました、如何にも法華経を根本として一切経の統一を図らなければなりませんと、正直に法華経に降伏したのです。そして桓武天皇が奈良から都を遷《うつ》された京都の丑寅の方、即ち鬼門にあたる比叡山には延暦寺が建てられて、日本中の坊さんは悉く比叡山に上らなければ袈裟を掛けることが出来ないという制度になったわけです。ところが、伝教大師が御入滅になった後に、伝教大師と共に入唐して帰られた弘法大師が真言宗を弘めて次第に勢力を増し、この仏教統一は再び破壊されることになります。そこで弘法大師の罪は非常に重いということが次の節に述べられるのです。

「法華経は阿含・方等・般若等に対すれば真実の経なれども、華厳経・大日経に望むれば戯論《けろん》の法なり。教主釈尊は仏なれども、大日如来に向うれば無明の辺域」（弘法大師）

真言宗の宗旨がもたらされたのは、第四十四代・元正天皇の御宇に大日経が、そしてその後に玄昉《げんぼう》という僧侶によって大日経の注釈である「義釈」十四巻が渡されたことによります。これらの経釈を御覧になって、法華経よりも大日経の方が尊いような書き方がしてあるのは怪しからぬことであると考えられていた伝教大師は、その後延暦二十三年に留学のため入唐された時に、国清寺の道邃《どうすい》和尚と仏滝寺の行満和尚から、天台大師の書かれた法華経に基づく「止観」の大事な所をお聴きになり、円頓の戒法という法華経の思想によって定められた戒律を伝授し、また霊感寺の順暁和尚に会われて真言の方のことを十分に研究されて、延暦二十四年に日本にお帰りになりました。そして桓武天皇に御奏聞されると、「学生式」というものを書かれて、天台大師の止観の行と大日経についての真言の行とを、比叡山において一緒に習わすことにしたのです。

日蓮聖人によれば、伝教大師が法華と真言の相違を十分にお書きにならなかったのは、比叡山に延暦寺を創立され、殊に法華の円頓戒壇を建てる事業が忙しかったため、そして南都六宗を法華経に統一して日本の仏教全体の僧侶を比叡山で教育するには、寧ろ宗旨の違いなどを論じているよりも総合的な教育機関を完備することを優先したためであろうということです。また弘法大師は伝教大師よりも八年も後に日本に帰られ、伝教大師の存命中には真言宗云々のことは特に言わなかったため、大日経の真言も学科の一つに加えて学ぶことにして置かれたわけです。しかしながら、伝教大師の真言に対する御意見は全く分からないかというと、そうではありません。伝教大師の「依憑《えびょう》天台集」という著書には、真言であろうが華厳であろうが、他宗の教義は、天台大師が説いた所の法華経の思想に基づいて、似通った解釈を立てたものである、名前を変えたり焼き直しをしたりして、分からないように継ぎ接《は》ぎをしているものであることを、一々証拠を挙げて暴露しています。特に序分には、「新来の真言家は則ち筆授之相承を泯《ほろ》ぼし」とあって、近頃日本に渡ってきた真言は、書き伝えられている所の事柄とは違ったことを言い出していると明白に批判が述べられています。それは、毘盧遮那如来（中国語に意訳して大日如来）は、本来は釈迦如来の徳を讃歎したる名であって、大日如来と言っても異名同体である、名前は違ってもそれは釈迦如来のことを指しているにもかかわらず、それを偽って釈迦如来とは体が違ったもののように思わせ、とうとう終いには釈迦如来は大日如来の履き物取りにも及ばぬというようなことを言い出したからです。

今でも大日如来と釈迦如来は違うように日本人の無学のものは思っていますが、それは皆が誑《たぶら》かされてしまったからです。それを伝教大師が「筆授の相承を泯《ほろ》ぼし」と一言にして素っ破抜かれていたわけです。ところが伝教大師が入滅されると、弘法大師は嵯峨天皇の御帰依を得て新たに真言宗を立てて、段々と勢力を得ます。そこで弘法大師は、法華経は戯論《けろん》であると言った、法華経は釈尊出世の本懐であり、一切経の真髄であるのに、それを戯言《たわごと》だと論じたのです。その上、釈迦如来を「無明の辺域」、大日如来に比べれば未だ悟りを得ない位の者だと侮蔑しました。だからこそ「天下第一の大凶なり」、如何にも酷い言い方であると日蓮聖人は悲憤慷慨《こうがい》の涙を流されたのです。そうであるのに「そんなことを言うのは気が狭いからだ」と言って日蓮聖人を嘲り、自分達は心が広いと言う日本の宗教学者の馬鹿さ加減は一体どこから来るのでしょうか。狭い広いと言っても、事と次第によります。正義というものは、狭い広いというような問題ではありません。そういうことだから、今日においても「釈迦の説いた法華経は役に立たない、日蓮大聖人こそが本仏だ」などと言い放ってきた宗教団体が権力を持ち、日本の政治に大きな影響を及ぼしているのです。宗教における誤魔化しを放置しているようでは、遂には思想が乱れ国家が危うくなるということを、私たちは十分に警戒する必要があると思います。

「設《たと》い慈覚、伝教大師に値《あ》い奉りて習い伝えたりとも、智証、義真和尚に口決《くけつ》せりといふとも、伝教・義真の正文に相違せば、あに不審を加えざらん」

天台宗の叡山に立派な坊さんが続けば真言宗が勢力を得ることありませんでした。伝教大師の滅後、義真・円澄の二人は開祖の通りにされていましたが、慈覚・智証に至っては真言の方へ傾いて行きます。慈覚大師は金剛頂経の解釈七巻と蘇悉地経の解釈七巻の併せて十四巻の書物を書きましたが、それは法華経と大日経が説く真理は同じであるけれども、法華経には印を結ぶことと、口に唱える真言が無いから、大日経の方が優れているというものでした。しかしながら、そうは書いたものの未だ気が進まない、そこで「これで間違いはありませぬか」と御本尊の前でお祈りをしたのです。そして慈覚大師は、五日目の明け方頃に夢を見た、一天澄み渡って晴れたる大空にお日様が出て居られ、その晴天の日輪に向かって自分が弓をもって矢を射ると、矢の当たったお日様がグラグラと動転して地面に落ちようとした。そこでビックリして夢から醒《さ》めた慈覚大師は「悦んで云く、我れ吉夢あり」と言い、法華経に対して真言が優れていると言ったことは、仏様の思し召しに叶っていると考えて真言の方に傾いて行ったのです。何人と雖《いえど》もお日様を射て、お日様が落ちたというならば非常に驚かなければならないことです。それを「これは吉夢だ」などと馬鹿なことを言い出したから、その虚に乗じて真言宗の如き誤った議論が蔓延《はびこ》ったのです。もし天台宗の学者が伝教大師の精神を受け継いでいたならば、真言宗の如きものが弘まる余地は無かったでありましょう。嘆かわしいことは、慈覚大師は伝教大師のお弟子であり、日蓮は伝教大師の御入滅になってから四百年の歳月を隔てて生まれているものであるから、如何に日蓮が「それは伝教大師の考えではない」と言っても、直弟子の慈覚大師が眼《ま》の当たり聴いていたとなると、人はどちらを信じるかと言えば、慈覚大師を信じることになるであろう。しかしながら、ここが古来仏教を研究する人の忘れてはならない所、よくよく注意しなければならない大事なことであると日蓮聖人は言われます。その人から直接習ったとか、特別に相伝したとか言っても、そんなことは当てにはならない。必ずや大事な事柄というものは書物に書き留めるものである。伝教大師ともあろう人が、大事なことを書物に書かずにおいて、弟子にそっと教えるなどという、その一人の人間が誤解すれば自分の議論が間違っていくというようなヘマなことをするものではない。その人が精神を込めて書いておいた大事な書物に、ありありと背くことを言ったならば、それは当てにならぬと言わなければならぬ。これは日蓮聖人の主義に奉じている者ならば、よく考えなければならないことです。それにもかかわらず、日蓮門下にも「こっちには日蓮聖人からの特別な相伝がある、口伝がある」などと偽書をもって虚仮威《こけおど》しの事を言い、屁理屈をこね回している者がいるのは実に愚かしいことです。

「伝教大師の依憑《えびょう》集と申す文は大師第一の秘書なり」

伝教大師は、依憑集の序分の終わりの所に「謹んで依憑集一巻を著わして同我《どうが》の後哲《こうてつ》に贈る」と書かれています。この「同我」とは、自分と同じ考えを持って、同じ思想に基づいて働く人であり、そのような人のためにこの一巻の書物が贈られたということです。即ち法華経が一切経中第一であるという地位を維持する人のために、これを贈ると言われています。そうであるのに慈覚大師が、法華経より大日経の方が勝れたりというのは一体どういうことなのか。慈覚大師は、伝教大師に背いた所の人ではないのか。当時の叡山の勢力、真言の勢力というのは非常に大きいわけですから、日蓮聖人が「叡山は濁ってしまった、真言は誤魔化しだ」と言うならば、実にあらゆる反対を受けることになります。それでも「命を的にかけて」と言われる所に、天台の正義を、叡山の正統を復活しようとする日蓮聖人の熱誠が現れているのです。往々にして誤れる日蓮門下の者は伝教大師を侮り、あるいは日蓮聖人は何でもかんでも八つ当たりに批判したように思い、何でも構わぬ、他の悪口を言ってさえおれば良いと考えている馬鹿もいますが、日蓮聖人には断じてそういう考えはありません。「本師伝教大師の御義をよくよく尽くさせ給うべかりけるにや」と書かれているように、叡山の後を継ぐ者ならば、本師伝教大師の仰せ置かれたことを十分研究し尽くさねばならないと言われたのです。慈覚大師は色々な工夫をして費用を集めて、当時仏教が弾圧されていた唐に留学に行った。日本において伝教大師の仰せの通りに法華経の本義を徹底的に研究なさったら良かったのに、ドタバタと詰まらぬ事を学んで帰って左様なことを言うのは何事か。叡山の仏法は伝教大師・義真和尚・円澄大師の三代のみで、慈覚・智証が濁ったがために、名は天台宗であるけれども、心は真言に降伏したものである。天台宗の座主とは名ばかりで、彼等は教えの方から言えば全く伝教大師のお弟子ではない、真言宗の座主である、全く法華の坊さんではない。彼等は法華経という父を食らい、法華経の受持者である母をかむ者である。それ故に、同じ天台宗でありながら、慈覚大師の一門である叡山と智証大師の一門である園城寺は互いに争い、火を放って焼き合うような事になったではないか。慈覚大師が法華経の権威を失墜し、弘法大師の片棒を担いだことは、仏教史に残る第一の罪悪であると論断されたのです。

三、護法護国の精神

「守護の善神も祠《ほこら》を焼いて寂光の都へかへり給いぬ。但し日蓮計《ばか》り留まり居て告げ示せば、国主これをあだみ、数百人の民に或《あるい》は罵詈《めり》、或は悪口《あっく》、或は杖木《じょうもく》、或は刀杖《とうじょう》、或は宅々ごとにせき、或は家々ごとに追う」

法華経には、不軽菩薩を誹謗した者は皆地獄に行ったと説いてあるが、法華経の金言がもし事実であるならば、法華経に反対して釈尊を蔑ろにする今の日本の宗派の人々は、気の毒なことに展転至無数劫《てんでんしむしゅこう》と言って限りなき間地獄に堕ちなければならなくなる。また国も、法華経を蔑ろにしている謗法の国であるから、諸天善神も見放されてしまったようである。しかしながら日蓮は、この国に生まれた愛国の精神として、決して国を見捨てる訳には行かない。ここが日蓮聖人の尊いところです。その日蓮聖人が、諸天善神も見捨てるような国に、なお踏ん張って国家の前途を祈っているにもかかわらず、色々な方法をもって迫害を加え、頸《くび》を斬らんとしたのは、よくよくの事と言わねばなりません。そのようなことだから、大集経などに説かれた如くに、飢饉疫病、様々な天変地夭が起こり、内には国内の人心が乱れ、外には蒙古の強敵が現れて、まさに日本は亡国の危機に面していたのです。

「譬へば師子《しし》の眠れるは手をつけざれば吼《ほえ》へず。迅《はや》き流れは櫓《ろ》をさゝへざれば波たかからず。盗人《ぬすびと》はとめざれば怒らず」

思えば日蓮は、去る文永八年九月十二日、平左衛門が数百人の強者を伴って松葉ケ谷の庵室を襲った時に、「日蓮は日本の柱なり。日蓮を失うほどならば日本国の柱を倒すになりぬ」と告げた。その翌年文永九年二月に北条一門の内乱、四月の大風、そして十月に蒙古来襲が起きたことを考えれば、誰がこのことを疑うであろうか。この「日蓮は日本の柱なり」というのを、日蓮聖人が本仏であることを宣言したものだとか、日蓮聖人の慢心だと批評することは大きな間違いです。これは思想の先覚者、思想の善導者として、民心の向かうところは斯くあれよと示す点において、その自覚と愛国の熱誠を示されたものです。今の日本の有様は、悪い者の言うことが用いられて、正しい者が押し込められている。これが段々と高じていくと、遂には国の前途が危うくなる。そのことに気付かずして、何時までも正法を押し込め、如来の使いであり、諸天善神が愛子《まなご》の如くに大切に思われている日蓮に迫害をなすから、諸天善神が怒りを為《な》して国に災難が起こるのである。日蓮への迫害は厭《いと》わぬけれども、それがために国難となって現れるに至っては、如何にも嘆かわしいことである。これまでも謗法の者は国中に充満していたけれども、敢えて言う者が居なかったがために、平穏だっただけである。譬えてみれば、眠っている獅子《しし》に手を触れなければ吼《ほ》えることはない、急流をせき止めなければ波は高くならない、盗人も止めなければ怒って斬り付けてくることがないのと同じである。

我が国の思想が乱れているとか、道が損なわれていると言う人が現れなければ、その国は穏やかに過ぎ行くかも知れませんが、「これは改めなければならない、ここは間違っている、これはこのままには捨て置けない」と言って命懸けで正義を主張する者が現れた時分に、これを迫害するならば、必ずやそこに国の危難が現れて来ます。そのことは、最勝王経、大集経や仁王経等の釈尊が説き置かれた経文において実に明白です。何時の世も正義の士は数の少ないもので、涅槃経を紐解《ひもと》けば、真に仏教の正義を主張する者は、爪の上の土の如く、名を仏教に借りて間違ったことをする者は、十方世界の土ほど多いとあります。それ故に、今日のガラクタ坊主が爪の上の土であるか、正義を主張する日蓮が爪の上の土であるか、よく考えてみるがよいと日蓮聖人は問われたのです。これは今日でも同じ事です。たとえ他の坊さんの数が多かろうと、信者の数が多かろうと、仏教の本旨からして間違っているものは間違っています。「どうも日蓮は排斥的だ、排他的だ」ということを、少し仏教をかじったぐらいの人でも直ぐに言う、日蓮聖人の主義に同情している人でもそういうことを言いますが、正義を守るための言論と誹謗中傷の見分けがつかぬようでは駄目です。現代の人は寛容力というか、包容力というか、お座なり主義というか、日和見《ひよりみ》というか、程の良いことを言って明けて通すことが非常に多いですが、それが善いことなのか悪いことなのかを考えなければなりません。了簡《りょうけん》の狭いということは無論悪いことですが、正を正とし邪を邪として、正義をもって奮闘する意気がなければなりません。人間の社会である限りは、永久に正邪の闘いというものは無くなりません。そこで正義を守って邪なる者の撲滅に従事することが、人間活動の最高の事業となるのです。正邪に一人も多数もありません。多数をもって正義と言うことは出来ません。正法の者は爪の上の土の如し、仏法を習い損なう者は十方の土の如きであって、あらゆる場合において邪なる者が多数を占めるのがこの社会の現実です。多数をもって標準とするならば何時も間違った者が優勢になる、それ故に日蓮上人は「立正安国」ということを言われた、国の安泰を計ろうとするには、正義の人を先に立てて、邪《よこしま》なる者を退けなければならないことを申されたのです。

「弘法・慈覚・智証等は設《たと》い翻《ひるがえ》す心ありとも尚《なお》法華経を読むならば重罪消えがたし。いわうや翻る心なし。又法華経を失い、真言教を昼夜に行い、朝暮に伝法せしをや」

弘法大師・慈覚大師・智証大師は法華経を失い、真言密教を昼夜に伝法した人達であって、その重罪は消えることはない。真言の善無畏三蔵、金剛智三蔵や不空三蔵は祈祷を命じられて雨を降らしはしたが、その後に大風が起こって大変な災害となった。日本でも、東寺第一の加賀法印の祈雨に大風が吹いたことは心憎いことである。弘法大師は守敏《しゅびん》と祈雨《あまごい》を競ったが降らせることは出来ず、三七日目に天皇が御幣《ぬさ》を神泉苑《しんせんえん》に捧げて降らせた雨を、弟子達と共に「我が雨」として奪い取り、今日までの四百余年、これを弘法の雨と言っている。慈覚大師は日輪を射た夢は吉夢であると判じたが、仏典の五千・七千余巻及び外典の三千余巻にお日様を射る夢が吉夢であるなどということはない。修羅は帝釈に仇《あだ》して日輪を射ったが、かえって自分の目に刺さった。殷の紂王は日輪を的にして身を滅ぼし、また日本では神武天皇の御時に合戦で流れ矢が手に立った五瀬命《いつせのみこと》（神武天皇の兄）は、「これは日天（天照太神）の子孫でありながら、東より上る日に向って弓を引いた罰だ」と言われている。また阿闍世王は仏に帰依した後に、日輪が天から地に落ちる夢を見て、これはお釈迦様が涅槃される前兆ではないかと考えて、家来を集めて仏様の御入滅の準備をされたと経典にある。教主釈尊は日種と申して、摩耶夫人がお日様を懐妊する夢を見て授かった太子である。殊に神を天照といい、日本という我が国にとっては、日輪を射るとか日輪が落ちるという夢は忌むべき夢である。故に日蓮聖人は、お日様を射て地に落ちたのを吉夢であるなどと考えるのは全くの間違いであると論ぜられたのです。これが容易ならぬことであるのは、日本人ならよく考えなくとも分かるはずです。日本の国旗である、その日の丸の真ん中に矢を射て旗が破れて飛んで、それを見て万歳と叫ぶような者があったならば、それは日本人と言えないのです。

「弘法大師帰朝の後、真言宗を立てんと欲し諸宗を朝廷に群集《ぐんじゅう》す。即身成仏の義を疑う。大師智拳《ちけん》の印を結

びて南方に向うに、面門《めんもん》俄《にわか》に開いて金色の毘盧遮那《びるしゃな》と成り、即便ち本体に還帰《げんき》す。入我我入《にゅうががにゅう》の事、即身頓《そくしんとん》証《しょう》の疑いこの日釈然《しゃくねん》たり」（孔雀経音義）

弘法大師の弟子・真済が書いたとされる「孔雀《くじゃく》経音義」には、弘法大師は中国より帰って来た後、諸宗の人々を朝廷に集め、智拳印を結んで南の方に向ってパッと口を開くと、口の中から光を出して金色の毘盧遮那如来の姿になり、そして暫く経つと元の弘法大師の姿に戻られたとあります。そのような幻術のようなことを用いて、弘法大師の入我我入、即身成仏の疑いが解けて、大勢の坊主が「成るほどご尤《もっと》も」と頭を下げたという真偽の疑わしい伝記です。今でもそのような幻術のようなことを見て、詰まらぬ者は偉いものだと思うようですが、正邪というものは、そんな誤魔化しのようなことで極まるのではないことを日蓮聖人は論じます。インドの外道は、ガンジス河を耳に十二年も留め、あるいは大海を飲み干し、あるいは日月を手に握り、あるいは仏教徒を牛や羊に変えるなどということをしたが、いよいよ慢心を大にして生死に迷うことになった。このことを天台大師は「名利を求めて見愛を増す」、ただ名誉心や利益を求める考えが高まって、劣等なる煩悩を増したのみであると批評されている。光宅寺の法雲は、法華経の薬草喩品を講じた時には忽《たちま》ち雨を降らせた立派な人であると言われているが、妙楽大師はこれを評して「感応かくの如くなれども、なお理に称《かな》わず」と言われている。

余りに世の中が物質的になって、神仏の存在を認めないような浅薄な文明も批判すべきですが、そういう奇をてらう呪術のようなことや、当たったりも外れたりもする危ない占術のような迷信を社会に鼓吹するが如き弊害もまた戒めるべきことです。日蓮聖人の主義に立つ者は、そのような神秘的な事を理想としては駄目です。あくまでも理義によって道を正しくして行かなければなりません。法門とは教えの筋であって、その教えの筋によって正邪を正さねばならないのです。御祈祷をすれば御利益がある、病気が治るなどということも言われますが、心理療法で催眠術をかけて「治《なお》れ、治れ」と言われれば、治ったような気にもなります。暗示によって確かに病気が治ることもありますが、それは人間の心理作用の一小部分の事であって、宗教の本旨ではありません。それ故に日蓮聖人は、弘法大師が如何なる徳があろうとも、奇跡を起こしたと雖も、「法華経は戯論である。釈迦仏は無明の辺域である」と書いた罪は免れぬ、智慧のある者は用いてはならぬと論じられたのです。その意義が分からないと言うのであれば、正しく日蓮聖人の主義に立つ者とは言えないのです。

「法華経には、我身命を愛せず但《ただ》無上道を惜しむと説かれ、涅槃経には、寧《むしろ》身命を喪《うしな》うとも教を匿《かく》さざれ、と諫《いさ》め給えり」

日蓮聖人の着眼からすれば、仏教と言うも政治と言うも、その目的は一つです。政治はただ制度的に社会を治めるものだというのではなく、その本義を尋ねれば、人間の心の満足、単に生活の範囲ばかりでなく、精神の満足まで得られるように心配しなければなりません。宗教もまた人々の心を治めるというだけでなくして、やはり実際の生活上の事柄も心配しなければなりません。人の生活というものは精神的であって、しかも物質的なものですから、これを救済するところの政治、宗教は共に同一の目的を持っているのです。ただその目的を達する方法が、あるいは経済、法制、福祉、安全保障というようなことから考えるか、人間の精神の方から考えるかというだけの違いです。精神を導くことによって力が現れて、すべての人間活動が起こって来ることは紛れもない事実です。もし人が怠けるという心のために働かない、働かないがために貧乏になるのであれば、物質の問題もやはり精神に関連します。だからこそ、宗教は精神の側から感化を及ぼして行こうというのです。そして今日の最も進歩したる政治とは、米国のケネディ大統領が「国があなたのために何をしてくれるのかを問うのではなく、あなたが国のために何を成すことができるかを問うて欲しい」と述べて人々の心を動かしたように、国民の一人一人の自覚の上に立つものでなければなりません。国民の自覚とは即ち精神です。その精神が人間生活の基本、政治の基本、理想の文明を打ち立てる基本であることは、最早《もはや》疑いの余地はありません。そのように考えるならば、けっして宗教家はただ死んだ人のお弔いをするとか、病人を助けるとか小さなことだけでなくして、すべての人達の幸福を現在及び永遠にわたって与えなければならないということになります。政治と宗教が同じような目的を持つのであれば、一国の政治を執る人は、その宗教信念が国家に及ぼしてどういう影響があるか、社会に及ぼしてどういう影響があるかということをよく考えなければならないと、日蓮聖人は諫《いさ》められたのです。

この理想から考えれば、当時の鎌倉幕府もなっていなかった、また各宗の僧侶も考えが狭く、自分たちの宗旨を弘め、自分たちが食べていくことばかりが目的となっていました。そのような濁った中に正義を打ち立てるということは、非常に困難なことであって、必ずやそこに迫害が起こって来る。もしこれを言い出したならば、色々な艱難辛苦《かんなんしんく》が迫ってくるが、しかし自分一身の安泰を思ってこれを言わずに置けば、国家のためにも、また多くの人々のためにもならぬ、仏の教えにも忠実ならぬ者になってしまう。そう日蓮聖人は決心せられて、そして昔の偉い方々のことを挙げられます。比干《ひかん》は殷《いん》の紂王《ちゅうおう》を諫めたために胸を裂かれ、夏《か》の桀王《けつおう》は自分を諫めた竜逢《りゅうほう》の頸を刎《は》ねたが、二人とも忠臣の名を残して後代の人々の精神に感化を与えている。仏教の書物を読めば、檀弥羅《だんみら》王が高僧の師子《しし》尊者の頸を刎ね、その他にも歴史上に数多くの殉教の聖者があったことが書かれている。日蓮も不肖ながらこの殉教の聖者、あるいは忠臣の中に入って、国のため道のために尽くす身となると思えば悦びである。法華経の金言を見れば、寧《むし》ろ命を捨てて道を愛さなければならないとある。また涅槃経には、たとえ命に及ぶことがあっても、仏の教えを隠してはならないとある。仏教の伝道者が使命を果たさず、世の中の迫害が多いために、如来の遺訓を曲げるが如きであってはならない。

もし命を惜しむがために卑怯《ひきょう》未練の行いをしたならば、何時仏に成る機会を得られるというのであろうか。己が成仏の出来ぬばかりでなく、何時の世に御恩を受けた父母や師匠の御恩に報じお救いすることが出来ようか。かくして日蓮聖人は、自分の命を捨てても、今度は正義を一貫すべしと決心をなされたのです。

「菩提心強盛《ごうじょう》にして申せば、いよいよ大難《だいなん》かさなる事、大風《たいふう》に大波《たいは》の起るがごとし」

日蓮聖人の議論は時の為政者及び宗教家には受け容れられず、遂に弘長年間には伊豆の伊東に流罪となり、その後様々な迫害が身に及ぶこととなります。戒律堅固のように見える人も、日蓮には悪口を言う。律儀で賢者の如く見える人も、日蓮に向かっては理を曲げて非を遂げようとする。いわんや世間一般の人は、犬が猿を憎むが如くに、目の敵にして日蓮を迫害しようとしました。それは何故かと言えば、日蓮聖人が「念仏は無間地獄に堕ちる」「真言は国を亡ぼす悪法である」「禅宗は天魔の教えである」と身命を惜しまずに責めたからです。これは孟子の格言に「もし薬瞑眩《めんげん》せずんば、その疾《やまい》癒えず」とあるように、つまり薬を飲んでも目眩《めまい》がするほどの反応がなければその病気は治らない、忠言・忠告をするにしても、過ちの急所を突いて相手が激しく反対するほどでなければ、その非は直らないからです。相手の執着している心を動揺させて疑問を生じさせることを、仏教では「動執生疑《どうしゅうしょうぎ》」と言って、真実の教えに導く方法の一つとしています。相手に「貴様、何を言うか」という疑いを生じさせ、今度は「断疑生信」と言って、その疑いを断ち切って、正しい信仰に進ませるのです。もし囚われたる精神が動かないでいたならば、新しい信仰に入ることは出来ません。故にこの執着の心を動かそうとすれば、手緩いことではいかぬ、それが日蓮聖人に対する迫害となって現れて来たのです。四箇格言《しかかくげん》の如き、日蓮聖人の各々の宗旨に対する批評というものは激しいもので、「中々酷いな」というように感じると思います。しかしながら、「本より存ぜしがゆへに」と言われているように、このような迫害を受けることを覚悟した上で、彼等が迷いを覚ますために急所を突いた、そして結果として自分は非常な迫害をされるにもかかわらず、大勢の人のためにこれを甘受された、そこに動執生疑、断疑生信という順序を経た日蓮聖人の慈悲なり智慧なりを認めなければなりません。

「賢人の習い、三度《みたび》国を諫《いさ》むるに用いずば、山林に交われということは、定まる例なり」

段々と難が重なり、龍ノ口では頸を斬るために座らされ、そして佐渡島に流されるなど、一代の艱苦に耐えられました。そして遂に文永十一年二月十四日に赦免されて、三月二十六日に鎌倉に帰り、そして四月八日には平頼綱《へいのよりつな》に面会することを得ます。これが最後の殿中の諫奏《かんそう》となりますが、その時に北条時宗が平頼綱をして問わしめたことは、「蒙古は何時攻めて来るのか」ということでした。そこで日蓮聖人は、「経文には何時とは書いていないが、天の怒りは少なからず、よも今年はすごし候はじ」と答えられたのです。そしてその年の十一月に至って、蒙古の襲来「文永の役」は起こりました。元軍および高麗《こうらい》軍に侵攻された対馬、壱岐、備前の松浦の有様は惨憺《さんたん》たるもので、対馬・壱岐では武士どころか百姓も悉く殺され、女は素っ裸で掌《てのひら》に穴を開けて数珠繋ぎに船に縛り付けられ、そして海に放り込まれました。日本人が敵国のために最も酷い目に遭ったのは、この日蓮聖人の予言した文永十一年の役であり、これが後に再び「弘安の役」として現れて来ます。そこで日蓮聖人は、人心の統一は破れ、宗教は腐敗し、政治は乱れ、日本は実に危ない有様になっている、蒙古は沢山の兵隊をもって日本を滅ぼそうとしている、実に慨嘆に堪えぬということを度々申したのです。日本の国家を憂い、そして法のため国のために尽くすことが、取りも直さず父母の恩・師匠の恩・三宝の恩・国の恩を報ずる所以《ゆえん》であろうと思い、命も惜しまず申してきたが、三度国を諫《いさ》めても用いられなければ、身延の山に隠栖《いんせい》することも致し方が無い。この「賢人の習い」とは仏教ではなく儒教の方で言うことですが、日蓮聖人は法華経の行者としての活動から退いて世間から離れて静かに暮らすことを望まれたわけではありません。「心には遁世《とんせい》とは思はねども、人は遁世とこそ思うらんに」と述べられているように、鎌倉幕府から寺院を寄進されて甘んじて過ごすよりも、矜持《きょうじ》をもって正義を貫く所の精神が、後代の人心に感受して立派な人を生み出すと考えられるからです。

「此《この》功徳は定めて上《かみ》三宝、下《しも》梵天・帝釈・日月までも知ろしめしぬらん。父母も故道善房《どうぜんぼう》の聖霊《しょうりょう》も扶《たす》かり給うらん」

法華経に捧げた功徳は、仏法僧の三宝から梵天・帝釈・日月までもが知られていることであるから、父母や師匠の精霊も必ず助かるはずである。日蓮聖人は一代の迫害の事をお書きになって、難儀をしたけれども、それが法華経のため、国家のためになったと思えば誠に冥加至極《みょうがしごく》のことであると述べられています。ただ気掛かりであるのは、自分のお師匠様である道善房が、法華経の味方になったのか、ならなかったのかという事でした。道善房は、何分極めて臆病な人であり、清澄の寺を離れたくないと執着した方である。地頭の景信に日蓮の味方になってはならぬと脅され、円智、実城という兄弟弟子に抑えられて自由を失われていた。そういうことがあったために、どうも日蓮の言うことをお聞きにならなかった。幸いにして地頭の景信と円智、実城は先に死んだのだから、その際に決心をして味方をして下されれば良かったが、日蓮が佐渡島に流された時にも一度も訪ねて下さらなかった。そのようなことを考えるならば、悲しいことではあるが、師匠道善房は法華経の正義を信じなかった人と断定せざるを得ない。それにしても法華経を信じられなかったために、死後はどうなるか分からないことを思えば実に嘆かわしいことである。御死去と聞いては、火の中にも入り、水の中も走って行って、経をも読み、御回向《えこう》も致したいと思うけれども、日蓮が意思を最後まで貫き通せない者と思われないためにも、軽々しくこの山を出ることは出来ない。それがために代わりに弟子を送って、この報恩抄上下二巻を追善回向に捧げるのであるということをお書きになったのです。

四、末法流布の三大秘法

「一には日本乃至《ないし》一閻浮提《いちえんぶだい》一同に本門の教主釈尊を本尊とすべし。所謂《いわゆる》宝塔の内の釈迦・多宝、外の諸仏、並に上行等の四菩薩脇士《きょうじ》となるべし。二には本門の戒壇。三には日本乃至漢土月氏一閻浮提に人ごとに有《う》智無智《ちむち》をきらはず、一同に他事《たじ》をすてて南無妙法蓮華経と唱うべし」

日蓮聖人は、一切経はすべて「如是我聞《にょぜがもん》」の上にある経典の題目が肝心である、そして妙法蓮華経の五字は即一部八巻の肝心である、五字七字の南無妙法蓮華経の題目の中に、法華経の一切のものが揃《そろ》っている意味合いを色々と説かれ、そして南無妙法蓮華経と唱えることが最も信心の心得方において宜しいということを説かれています。天台大師は「法華玄義」において、題目である妙法蓮華経の五字について解釈された、そして妙楽大師も題目は法華経の心であると言われている。例えば日本と申す名の中には日本の一切のものが摂《おさ》まっている、天眼をもってすれば日本という二字を見て、日本の国のすべてを見ることが出来るのであって、これが一に一切が含まれている理《ことわり》だと言われています。そして他の経には二乗を仏に成すこと、久遠実成の釈迦仏が説かれていない。それは人あっても命や魂がないようなものだと述べられています。

中国では他の誤りを批判した天台大師が、散々に罵られながらも法華経の実義を説かれた。そして日本の伝教大師は、南都六宗の反対に遭いながらも比叡山に大乗戒壇を建立された。しかしながら、天台大師や伝教大師が未だ弘められなかった正法《しょうぼう》がある。末法のために仏が留め置かれた法華経の本門による一大事である。それは三つの特色がある。一つは本尊に関して、未だ嘗《かつ》て他の人が顕《あらわ》さなかった所の本門の教主釈尊、寿量品において顕本《けんぽん》せられたる所の実在の大人格者たる釈迦牟尼世尊を本尊とせよということである。二には本門の戒壇である。「本門の戒壇」とは、曼荼羅に記したように、釈迦仏と多宝仏、外の諸仏、ならびに脇士である上行等四菩薩の尊前で授戒を行う場である。そして第三は宗教の簡易なる形式として、南無妙法蓮華経と誰でも彼でも唱えることによって、この仏前において誓いを立てることである。そこに法華経への大信念が現れて来るのである。今は日蓮ただ一人が南無妙法蓮華経・南無妙法蓮華経と声も惜しまずに唱えているが、根深ければ枝繁《しげ》し、源《みなもと》遠ければ流れ長しというように、日蓮の慈悲が広大であるならば、南無妙法蓮華経は万年の外、未来までも流れるであろう、必ずこの南無妙法蓮華経は、後年大いに花咲く時が来ると明言されたのです。

「極楽百年の修行は穢土《えど》の一日の功《こう》に及ばず」

如何に愚なる政治家が圧迫しようとも、如何にガラクタ宗教家が寄って集《たか》って攻撃をしようとも、教主釈尊を本尊とせよと日蓮の主張したるこの正しき宗教の思想、正しき国民教化の理想は、後年大勃興を来たすはずである。故に日蓮はこの点から見れば、日本国の人びとの精神の盲目を開く功徳がある。また彼等が地獄に堕ち行く道を塞いで、苦しみを受けないようにするところの働きをしたものである。伝教大師や天台大師、竜樹菩薩や迦葉尊者は、いずれも尊い人であるけれども、この点においては日蓮の方が優れているかも知れない。ある人は極楽に行って、百年もゆっくり修行をしようと考えているかも知れないが、そのような所に行って何の苦労もなくノソリノソリと善い事をしたところで徳の積めるものではない。真に善い事をしようと思うのなら、この五月蠅《うるさ》い世間の現在において、奮闘して善い事をしなければならないと日蓮聖人は言われています。人間の徳が上がるのは、奮闘することにおいてです。敵が来たと言って尻込みするような兵隊では役に立ちません。「敵が見えた」と言えば、勇み立つ強い軍隊でなければなりません。世の中を暮らしていくのに、「雨が降ってくる」「風が吹いてくる」と言って、一々驚いているようでは愚かとしか言いようがありません。日々苦労は後から後から起こって来るものであるけれども、予《あらかじ》め人生は斯くあるべきものなりと覚悟して、いくらでも来るがよい、この鍛え上げたる力がどれ程に強いか、重なり合って来るがよいというように、奮闘の精神を日蓮聖人は教えているのです。

「花は根にかへり、真味《しんみ》は土にとどまる。此《この》功徳は故道善房の聖霊《しょうりょう》の御身《おんみ》にあつまるべし。南無妙法蓮華経。南無妙法蓮華経」

如何にも法華経は有り難い教えである。その法華経のために尽くすことを得たことは、この上ない仕合わせなことである。花は根に帰り、真味は土に留まるように、日蓮が咲かした花も実らせる果も、これはみな師匠の道善房が居られたお陰であるから、法華経のために捧げた功徳、国のために捧げた功徳は、師匠である道善房御身に回向する、自分の積んだ功徳は、故道善房に差し上げるということを書いて報恩抄は結ばれます。この世に生まれ得たのは父母の源があればこそ、達者に働いて功徳を積むにつけても、父母の御恩を思い起こさねばなりません。教えの方から言えば師匠、国家の方から言えば国主、人は皆その基づく所があって初めて働きが出来るのです。生まれながらに捨てられたならば、犬も人間も余り違ったものではありません。義理に縛られることはない、自由だ、独立だと懸命に生きる人もまた、種々の人に導かれたお陰ですから、恩を忘れるようなことはあってはならないのです。報恩抄最後の「花は根にかえる」という日蓮聖人の一言は、如何にも報恩道徳を優しく言い表してあります。是非とも、皆さんにご記憶になって頂きたい言葉と思います。(完)

編者　土屋信裕（しんゆう）略歴

東京染井・法林山蓮華寺昭和三十六年出生。顕本法華宗管長、故土屋日宏を祖父。三十五歳で顕本法華宗の教師となる。航空自衛隊F４戦闘機幹部操縦士、大手商社を経て、航空会社の機長として国際線・国内線を飛行する傍ら、宗派を超えて日本各地で講演を行う他、アジアの仏教界と協賛して行う「妙法の行進」を五年間に亘って同志と共に推進した。インド・カンボジアの現地僧侶延べ四千人を動員し、二万冊の本多日生師選出の要約「妙法蓮華経」（現地語訳）を作成配布。現在、欧米・アジアなどに布教の拠点を開設している。顕本法華宗布教師・教学研究所員歴任

一般社団法人顕本法華宗義弘通所　代表理事

「法華行者の会」主宰

http://www.kempon.net/

日蓮聖人「五大部要義」

講述　大僧正　本多日生
編集　土屋信裕

発行日　大正四年　原本発行
令和三年一月十五日　初版発行

発行者　顕本法華宗義弘通所
〒八一八-〇〇三五 福岡県筑紫野市美しが丘北三-一〇-二
電話（〇九二）九二六　八〇三二

発行所　海鳥社
〒八一二-〇〇二三 福岡県福岡市博多区奈良屋町一三-四
電話（〇九二）二七二　〇一二〇

出版助成　本多日生記念財団

ISBN 978-4-86656-092-2
［定価は表紙カバーに表示］